MARBURGER JAPAN - REIHE
BAND 1

Herausgeber:
Erich Pauer

Ulrike Schaede

Geldpolitik in Japan 1950-1985

Förderverein
Marburger Japan-Reihe

Marburg 1989

Der Druck der vorliegenden Arbeit wurde ermöglicht durch
die freundliche Unterstützung von
Bayerische Landesbank
BHF-Bank

ISSN 0935-8951
ISBN 3-927607-00-2

Verleger und Eigentümer : Förderverein "Marburger Japan-Reihe"
Herausgeber : Erich Pauer
Anschrift der Redaktion : Japan-Zentrum der
　　　　　　　　　　　　 Philipps-Universität Marburg
　　　　　　　　　　　　 Wilhelm-Röpke-Straße 6E
　　　　　　　　　　　　 D - 3550 Marburg
Druck : Druckerei Mauersberger, Schwanallee 31, 3550 Marburg

Umschlagbild: Sanwa-ginkō (ed.), *Ginkō no shōken-senryaku* 1983
　　　　　　　Abb. III.4.2

Inhaltsverzeichnis:

Vorwort

1.	**EINLEITUNG**	1
1.1.	Das Land der aufgehenden Wachstumsraten	1
1.2.	Problemstellung	5
1.3.	Theoretischer Ausgangspunkt	7
1.4.	Gang der Untersuchung	11
1.5.	Quellenlage	12
2.	**DIE GELDPOLITISCHEN INSTITUTIONEN**	
2.1.	Die Bank von Japan	13
	2.1.1. Aufgaben	13
	2.1.2. Organisation	14
	2.1.3. Die Autonomie-Diskussion	15
2.2.	Das Bankensystem	18
	2.2.1. Die Geschäftsbanken	19
	2.2.2. Die Postsparkasse	28
	2.2.3. Das Bankengesetz von 1982	29
3.	**DIE PERIODE DES HOCHWACHSTUMS**	
3.1.	Die Finanzstruktur	32
	3.1.1. Niedrigzinspolitik und Zinsbildung	33
	3.1.2. Indirekte Finanzierung – Die Unterentwicklung der Kapitalmärkte	43
	3.1.3. Die Dualstruktur im Finanzsystem	49
	3.1.4. Das Overloan und die Rolle der Großbanken	51
3.2.	Die Instrumente der Geldpolitik	55
	3.2.1. Diskontpolitik	56
	3.2.2. Kreditrationierung	58
	3.2.3. Kreditplafondierung – Schalterkontrolle	60
	3.2.4. Mindestreservenpolitik	66
	3.2.5. Offenmarktpolitik	69
3.3.	Zusammenfassung: Die Geldmengensteuerung im Hochwachstum	72
4.	**DIE PERIODE DES NIEDRIGWACHSTUMS**	
4.1.	Die Finanzstruktur	76
	4.1.1. Die Liberalisierung des Finanzmarktes	78
	4.1.1.1. Die Ausweitung des Geldmarktes	78
	4.1.1.2. Die Entwicklung des Kapitalmarktes	90
	4.1.2. Die Zinsliberalisierung	93

	4.1.3. Die Veränderungen in der Geldflußstruktur	98
	4.1.4. Die Banken im Liberalisierungsprozeß	100
4.2.	Die neue Geldpolitik	105
	4.2.1. Das Geldmengenziel	105
	4.2.2. Der geldpolitische Transmissionsmechanismus – Umbewertung des Instrumentariums der Geldpolitik	109
4.3.	Bewertung: Die Liberalisierung des Finanzsystems	113

5. DIE MONETÄRE KONJUNKTURPOLITIK VON 1950 bis 1985

5.1.	Die Phasen monetärer Restriktion in der Periode des Hochwachstums	116
	5.1.1. 1953/54: "Investitionsrezession"	116
	5.1.2. 1957/58: "Jimmu-Rezession"	121
	5.1.3. 1961/62: "Iwato-Rezession"	124
	5.1.4. Rezession ohne Boom	128
	5.1.5. 1969/70: "Izanagi-Rezession"	130
	5.1.6. Vergleichende Analyse und Wertung	134
5.2.	Die Geldpolitik in der Periode des Niedrigwachstums	140
	5.2.1. 1973/74: "Erste Ölkrise"	140
	5.2.2. 1979/80: "Zweite Ölkrise"	148
	5.2.3. Vergleichende Analyse: Wie meistert man eine Ölkrise?	155
	5.2.4. 1981-1985: Stabiles Wachstum und Liberalisierung	158

6. ZUSAMMENFASSUNG   165

Liste der Schriftzeichen

Literaturverzeichnis

VORWORT

Der Anstoß, mich mit der modernen japanischen Geldpolitik zu beschäftigen, war ein von PDoz. Dr. Erich Pauer im Wintersemester 1985/86 an der Universität Bonn geleitetes Seminar mit dem Thema "Analyse der Periode des Hochwachstums in Japan 1950-1973".

Bei der Behandlung der Thematik ergab sich bald das Problem, das Gebiet der Japanologie mit dem der Wirtschaftswissenschaften zu vereinen, d.h. einen volkswirtschaftlichen Zusammenhang auf eine auch für den Nicht-Ökonomen zugängliche Art und Weise darzustellen, ohne dabei gleichzeitig von zu umfassenden Grundkenntnissen der Japankunde auszugehen. Beide Seiten mögen daher jeweils Nachsicht üben, wenn Begriffe, die aus einem Fachbereich kommen, deren allgemeines Verständnis aber nicht unbedingt vorausgesetzt werden kann, ihre Erklärung im Text finden. Die Arbeit setzt jedoch ein gewisses geldtheoretisches Grundverständnis voraus, daher sei für die Begriffe, die ohne Erklärung bleiben, auf das Gabler-Banklexikon verwiesen.

Beim ersten Auftreten einer Institution, eines Gesetzes o.ä. im Text wird in Klammern die japanische Entsprechung angegeben. Bei der Liberalisierung der Finanzmärkte und ihrer Instrumente wurden viele Begriffe aus dem Englischen ins Japanische übernommen; da Begriffsinhalt oder Bedeutungsbreite der anglo-japanischen Worte jedoch zuweilen von den englischen divergieren können, wurden auch hier die japanischen Ausdrücke in Klammern beigefügt, um eine eindeutige Zuordnung zu ermöglichen.

Allen meinen Lehrern sei an dieser Stelle für Geduld, Kritik und Motivierung gedankt. Dies gilt insbesondere für PDoz. Dr. Erich Pauer und Prof. Dr. Josef Kreiner vom Japanologischen Seminar der Universität Bonn, die zunächst meinen japanologischen Werdegang zu einer interessanten Wegstrecke werden ließen und sodann mit pädagogischem Geschick die schnelle Fertigstellung dieser Arbeit wohl zu fördern wußten. Verantwortlich für konstruktive Ratschläge und nicht nachlassende Geduld zeichnet zudem Michael Stöver, auch wenn es zuweilen schwer gefallen sein mag, der Behauptung Milton Friedmans Glauben zu schenken, daß 'Geldpolitiker Menschen sind wie Sie und ich'.

Frau Dr. Regine Mathias-Pauer danke ich dafür, daß sie mir den Weg zur ökonomischen Japankunde wies.

Ulrike Schaede

Die Umschrift des Japanischen folgt dem Hepburn-System. Bei den japanischen Personennamen wird in der in Japan üblichen Form der Familienname dem Personennamen vorangestellt.

Die Zahlen im Text (vgl.1.1.) verweisen auf spätere Abschnitte, in denen der Themenkreis ein weiteres Mal aufgegriffen wird.

1. EINLEITUNG

1.1. DAS LAND DER AUFGEHENDEN WACHSTUMSRATEN

Am 15.August 1945 nahm Japan offiziell die Potsdamer Erklärung an. Das Land war besiegt und hatte mit Korea, Taiwan, Sachalin und anderen, im Laufe des Krieges eroberten, Gebieten mehr als 45% seines Territoriums verloren. Die Produktionskapazitäten im Mutterland waren im Durchschnitt zu 40% zerstört. Unternehmenskapital und Investitionskraft waren in noch größerem Maße vernichtet (Nihon ginkō 1980:2). Es dauerte fünf Jahre, ehe sich die japanische Wirtschaft von den direkten Auswirkungen des Zweiten Weltkrieges erholt hatte.

Die Hauptaufgabe, vor der die Wirtschaftspolitik in den Jahren unmittelbar nach dem Krieg stand, war die Schaffung von Arbeitsplätzen. Durch die abrupte Einstellung der Rüstungsproduktion sowie die hohe Zahl der Rückkehrer und entlassenen Soldaten belief sich die Zahl der Unbeschäftigten 1946 auf 13,1 Millionen (Nakamura T. 1985:148). Zum Problem der Lebensmittel- und Energieversorgung kam die durch eine expansive Geldpolitik zur Ankurbelung der Wirtschaft ausgelöste Hyperinflation von durchschnittlich jährlich 247% zwischen 1945 und 1948 (Keran 1970:170).

In dieser Zeit wurden von der Besatzungsmacht USA verschiedene Reformen zur Demokratisierung des Landes durchgeführt, deren hervorstechendste die Auflösung der führenden Unternehmensgruppen war. Die japanische Regierung blieb bestehen und auch handlungsfähig, solange sie sich im Rahmen der amerikanischen Anweisungen bewegte. Das Finanz- und Bankensystem war von den Reformmaßnahmen auch betroffen, blieb grundlegend jedoch unverändert.

Ab 1947 änderte sich die Politik der USA, die ein wirtschaftlich eigenständiges Japan als Bollwerk im Kalten Krieg brauchte und die deshalb den Wiederaufbau der japanischen Wirtschaft durch verschiedene finanzielle Hilfsprogramme förderte. Das 'Temporäre Gesetz zur Zinsregulierung'(*Rinji kinri-chōsei hō*) von 1947 und das Devisen- und Außenhandelskontrollgesetz (*Gaikoku-kawase oyobi gaikoku-bōeki hō*) von 1949 sollten eine schnelle Entwicklung stützen und schützen. Die Inflation, die das Fehlen einer gesunden wirtschaftlichen Basis und die Unangemessenheit der expansiven Finanzpolitik reflektierte, behinderte jedoch den autonomen Aufbau.

Im Zuge des sogenannten Dodge-Planes aber drehte der inflationäre Wind 1949 auf deflationäre Richtung. Nach Joseph Dodge, einem amerikanischen Bankier, lag der Hauptgrund der Inflation in der Staatsverschuldung, und deshalb band er als erstes der Fiskalpolitik beide Hände, indem er ein ausgeglichenes Budget verordnete. Preis- und Lohnkontrollen sowie die zahlreichen Subventionen wurden eingestellt und die Kreditausgabe durch die Bank für Wiederaufbau (*Fukkō-kinyū kinko*) drastisch gekürzt. Die Grundlage für eine eigenständige wirtschaftliche Entwicklung Japans aber wurde letztendlich durch die Bestimmung des festen Wechselkurses von 360 Yen = 1 US-Dollar geschaffen, der einen ersten Schritt auf den Weltmarkt darstellte (Nakamura T. 1985:164-165, Sakakibara et al. 1982:29).

Die Dodge-Deflation währte und wirkte noch nicht lange, als der Korea-Krieg begann, und damit wurden die deflationären Impulse, die die Besatzungsmacht gegeben hatte, in ihr Gegenteil verkehrt: Die amerikanische Nachfrage nach japanischen Exportgütern führte zum ersten Nachkriegs-Boom, der die Produktion bis 1952 auf 126% über das Niveau der Jahre 1934-36 emporschnellen ließ (Keran 1970:71), der Einstieg in die Phase des Hochwachstums (*kōdo-seichō*) war damit gemacht.

Was folgte, waren 20 Jahre steilen Wirtschaftswachstums mit einer ununterbrochenen Folge kurzfristiger Wirtschaftszyklen und einer Wachstumsrate von durchschnittlich 10% p.a. (vgl. Schaubild 1, S.3). Die höchsten dieser Konjunkturausschläge wurden im Nachhinein von den Medien mit Namen aus der Mythologie versehen, wobei es im Laufe der Zeit immer schwieriger wurde, die Größenordnung des Booms mit der Hierarchie der Götterwelt in Einklang zu bringen.

Zahlreiche Faktoren trugen zu dem rapiden Wachstum bei. In den 50er und 60er Jahren konnte die japanische Wirtschaft auf einem quantitativ wie qualitativ scheinbar unbegrenzten Faktor Arbeit ebenso aufbauen wie auf einer konkurrenzfähigen Marktstruktur und nicht zuletzt auf der Bereitschaft und Fähigkeit, fort geschrittene Technologien aus dem Ausland zu importieren. Eine hohe Sparquote machte es möglich, daß die privaten Investitionen 20-30% des Bruttosozialproduktes betrugen und so die Exporte in hohem und schnellem Maße anstiegen (Nakamura T. 1985:254). Das Wachstumsgleichgewicht, das unter dem System der fixen Wechselkurse von Bretton Woods durch die Bewegungen der Leistungsbilanz vorgegeben war, wurde jedoch beständig der Gefahr ausgesetzt umzukippen, wenn die Kreditnachfrage die Spareinlagen und die Importe die Exporte überstiegen. Das Diktum des ausgeglichenen Budgets, das die japanische Wirtschaft in den folgenden 17 Jahren nachhaltig beeinflussen sollte, bedeutete nicht, daß es überhaupt keine Defizite gab, sondern daß eine Staatsverschuldung nicht durch die Ausgaben von Regierungsanleihen finanziert werden durfte (Teranishi 1982:426). Trotzdem war die Fiskalpolitik durch die Dodge-Linie lahmgelegt, die Staatsquote betrug bis zum Ende der 60er Jahre nur 7-9% (Nakamura T. 1985:254). Für die Steuerung der Konjunkturpolitik in der Phase des Hochwachstums von 1950 bis 1973 war deshalb in erster Linie die Geldpolitik verantwortlich.

Der Korea-Boom leitete eine erste Phase der Prosperität ein, die 1956 in den sog. Jimmu-Boom mündete, der insbesondere durch einen Anstieg der Exporte im Zuge der Suez-Krise getragen wurde. Erste inflatorische Anzeichen 1957 konnten durch eine monetäre Kontraktion rasch beseitigt werden, das Wachstum nahm weiter seinen Lauf.

Der Einkommensverdopplungsplan (*Shotoku-baizō keikaku*) von Premierminister Ikeda Hayato im Jahre 1960 weckte in den Industriekreisen eine positive Erwartungshaltung, die zu einem enormen Anstieg der Investitionen führte. Bereits im Juli 1961 aber wurde dem Höhenflug durch die starke Zunahme der Einfuhren

Schaubild 1: Das reale Bruttosozialprodukt (in prozentualer Zunahme gegenüber dem Vorjahr) und die Phasen restriktiver Geldpolitik 1950-1985 (Quellen: ISEI 1976:Fig.6, KKC 1979:3, KKC 1985:3-4)

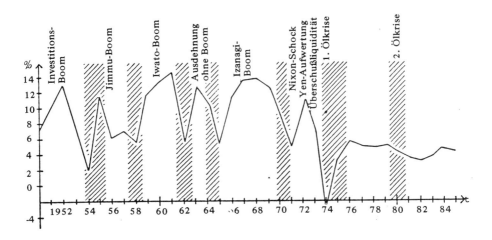

ein Ende gesetzt, restriktive geldpolitische Maßnahmen führten zu einer Rezession, die ebenso stark, wie der Boom steil gewesen war. Die Flaute der Jahre 1964/65 stellte die Finanzbehörden vor das neue Problem, daß anders als früher der Unternehmergeist nicht genügend Kraft besaß, um allein durch die Aufhebung der monetären Kontraktion den Weg zum Aufschwung zu finden. Im Verlauf des Jahres 1965 beschloß deshalb die Regierung, von dem Prinzip des ausgeglichenen Staatshaushaltes abzurücken und von nun an auch über eine aktive Fiskalpolitik in den Konjunkturverlauf einzugreifen.

Die Haushaltsdefizite hielten sich jedoch in Grenzen, zumal die Steuereinnahmen mit fortschreitendem Wachstum natürlicherweise anstiegen. Für jedes Fiskaljahr, das in Japan vom 1.April bis zum März des folgenden Kalenderjahres reicht, gab die Regierung ein ausgewogenes und wohlbemessenes Budget aus, das dann jedoch regelmäßig durch Nachtragshaushalte auf ein Vielfaches aufgestockt wurde. Von Zeit zu Zeit veröffentlichte das Finanzministerium seine Wachstumsziele auch in Form von Fünfjahresplänen, die jedoch eher den Anschein erweckten, nicht eingehalten, sondern bei weitem übertroffen werden zu sollen. Der Joker des Finanzministeriums aber war sein Kredit- und Investitionsprogramm (*Zaisei tōyūshi keikaku*), auch 'Zweites Budget' genannt, das durch die Post finanziert wurde und mit steigenden Postspareinlagen seit Mitte der 60er Jahre neue Spielräume für die Fiskalpolitik eröffnete.

1967 kam der neue sog. Policiy-Mix (d.h. das Zusammenwirken von Geld- und Fiskalpolitik) mit Maßnahmen gegen eine sich andeutende Überhitzung erstmals auf den Prüfstand. Es erfolgte jedoch nur ein schwacher Dämpfer, die Wirtschaft befand sich bereits in den Anfängen des 42 Monate währenden Izanagi-Booms. Der Vietnam-Krieg ließ Rüstungsindustrie und Exporte in die Höhe schnellen. Gleichzeitig kam es zu einem ersten wirklich ausgeprägten Konsumboom – die Goldenen 60er Jahre der Japaner. Zum Ende des Jahres 1969 aber war die Leistungsbilanz wiederum in den roten Bereich abgestürzt, die Konjunktur überhitzt, eine Kontraktion infolgedessen notwendig.

Wieder erholte sich die Wirtschaft nur schwer. Der sog. Nixon-Schock von 1971 und eine erste Aufwertung des über Jahre hinweg völlig stabil gehaltenen Yen untergruben den ehemals so optimistischen Unternehmergeist entscheidend. Eine extrem lockere Geldpolitik führte dann zu einer Phase der Überschußliquidität in den Jahren 1971/72, von der die Bevölkerung zunächst profitierte. 1973 aber erwuchs aus dieser exzessiven Geldmengenausweitung eine Inflation, die durch spekulative Transaktionen noch weiter in die Höhe getrieben wurde. Als die Bank von Japan im Begriff war, ihren Fehler der Überschußliquidität auszugleichen, wurde die Wirtschaftswelt durch die Ölkrise von 1973/74 in ihren Grundfesten erschüttert. Das Negativwachstum von 1974 besiegelte das Ende der Periode des Hochwachstums.

Mitten in diese Ereignisse hinein fiel im Jahre 1973 dann noch die endgültige Aufgabe des Systems von Bretton Woods, d.h. man ging prinzipiell zu frei fluktuierenden Wechselkursen über. Nun wurde der Wechselkurs zur Variablen der wirtschaftspolitischen Steuerung, die Wachstumsgrenzen des Landes wurden durch andere Faktoren als dem der Zahlungsbilanz vorgegeben.

Die Fiskalpolitik versuchte nun, ihrer Rolle als Antriebsmotor einer depressiven Wirtschaft gerecht zu werden. Eine massive Begebung von Staatsanleihen zur Finanzierung der Ankurbelungsprogramme brachte allmählich aber unaufhaltsam den Stein der Umstrukturierung und Deregulierung der Finanzmärkte ins Rollen. Die starren Finanzelemente des Hochwachstums brachen eines nach dem anderen auf. Damit einher ging zum Ende der 70er Jahre eine Veränderung der Industriestruktur: die alten energie- und rohmaterialintensiven Schlüsselindustrien wurden durch neue, weniger konsumptive ersetzt, 'High Tech' lautete das neue Zauberwort. Gleichzeitig damit wuchs die Exportabhängigkeit des Landes, das nun ungeschützter den weltwirtschaftlichen Schwankungen ausgesetzt war.

Der Ölschock hinterließ tiefe Spuren. Als sich nach langer Angleichungsphase erste positive Indikatoren zeigten, kam 1979 die zweite Ölkrise. Doch diesmal war man besser vorbereitet, die Bank von Japan hatte aus ihren Fehlern gelernt. 1974 war sie ansatzweise, 1975 dann offiziell auf die Preisstabilität als alleiniger geldpolitischer Aufgabe, mit dem Geldmengenziel als alleiniger Zwischenzielgröße, übergegangen und hatte seitdem das Geldmengenwachstum auf konstanter Wachstumsrate mit insgesamt abnehmender Tendenz gehalten. Auf diese Weise hatten sich die Geldpolitik insgesamt und die Preise stabilisiert. Beim ersten Anzeichen der Ölpreisverteuerung nahm die japanische Zentralbank das Heft in die Hand, mit dem Erfolg, daß sich Japan im Vergleich zu manch anderem Industrieland relativ unbeschadet aus der Affaire ziehen konnte.

Der Aufschwung zu Beginn der 80er Jahre ließ erneut länger auf sich warten als angenommen. Um so aktiver gestaltete sich zu dieser Zeit aber die Weiterentwicklung und Liberalisierung auf den Geld- und Kapitalmärkten. Weiter forciert wurde die 'Finanzrevolution' (*kinyū-kakumei*) von innen durch einen nicht geringen Druck von außen, insbesondere von amerikanischer Seite.

Die erste Hälfte der 80er Jahre war gekennzeichnet von erst akuten, mittlerweile chronischen weltweiten Handelsreibereien. Im Zuge der Verhandlungen um die Aufhebung der verschiedenen Importbeschränkungen kam schließlich auch die Internationalisierung der japanischen Finanzmärkte in die Diskussion, eine Entwicklung, die sich sicher bis in die 90er Jahre hinein ziehen wird.

1.2. PROBLEMSTELLUNG

Das japanische Hochwachstum mit einer jährlichen durchschnittlichen Wachstumsrate von über 10% in den Jahren von 1950 bis 1973 hat im letzten Jahrzehnt zu einer fast schon verzweifelt anmutenden Suche nach möglichen Erklärungsansätzen geführt. Die Quintessenz der meisten Analysen ist, daß es sich um ein 'Wunder' handeln muß (Stone 1969:188, Kahn 1970:75, Vogel 1980:9). Allzu häufig ist bei dieser Art von Untersuchungen jedoch die Tendenz zu beobachten, daß der irrationale Wunderansatz weniger auf gesamtwirtschaftlichen Tatbeständen fußt, als vielmehr auf der Feststellung, daß in Japan 'vieles anders' sei.

Die makroökonomischen Analysen aber, die über das japanische Hochwachstum angestellt werden, lassen in auffälliger Weise die Geldpolitik außer acht, obwohl doch auch sie neben Stabilisierung und Konjunktursteuerung die Wachstumsförderung auf ihr Banner geschrieben hatte. Ein Grund für diese Nichtbeachtung mag darin liegen, daß die Ideen des Monetarismus erst in den späten 60er Jahren die Welt erfaßten — vor dieser Zeit aber wurde, dem Ideengut John Maynard Keynes folgend, dem Geld eine entscheidende Rolle in der Wirtschaftspolitik und entsprechend der Geldpolitik eine aktive Funktion in der Wachstumsförderung abgesprochen.

Ist eine solche Bewertung für das japanische Hochwachstum zutreffend? Welche Rolle spielte die Geldpolitik in der Konjunktursteuerung zwischen 1950 und 1973?

Das vielzitierte 'Wunder' wurde durch die Ölkrise jäh beendet. Wie viele andere Zentralbanken in dieser Zeit auch, ging die Bank von Japan auf die Verfolgung eines konstanten Geldmengenziels über, im Unterschied zu den anderen Ländern aber "mit einem Eifer, daß Milton Friedman angst und bange hätte werden können" (Bronte 1980:65). Auch als sich der weltweite 'Friedman-Boom' bald legte und man allerorts auf eine ausgewogene Mischung von Keynes und Friedman überging, blieb Japan angeblich einer "der letzten Stützpunkte militanter Monetaristen, die daran glauben, daß das hauptsächliche, wenn nicht das einzige, effektive Kontrollinstrument der Regierung über die Wirtschaft die Regulierung der Geldversorgung ist" (Gibney 1981:319). "Für die Bank von Japan ist Keynes gestorben", behauptete Sumita Satoshi im Jahre 1980, vier Jahre bevor er Gouverneur der japanischen Zentralbank wurde (Sumita in einem Interview mit Stephen Bronte, Bronte 1980: 71).

In einem Vortrag vor der Bank von Japan im Juni 1983 warf Milton Friedman den USA und Großbritannien vor, daß das, was in der letzten Dekade unter dem Etikett 'Monetarismus' vollzogen worden sei, nichts anderes darstelle als eine Verwechslung von monetaristischer Theorie einerseits und monetaristischer Politik und Zentralbank-Rhetorik andererseits. Was heutzutage als 'monetaristisch' bezeichnet werde, habe eigentlich einen ganz traditionellen Namen: die Geldmengentheorie. Ferner sagte Friedman, er sei zwar kein Japan-Experte, aber Japans Geldpolitik erscheine ihm doch weniger monetaristisch in der Rhetorik als die der USA oder Großbritanniens, dafür aber wesentlich konsequenter monetaristisch in der Praxis (Friedman 1983:1-2, 13).

Welche Form nahm die japanische Geldpolitik nach der ersten Ölkrise an? Folgte und folgt die Bank von Japan konsequent der Theorie der Neo-Quantitätstheoretiker?

In dieser Arbeit wird, ohne die Hilfe von Wunderkonzepten, der makroökonomische Teilbereich des Finanzwesens für den Zeitraum von 1950 bis 1985 auf seine realwirtschaftlichen Aspekte hin untersucht. Dazu ist zunächst zu fragen, auf welchen Strukturen die Geldpolitik fußte, welche lang- und kurzfristigen Ziele im Wachstumsverlauf angestrebt wurden, welche geldpolitischen Maßnahmen zu deren Erreichung zur Verfügung standen und eingesetzt wurden und schließlich, welche Bedeutung der Geldpolitik im Konjunkturverlauf dieses Zeitraumes zukam.

Sodann erhebt sich die Frage des wirtschaftstheoretischen Hintergrundes, auf den sich die Bank von Japan in der Verfolgung ihrer Ziele stützte. Läßt sich der untersuchte Zeitraum außer in Wachstumsphasen auch unter geldtheoretischem Aspekt in verschiedene Phasen aufteilen? Ging die Bank von Japan in den 70er Jahren nur rhetorisch oder tatsächlich zum Monetarismus über? Wie ergeht es diesem Monetarismus mit der zunehmenden Liberalisierung und Internationalisierung des japanischen Finanzsystems in den 80er Jahren?

Abschließend gilt es dann festzustellen, mit welcher Effizienz die Bank von Japan den an sie gestellten Aufgaben nachkommen und die von ihr gesteckten Ziele erreichen konnte.

1.3. THEORETISCHER AUSGANGSPUNKT

Die Geschichte der Geldtheorie läßt sich in drei große Phasen aufteilen. 1911 wurde durch die Quantitäts- oder Verkehrsgleichung $M \cdot V = P \cdot T$ von Irving Fisher erstmals allgemeingültig die Beziehung zwischen Geldmenge und Geldumlaufgeschwindigkeit auf der einen und Preisen und Transaktionsgeschäften auf der anderen Seite systematisch erfaßt. Kernstück der Quantitäts- oder Geldmengentheorie war die ausgeprägte Stabilität der Umlaufgeschwindigkeit, d.i. das Verhältnis zwischen dem Jahreseinkommen und dem Geldbestand, bzw. die Häufigkeit, in der der Geldbestand im Laufe eines Jahres für die gesamten Transaktionen einer Volkswirtschaft benutzt wird. Die Grundlage der Theorie besteht in der Unterscheidung zwischen der nominalen Geldmenge, die alles umfaßt, was als Geld gilt (DM, Yen, Dollar etc.), und der realen Geldmenge, die den Umfang an Gütern und Dienstleistungen angibt, den man mit diesem Geld tatsächlich erwerben kann (vgl.Friedman 1979:13). Da die Quantitätstheoretiker von einer strikten Proportionalität zwischen der nominalen Geldmenge und dem Preisniveau ausgingen, ergab sich als Hauptinstrument einer Wirtschaftspolitik, die auf stabile Preise bedacht war, die Geldpolitik.

Die weltweite Große Depression der 30er Jahre gab den Anstoß für die "Keynesianische Revolution" (Friedman 1973:51). John Maynard Keynes ging von einer natürlichen Unterbeschäftigung aus, bei der die Liquiditätspräferenz, d.h. die Neigung, Geld in bar zu halten oder nur kurzfristig anzulegen, also zu horten, annähernd oder vollständig absolut ist, so daß die Zinssätze durch monetäre Eingriffe nicht gesenkt werden können. Die Umlaufgeschwindigkeit des Geldes wurde als sehr anpassungsfähig, d.h. höchst instabil, angenommen, so daß eine Veränderung der Geldmenge sich lediglich auf die Umlaufgeschwindigkeit niederschlägt, während die andere Seite der Gleichung, Preise und Transaktionen, unberührt bleiben. Die einzige Aufgabe der Geldpolitik lag für Keynes deshalb darin, der Wirtschaft sog. billiges Geld zur Verfügung zu stellen, d.h. die Zinsen niedrig zu halten. Wirklich lenkbar aber war eine Volkswirtschaft nur über direkten fiskalpolitischen Interventionismus (Keynes 1973:375-378). Es galt nicht mehr die Beziehung zwischen Einkommen und Geldmenge, sondern die zwischen Einkommen und Investitionen: zu geringe private Investitionen mußten durch Staatsausgaben kompensiert werden.

Über 20 Jahre lang stellte das keynesianische Gedankengut die Geldpolitik als überholt und nutzlos in den Schatten. In der unmittelbaren Nachkriegszeit aber kamen erste Zweifel auf: zum einen wurde der Theorie entsprechend mit der Beschneidung der Staatsausgaben für militärische Zwecke eine äußerst schwere Depression erwartet, die sich jedoch in diesem Maße nicht einstellte. Zum anderen versagte die Politik des billigen Geldes, und in den meisten Ländern grassierte die Inflation (Friedman 1976:137). Es dauerte jedoch bis in die 60er Jahre hinein, bevor eine Phase neuen wirtschaftspolitischen Denkens anbrach. Die blinde Annahme der keynesianischen Wirtschaftstheorie wurde abgelöst durch eine breitere Konzeption, die einen Platz für geld- und währungspolitische Impulse freigab, die

Makroaspekte der Geld- und Fiskalpolitik jedoch weiterhin nicht zu einer funktionalen Einheit verschmelzen ließ (Frerich et al. im Vorwort zu Friedman 1976).

Das wiederholte Scheitern fiskalpolitischer Eingriffe machte dann die "Monetaristische Konterrevolution" (Johnson 1973:196) möglich. Die Neo-Quantitätstheorie der Chicagoer Schule unter Federführung von Milton Friedman stellte eine Weiterentwicklung der quantitätstheoretischen Kassenhaltung unter Einbeziehung von Elementen aus der keynesianischen Liquiditätspräferenz-Theorie dar. Friedmans Version der Geldmengentheorie besagt, daß die Geldmenge pro Produktionseinheit langfristig das Preisniveau bestimmt, so daß zwischen nominalem Einkommen (als abhängiger Variablen) und der Geldmenge (als exogener Variablen) eine langfristig stabile Korrelation besteht. Im Unterschied zur alten Quantitätstheorie ist die Umlaufgeschwindigkeit jetzt nicht mehr ganz oder annähernd konstant, aber auch nicht, wie bei Keynes, erratischen Schwankungen unterworfen, sondern stellt eine relativ stabile Größe dar. Daraus ergibt sich, daß eine Veränderung in der Umlaufgeschwindigkeit des Geldes, d.h. also eine Veränderung in der Beziehung zwischen nominaler Geldmenge und nominalem Einkommen, gut prognostizierbar ist (vgl. Duwendag 1985:82). Da aber eine Zentralbank die nominale Geldmenge kontrollieren kann, wird somit eine im voraus berechenbare Beeinflussung des Nominaleinkommens möglich. Die Geldmenge wird hierdurch zur Schlüsselvariablen einer auf die Kontrolle des Preisniveaus ausgerichteten Wirtschaftspolitik (Friedman 1979:32).

Aus der Analyse der Kassenhaltung (vgl. Friedman 1976:40-53) nach einem neuen vermögens- und kapitaltheoretischen Konzept ergeben sich weitreichende Konsequenzen für die Geldpolitik. Für Keynes ist bei fehlender privater Nachfrage ein Stimulus in Form von Staatsausgaben notwendig, um das Beschäftigungsniveau zu erhöhen, so daß dem Kreislauf zusätzliches Geld über die Defizitfinanzierung des Staatshaushaltes zugeführt wird. Die Monetaristen dagegen halten den "Nicht-Interventionismus"(Kalmbach 1973:13) hoch und vertrauen darauf, daß mit einem Anstieg der Geldmenge die Ausgaben zunehmen, so daß für eine stabile Wirtschaft eine neutrale Geldmengenausweitung völlig ausreichend ist. Kern der konjunkturtheoretischen Lehre Friedmans ist die Stabilitätsthese, die besagt, daß der private Sektor grundsätzlich stabil ist und auch nicht von seinem idealen Gleichgewichtspfad abweicht, solange er nicht durch exogene Impulse dazu veranlaßt wird (Förterer 1979:183).

Der Analyse liegen keine großen ökonometrischen Modelle wie bei den Keynesianern zugrunde, sondern die Aussage, die zum Mittelpunkt die Geldnachfragefunktion hat, stützt sich auf einfachere Modelle. Die Untersuchung der Geldnachfragefunktion führt zu acht zentralen Aussagen für eine monetaristische Geldpolitik (vgl.Friedman 1973:63-68, 1979:32):
— Die Geldmenge ist die alleinige systematische Bestimmungsgröße des Preisniveaus und des nominalen Wachstums. Demzufolge ist die Veränderung der Geldmenge der entscheidende Faktor für eine Veränderung der Wachstumsrate

des nominalen Volkseinkommens. Die Beziehung zwischen den beiden Größen ist fest, wenn auch nicht präzise.
- Diese Beziehung tritt nicht offen zu Tage, da eine Veränderung der Geldmenge erst mit einer zeitlichen Verzögerung (*time-lag*) von zwei bis drei Quartalen, je nach Stärke der Variation, wirkt.
- Die Veränderungen schlagen sich zunächst im Output nieder. Die Preise werden erst nach weiteren zwei bis drei Quartalen berührt, nämlich erst dann, wenn potentieller und tatsächlicher Output voneinander abzuweichen beginnen. Diese Verzögerung des Wirkungseffektes auf die Preise von 1-1,5 Jahren ist einer der Gründe, warum einer einmal in Gang gekommenen Inflation schwer Einhalt zu gebieten ist.
- Der Transmissionsmechanismus ist alles andere als perfekt, selbst wenn die *time-lags* berücksichtigt werden.
- Die Inflation ist immer und überall ein monetäres Phänomen, das vor allem durch ein Ansteigen der Geldmenge pro Outputeinheit hervorgerufen wird.
- Die Geldmenge ist die entscheidende Variable für die Stabilisierungspolitik. Fiskalpolitik und Budget spielen nur eine untergeordnete Rolle. Der Haushalt ist auf einem niedrigen Niveau auszugleichen, so daß der öffentliche Sektor niedrig gehalten und ein Höchstmaß an wirtschaftlicher Freiheit erreicht wird.
- Konjunkturschwankungen sind lediglich das Ergebnis von Ungleichheiten auf dem Geldmarkt.

Der Monetarismus fordert aber nicht den verstärkten Einsatz geldpolitischer Maßnahmen, sondern betont im Gegenteil vielmehr die herausragende Rolle der Geldmenge, während die Möglichkeiten der Geldpolitik als eher begrenzt angesehen werden.

Für die Umsetzung monetärer Impulse ergeben sich nach diesen Kernaussagen folgende fünf Implikationen (vgl.Friedman 1973:66-69, Friedman 1976:101, Friedman 1974:320-324):
- Das entscheidende Charakteristikum der Geldpolitik ist ihre Einwirkungsmöglichkeit auf die Geldmenge, nicht aber die Beeinflussung von Bankkrediten oder Zinssätzen. Eine Hinwendung von der Kreditpolitik zum Geldmengenziel und von der qualitativen zur quantitativen Kontrolle ist notwendig.
- Die Geldmengensteuerung darf nicht über diskretionäre Eingriffe, sondern muß nach einem festen Regelmechanismus erfolgen (die "Herrschaft des Gesetzes" statt der "Herrschaft des Menschen", Friedman 1962:227): die Geldmenge muß mit einer stetigen und vorhersehbaren Wachstumsrate steigen. Dabei ist die Konstanz wichtiger als der absolute Wert der Rate, der von Land zu Land, je nach Tendenzen in Output und Kassenhaltung, verschieden ist. Die Stetigkeit ist deshalb so relevant, weil durch die verschiedenen *lags*, insbesondere der zeitlichen Verzögerung, eine Veränderung stark destabilisierend wirkt.
- Die Bewältigung der zyklischen Instabilität, die dann noch verbleibt, sollte dem

freien Markt überlassen bleiben. Die Zentralbank sollte nicht den Versuch einer Gegensteuerung oder Feinsteuerung unternehmen.
— Die Zinsstabilität scheidet als geldpolitische Zielvariable aus. Eine Veränderung der Geldmenge wirkt auf das Zinsniveau erst in die eine, dann in die andere Richtung: bei steigender Geldmenge sinken die Zinsen, daraufhin steigen die Ausgaben, es kommt zu einer Inflation, und die Zinsen steigen. D.h. der Anfangserfolg einer expansiven Geldpolitik wird immer wieder zunichte gemacht. Beziehen aber die Wirtschaftssubjekte Preiserwartungen in ihre Handlungen ein — was normalerweise der Fall ist —, können expansive Impulse nur noch von unerwarteten Preissteigerungen ausgehen.
— Kann die Geldpolitik auch die Zinsen nicht stabilisieren, so kann sie doch verhindern, daß das Geld selbst zu einer Hauptquelle wirtschaftlicher Störungen wird. Die Aufgabe der Geldpolitik ist es somit, einen stabilen Rahmen zu schaffen und "die Maschine gut geölt zu halten"(Friedman 1974:326).

Zusammenfassend lassen sich nach diesen Ausführungen zum monetaristischen Ansatz für die praktische Geldpolitik folgende vier Grundregeln festhalten:
1) Das eine Endziel der Geldpolitik ist die Preisstabilität, die anderen wachstumspolitischen Ziele ergeben sich bei festem Preisniveau automatisch.
2) Der zentrale Gegenstand der Geldpolitik ist die Geldmenge, die Indikator und zentrale Zielgröße zugleich ist.
3) Das Geldmengenwachstum muß auf das Ausmaß der Steigerung des Produktionspotentials (der Wachstumsrate des Bruttosozialproduktes) beschränkt bleiben. Das Wachstumsziel einer Volkswirtschaft ist direkt mit einem ganz bestimmten sog. Geldmantel oder Zielkorridor verbunden, der den Wirtschaftssubjekten bekannt sein muß, um eine höchstmögliche Stabilität im Konjunkturverlauf zu gewährleisten.
4) Die Zentralbank darf nicht diskretionär vorgehen. Auf den Finanzmärkten darf sie nur so auftreten, daß sie durch eine Veränderung der Geldmenge das Marktgleichgewicht und damit die Zinsstruktur in einer Weise stört, daß neue Anpassungsprozesse hervorgerufen und so die stabilitätspolitisch erwünschten Effekte erzielt werden.

Anhand dieser vier Kriterien wird eine Bewertung der Geldpolitik hinsichtlich ihrer monetaristischen Ausrichtung möglich.

1.4. GANG DER UNTERSUCHUNG

Für eine Untersuchung des Monetarismus in Japan muß man zunächst verstehen, wie sich die Geldpolitik vor dem Übergang auf das Geldmengenziel darstellte. Nur so werden die Motive und Konsequenzen, die mit diesem Schritt verbunden sind, sichtbar.

Die vorliegende Arbeit beginnt mit einer Darstellung der Bank von Japan sowie den institutionellen Gegebenheiten, in denen sie sich bei der Umsetzung ihrer geldpolitischen Schritte bewegt. Sodann erfolgt eine Untersuchung der strukturimmanenten Ausprägungen des japanischen Finanzwesens im Hochwachstum, sowie dem darauf aufbauenden Instrumentarium der Bank von Japan. Der Übergang zum Niedrigwachstum in den 70er Jahren veränderte auch die japanische Finanzstruktur ganz erheblich. Diese Veränderungen und die Neuorientierung der Geldpolitik sind Inhalt von Punkt 4.

Mit der Darstellung der strukturellen Entwicklung des Finanzsystems und der Geldpolitik im allgemeinen ist die Ausgangsposition geschaffen für die Analyse der tatsächlichen Wirkungsweise der Geldpolitik von 1950 bis 1985. Die Untersuchung der konkreten Geschehnisse im Konjunkturverlauf macht dann eine Bewertung der Effizienz monetärer Impulse möglich. Auch eröffnet die Analyse der Ereignisse im Jahresablauf die Möglichkeit eines Vergleichs zwischen alter und neuer Geldpolitik. Zusammenfassend bleibt dann festzustellen, worin die Unterschiede der Geldpolitik des Hochwachstums und der des Niedrigwachstums bestehen. Schließlich soll anhand der vier Kriterien für die praktische Geldpolitik, die sich aus dem Gedankengut Milton Friedmans ergeben, festgestellt werden, ob Japan seit 1975 einen tatsächlichen oder einen nur rhetorischen Monetarismus verfolgt.

Sowohl bei der Untersuchung der Finanzstruktur und ihrer Veränderungen als auch bei der Analyse des Konjunkturverlaufes beschränkt sich diese Arbeit auf die Aspekte, die von besonderer Relevanz für die Geldpolitik der Nachkriegszeit und ihre Wirkungsweise sind. Fragen der Unternehmensfinanzierung und somit auch die Darstellung des Aktienmarktes und der Außenhandelsfinanzierung können deshalb nur insoweit Erwähnung finden, als sie sich auf das geldpolitische Wirkungsfeld ausdehnen. Mit dem Übergang zu flexiblen Wechselkursen 1973 und der in der Folge allmählich einsetzenden Liberalisierung des Yen traten in zunehmendem Maße auch währungspolitische Elemente neben die Geldpolitik. Auch sie werden nur in ihrer Auswirkung auf das geldpolitische Geschehen in die Analyse mit einbezogen.

1.5. QUELLENLAGE

Die europäische Wirtschaftswissenschaft, und darunter vor allem auch die deutsche, hat sich bislang mit Fragen zur japanischen Geldpolitik kaum auseinandergesetzt. Die amerikanischen Untersuchungen des japanischen Finanzwesens dagegen hatten in Hugh T. Patrick einen Vorreiter, dessen umfangreiche Analysen aus den frühen 60er Jahren ein Verständnis der japanischen Geldpolitik aus dieser Zeit heraus ermöglichen. Es folgten zahlreiche, oftmals ökonometrische Analysen aus der – oft vielleicht sogar nützlichen – Distanz, die eine Übersicht über die Geldpolitik bieten.

Das japanische Material ist insgesamt wesentlich umfangreicher. Die frühen Studien setzten sich vor allem mit Einzelelementen des Finanzsystems auseinander und bieten so nur ansatzweise den Schlüssel zu einer makroökonomischen Analyse. Blieb die Erforschung des Finanzwesens mit Ausnahme der Untersuchungen von Tachi Ryūtarō (1960, 1962, 1964) und Eigendarstellungen der Bank von Japan in den 60er Jahren noch gering, so erlebte die monetäre Wirtschaftswissenschaft Japans in den 70er Jahren geradezu einen Boom. Der japanische Pionier Suzuki Yoshio (1978, bzw. 1.Auflage 1974), Direktor der Abteilung für wirtschaftliche Studien bei der Bank von Japan, der als "einer der Architekten des japanischen Monetarismus" (Bronte 1980:68, John G. Greenwood im Vorwort zu Suzuki 1980) anzusehen ist, lieferte auch in den 80er Jahren weiterhin wertvolle Analysen, die den Standpunkt der Bank von Japan darstellen und erläutern. Relativiert und differenziert werden diese offiziellen Darstellungen unter anderem durch die Werke von Kure Bunji (1973), Teranishi Jūrō (1982) und Rōyama Shōichi (1986b).

Mitte der 70er Jahre setzte eine lebhafte Diskussion über Zinsregulierung und Rationierung auf den Kreditmärkten ein. Zahlreiche Veröffentlichungen zu diesem Thema unterstreichen die Bedeutung, die der Geldpolitik in Japan seit dieser Zeit beigemessen wird.

Schließlich wurden die Analyse des Konjunkturverlaufes und die Erstellung erläuternder Schaubilder ermöglicht durch umfangreiches statistisches Material vom Planungsamt (EPA bzw. KKC 1950-1986) und von der Bank von Japan (BoJ BR, NGCG 1977-1986).

Insgesamt stellt das Material zur japanischen Geldpolitik sowohl quantitativ als auch qualitativ einen zufriedenstellenden Ausgangspunkt für die Bearbeitung des Themenkomplexes dar.

2. DIE GELDPOLITISCHEN INSTITUTIONEN

Die Bank von Japan (*Nihon ginkō*) ist als ausführendes Organ der Geldpolitik dem Finanzministerium (*Ōkurashō*) unterstellt, das an der Richtungsweisung der japanischen Konjunkturpolitik in erheblichem Maße beteiligt ist. Im Bestreben, die verschiedenen konjunkturpolitischen Instrumente zu koordinieren, liegt das Hauptaugenmerk des Finanzministeriums auf der Fiskalpolitik. Der Bank von Japan weist es zwar die geldpolitische Richtung, überläßt ihr jedoch in gewissen Grenzen die tatsächliche Ausführung. Die Bank von Japan wirkt durch ihre Maßnahmen auf das Bankwesen, durch dessen Kreditverhalten dann die realwirtschaftliche Ebene direkt berührt wird.

2.1. DIE BANK VON JAPAN

2.1.1. Aufgaben

Die japanische Zentralbank wurde im Jahre 1882 nach belgischem Vorbild gegründet. 1884 wurde ihr das Monopol der Notenausgabe übertragen. Bis in die Gegenwart gilt für die Bank von Japan das an das deutsche Reichsbankgesetz von 1939 angelehnte Zentralbankgesetz von 1942 (*Nihon ginkō-hō*), mit dem sie umfassenden Kontroll- und Weisungsrechten der Regierung untersteht.

Nach Art.1 des Zentralbankgesetzes hat die Bank von Japan die Aufgabe,

"...die Geldmenge zu regulieren, die Finanzierung durch Kredite zu ermöglichen und zu kontrollieren sowie das Kreditsystem im Sinne der nationalen Politik zu stützen und zu fördern, um so die allgemeinen wirtschaftlichen Aktivitäten der Nation in angemessener Weise voranzutreiben" (Suekawa 1962:1958).

Die noch aus der Kriegszeit stammende Betonung der nationalen Ziele interpretiert die Bank von Japan heute als die Aufgabe, ein stabiles Wachstum der Wirtschaft durch monetäre Konjunkturpolitik zu stützen (BoJ 1971:2). Im Vordergrund steht die Wahrung der Geldwertstabilität, d.h. das Bestreben, die Stabilität des Preisniveaus in Einklang zu bringen mit den als 'Magisches Dreieck' bekannten wirtschaftspolitischen Zielsetzungen der Vollbeschäftigung, des Wachstums und des außenwirtschaftlichen Gleichgewichtes.

Die Funktionen der Bank von Japan entsprechen dem westlichen Verständnis des Geschäftsbereiches einer Zentralbank. Sie ist zunächst für die Notenausgabe zuständig, deren Umfang eine entscheidende Bedingung wirtschaftlicher Aktivitäten bildet. Da die japanische Regierung wegen des bis 1965 befolgten Prinzips des ausgeglichenen Staatshaushaltes in der Wiederaufbauphase des Landes nur begrenzt auf die in Umlauf befindliche Geldmenge einwirken konnte, fiel der Bank von Japan in diesem Punkt eine zentrale Rolle zu.

Die japanische Zentralbank unterliegt nicht der Verpflichtung der Konvertibilität, d.h. der Notendeckung, doch legt das Finanzministerium nach Art.30 des Zentralbankgesetzes eine Obergrenze für die Notenausgabe fest (*saikō hakkogakuseigen seido*, System der Höchstgrenzbestimmung für das Notenausgabevolumen). Diese Obergrenze darf zwar kurzfristig überschritten werden, ab dem 16. Überziehungstag muß jedoch eine prohibitive Verzinsung von 3% auf die Überziehungssumme gezahlt werden (Suekawa 1962:1959).

Die zweite Aufgabe liegt in der Funktion als Bank der Banken. Dabei verhandelt die Bank von Japan ausschließlich mit den Kreditinstituten und Geldmarktbrokern (vgl.4.1.1.1.), während dem Privatsektor der direkte Zugang zur Zentralbank verwehrt ist. Neben der Vergabe von Zentralbankkrediten an die Geschäftsbanken hält die Bank von Japan Verrechnungskonten der einzelnen Institute für Diskontgeschäfte und die Mindestreservehaltung sowie Konten für interne Transaktionen der Geschäftsbanken untereinander (Presnell 1973:150).

Schließlich ist die Zentralbank die Bank der Regierung. Die Regierung hält ihre Konten ausschließlich bei der Zentralbank, der sie auch einen Großteil der Verwaltungsaufgaben übertragen hat. Über diese Konten laufen die Auszahlungen und Eingänge von staatlichen Finanzierungskrediten, Steuern und andere Einnahmen, Devisen etc.. Durch die saisonalen Schwankungen auf diesen Staatskonten wird indirekt der Geldmarkt beeinflußt, wenn z.B. im Frühjahr, zu Ende des Fiskaljahres, das bei der Bank von Japan gehaltene Geldvolumen durch die dann fälligen Steuerzahlungen anschwillt oder im Herbst mit den Ausgaben des Sonderkontos für Nahrungsmittelkontrolle (*shokuryō-kanri tokubetsu kaikei*) für die staatlichen Reiskäufe fällt (BoJ 1971:7).

2.1.2. Organisation

Die Bank von Japan ist eine Aktiengesellschaft mit Sonderstatus (*tokushuhōjin*) mit einem Kapital von 100 Millionen Yen, von dem die Regierung 55% und Finanzinstitute und Privatpersonen 45% halten. Die Anteilseigner haben kein Stimmrecht, auch finden keine Generalversammlungen statt. Die jährliche Dividende beläuft sich auf höchstens 5%, Überschüsse werden als Reserven gehalten oder in Form von Schatzbriefen ausgegeben (Hara 1972:143).

An der Spitze der Bank von Japan steht der Gouverneur (*sōsai*), der, ebenso wie der Vize-Gouverneur (*fuku-sōsai*), für fünf Jahre vom Premierminister ernannt wird. Der Gouverneur wird seit dem Kriegsende in der Regel aus dem Kreise pensionierter höherer Beamter des Finanzministeriums oder der Zentralbank ausgewählt. Er bildet zusammen mit seinem Vize und mindestens drei der sieben Direktoren (*riji*), die auf Vorschlag des Gouverneurs für vier Jahre vom Finanzminister ernannt werden, das Direktorium. Dieses ist als zentrales Exekutivorgan (*shikkō-kikan*) für die Umsetzung der geldpolitischen Schritte in den 19 Ämtern (*kyoku*) verantwortlich. Das Finanzministerium bestimmt außerdem Revisoren (*kanji*), deren Amtszeit drei Jahre beträgt, die jedoch beliebig oft wiederernannt werden können (Yoshino 1976:194).

Das Zentralbankgesetz von 1942 wurde 1949 durch die Besatzungsmacht teilweise revidiert, so daß sich unter die "kriegsgefärbten" Statuten (Mori Shizuro 1982:38) nun Unabhängigkeits- und Demokratisierungsmerkmale mischten. Die bedeutendste Reform lag in der Einrichtung des Zentralbankrates (*Nihon ginkō seisaku-iinkai*, wörtl.: "Notenbankpolitischer Ausschuß") als oberstem Entscheidungsgremium der Bank von Japan, das in Zusammensetzung und Aufgabenstellung dem Notenbankausschuß (*Policy Board*) des amerikanischen *Federal Reserve System* sehr nahe kommt.

Der Zentralbankrat der Bank von Japan hat sieben Mitglieder. Neben dem Gouverneur gehören ihm ein Vertreter des Finanzministeriums und des Planungsamtes (*Keizai kikaku-chō*), je ein Vertreter einer städtischen Großbank (*toshi-ginkō*) und einer Regionalbank (*chihō-ginkō*) sowie ein Vertreter aus der Industrie und aus der Landwirtschaft, die für vier Jahre als "Vertreter des Volkes" (Yoshino 1976: 194) ernannt werden, an. Die beiden Regierungsvertreter haben kein Stimmrecht, womit der Zielsetzung einer unabhängigen Zentralbank entsprochen werden soll. Vielmehr sollen sie dafür Sorge tragen, daß Fiskal- und Geldpolitik in ihrer Ausrichtung aufeinander abgestimmt werden (Presnell 1973:153-160, Allen D.1986:6).

Neben der grundsätzlichen Ausrichtung der Geldpolitik entscheidet der Zentralbankrat auf seinen zwei Sitzungen pro Woche über Art und Umfang des einzusetzenden geldpolitischen Instrumentariums, das nach Art. 13/3 des Zentralbankgesetzes der Bank von Japan offenblieb und die Modifizierung des Zentralbankgesetzes auf bankfähige Diskonttitel, Bestimmung des Diskontsatzes, Bestimmung von Art und Wert der offenmarktfähigen Titel sowie des Zeitpunktes von Offenmarktoperationen, Festlegung der Höchstzinssätze der Kreditinstitute in Zusammenarbeit mit dem Finanzministerium und Bestimmung der Mindestreservesätze mit Zustimmung des Finanzministeriums (Suekawa 1962:1958).

2.1.3. Die Autonomie-Diskussion

Durch das Zentralbankgesetz von 1942, das die Zeichen seiner Entstehungszeit nicht verleugnen kann, ist die Bank von Japan rein juristisch gesehen in jeder Beziehung der Kontrolle des Finanzministeriums unterworfen. So kann nach Art.43 und 44 der Finanzminister, nach Rücksprache mit dem Kabinett, den Gouverneur der Zentralbank und seinen Stellvertreter absetzen und selbst die ihm notwendig erscheinenden Maßnahmen einleiten. Außerdem kann das Finanzministerium nach Belieben den Status der Bank von Japan verändern und deren Notenausgabe sowie den Einsatz des Instrumentariums überwachen.

Zwar sah sich das Finanzministerium nie genötigt, von seinen Kontrollbefugnissen Gebrauch zu machen, doch dürfte die Bank von Japan wohl die einzige

Zentralbank der Welt sein, die dem Finanzministerium einen detaillierten Plan über ihre zukünftigen Operationen vorlegen muß (Patrick 1962:38). Ebenso unterliegt die Bestimmung der Mindestreservesätze der Genehmigungspflicht durch das Ministerium. Auch wenn durch die Einrichtung des Zentralbankrates 1949 die Unabhängigkeit der Bank von Japan gestärkt wurde und das Ministerium seine Rechte nicht ausnutzt, steht im Hintergrund doch eine Regierungskontrolle, die dem amerikanischen oder bundesdeutschen Verständnis einer autonomen Zentralbank fremd ist.

Von den geldpolitischen Entscheidungsträgern in Japan wird oft als von "den Finanzbehörden" (kinyū-tōkyoku) gesprochen. Schon dieser Wortgebrauch deutet an, daß eine direkte Zuordnung Geldpolitik — Zentralbank in Japan nicht möglich ist (Kure 1973:9). Zuweilen hat es eher den Anschein, als sehe das Finanzministerium "die Zentralbank als eine seiner Filialen an, die dazu dient, Regierungsmaßnahmen umzusetzen" (Bronte 1982:141). Verwaltungstechnisch ist das insofern richtig, als das Finanzministerium Erlasse ausgeben kann, die die gesetzliche Rückendeckung des Kabinetts haben, während der Bank von Japan diese Möglichkeit nicht gegeben ist. So sehr sie sich also auch auf die Unabhängigkeit, die ihr in der Besatzungszeit zugesprochen wurde, berufen mag, sie ist im Endeffekt doch immer an die Entscheidungen der Regierung gebunden.

Das Finanzministerium ist unterteilt in sieben Ämter, von denen von geldpolitischer Relevanz insbesondere das Amt für das Bankwesen (ginkō-kyoku), das Amt für den Effektenbereich (shōken-kyoku) sowie das Budgetamt (shukei-kyoku) sind. Diese drei Ämter dirigieren das Finanzsystem z.T. unabhängig voneinander und auf wenig flexible Weise, was oft zu Zusammenstößen mit der progressiver denkenden Zentralbank führt (Rōyama 1983:32). Die Widersprüchlichkeiten und Kontroversen, die sich innerhalb des Finanzministeriums auf der einen und zwischen Ministerium und Zentralbank auf der anderen Seite ergeben, führten 1956 per Gesetz zur Gründung des Untersuchungsausschusses für das Finanzsystem (Kinyū-seido chōsakai), das als dem Finanzministerium angeschlossene Einrichtung Vorschläge zur Umstrukturierung des Finanzwesens unterbreiten sollte. Von 1956 bis 1960 beschäftigte sich dieser Ausschuß mit der Frage, ob das geldpolitische Hauptziel die Geldwertstabilität sei — dann müsse die Zentralbank unabhängig sein — , oder ob in erster Linie das Wirtschaftswachstum zu fördern sei — dann muß die Zentralbank von der Regierung abhängig bleiben. Im Laufe der Untersuchungen teilte sich der Ausschuß in zwei Lager, so daß im Endergebnis die Frage der Unabhängigkeit der Bank von Japan offenblieb und die Modifizierung des Zentralbankgesetzes aufgeschoben wurde (Rōyama 1986b:202, Mikitani 1973:237). Der Untersuchungsausschuß aber blieb als Beratungsstelle des Finanzministers bestehen und beschäftigte sich in der Folge unter anderem mit Änderungen im Mindestreservesystem, Strukturanalysen über das Kreditsystem und der Vorbereitung zur Revision des Bankengesetzes von 1982

Unmittelbar nach dem Krieg war das Verhältnis zwischen Finanzministerium und Zentralbank sehr gespannt, da die Bank von Japan ihre neue Unabhängigkeit auszuweiten suchte, andererseits aber die Ernennung des Gouverneurs und seines Stellvertreters weiterhin in den Händen des Ministeriums blieb. Diese Spannungen mündeten in den frühen 50er Jahren in eine heftige Kontroverse zwischen dem damaligen Finanzminister Ikeda Hayato und dem Gouverneur Ichimada Hisato über die allgemeine geldpolitische Entscheidungsfindung. Bald darauf aber ging man wieder zur Kooperation über, gestützt auf die neue Handhabe, daß der Gouverneur, der Berater (*komon*) sowie der Finanzminister sich in allseitigem Einverständnis "gegenseitig ernennen" (Auskunft Nakamura Takafusa vom 13.1.1986).

Auch bestand in der ersten Zeit nach seiner Errichtung eine große Ungewißheit über die Funktion des Zentralbankrates, der eher als ein "Konsultativ-Komitee des Finanzministers, dem wirklichen Entscheidungsträger" (Nakamura S.1952:43) angesehen wurde. Mit fortschreitendem Wirtschaftswachstum ergriff die Bank von Japan jedoch zunehmend Maßnahmen, die weder politisch populär noch vom Finanzministerium abgesegnet worden waren, wie z.B. eine präventive Restriktionspolitik im Jahre 1967. Der damit neu gewonnene gute Ruf ging allerdings mit der ersten Ölkrise schnell wieder verloren, als Inflation und Negativwachstum vor allem den geldpolitischen Fehlgriffen der Bank von Japan zugeschrieben wurden. Ab 1975 ergriff Gouverneur Morinaga Teiichirō – in Übereinstimmung mit dem Finanzministerium – weitreichende und erfolgreiche interne Reformmaßnahmen als Reaktion auf die steigende Selbstmordrate von Angestellten der Bank von Japan. Diese Erneuerungen im Innern wurden von Maekawa Haruo, Gouverneur von 1980 bis 1984, fortgesetzt, der, als "eigenwillig unabhängig" (Bronte 1980:65) bekannt, die autonome Entwicklung der japanischen Zentralbank weiter vorantrieb.

Die wirtschaftlichen und strukturellen Veränderungen der 70er Jahre ließen auch das Verhältnis zwischen Finanzministerium und Zentralbank nicht unberührt. 1974/75 ging die Bank von Japan zu einer konsequenten Verfolgung des Geldmengenziels über. Die neue, vom Finanzministerium abrückende Position, die die Bank von Japan mit dieser Entwicklung bezog, trat deutlich zutage, als sie sich im Februar 1980 über ein altes, ungeschriebenes Gesetz hinwegsetzte, indem sie den Leitzins gegen die Vorstellungen der Regierung zur Zeit der Budgetverabschiedung anhob (vgl.5.2.2.).

Weitere Reibungspunkte erwachsen aus der zunehmenden Liberalisierung des japanischen Finanzsystems. Während die Bank von Japan eine umfassende Deregulierung aller Zinssätze sowie eine rasche Ausweitung der Geldmärkte anstrebt, um die Effizienz ihrer geldpolitischen Maßnahmen zu erhöhen, verhält sich das Finanzministerium aufgrund seiner Anfälligkeit für politischen Druck aus den Finanzkreisen in internen Deregulierungsfragen eher zögernd. Es versucht zunächst, dem wachsenden Liberalisierungsdruck von außen mit Zugeständnissen nach außen, d.h. in Form der Liberalisierung von Devisengeschäften, zu begegnen.

Die Frage, wie stark die Bank von Japan heute noch tatsächlich vom Finanzministerium abhängig ist, muß an dieser Stelle offengelassen werden, zumal dieses Abhängigkeitsverhältnis außer auf legal und institutionell vorgegebenen Faktoren, insbesondere auch auf interpersonellen Verflechtungen zwischen beiden Organen, beruht. Diese sind in ihren Auswirkungen kaum meßbar und zudem starken Schwankungen unterworfen. Auch wenn die Bank von Japan bei weitem nicht so autonom agieren kann wie die *Federal Reserve* der USA oder vor allem auch die Deutsche Bundesbank, so deuten doch verschiedene Ereignisse im Verlauf der wirtschaftlichen Entwicklung darauf hin, daß die Kontrolle des Finanzministeriums nie so stark war, wie sie gesetzlich möglich gewesen wäre, ja daß sie mit den Veränderungen seit den 70er Jahren mehr und mehr abnimmt. Auch wenn der grundlegende Rahmen nicht von der Zentralbank kommt, wie z.B. im Fall der Niedrigzinspolitik des Hochwachstums (vgl.3.1.1.), heißt das noch nicht, daß ihr in der geldpolitischen Führung nicht doch verschiedene Freiheiten bleiben. In diesem Sinne ist der Bank von Japan sicherlich eine eigene Verantwortung und auch eine eigene geldpolitische Linie zuzuschreiben.

2.2. DAS BANKENSYSTEM

Von den grundlegenden Demokratisierungs- und Reformmaßnahmen durch die Besatzungsmacht in der Nachkriegszeit wurde auch das Finanzsystem berührt. Zwar behielt neben dem Zentralbankgesetz von 1942 auch das Bankengesetz (*ginkō-hō*) mit verschiedenen Modifizierungen seine Gültigkeit, doch wurden hinsichtlich der Finanzinstitutionen eine Reihe von Maßnahmen ergriffen, die zum einen auf die Auflösung der Kriegsstrukturen und zum anderen auf die Demokratisierung des Finanzsystems in Einklang mit den entsprechenden Maßnahmen für die Wirtschaftsstruktur abzielten.

Durch das Antimonopolgesetz von 1947 (*dokusen-kinshi-hō*) sollten die führenden Unternehmensgruppen (*Zaibatsu*) an einem Wiederzusammenschluß gehindert werden. Ebenso wurde dadurch die Aktienhaltung der Geschäftsbanken gestreut. Die Entflechtung dieser Unternehmensgruppen traf insbesondere die sog. *Zaibatsu*-Banken, d.h. die Hausbanken der Konglomerate, die während des Krieges die Rüstungsindustrie finanziert hatten, schwer. Zu einer Auflösung dieser Banken, wie im Januar 1948 zunächst angeordnet, kam es jedoch nicht (Hara 1972:47-48).

In den frühen 50er Jahren war nach der Auflösung oder Umgestaltung der Kolonialbanken (Bank von Taiwan, Bank von Korea u.a.) sowie der sog. Spezialbanken, die vor der Kapitulation, gestützt auf eine Sondergesetzgebung, für die Versorgung der Rüstungsindustrie mit langfristigem Kapital verantwortlich gewesen waren, die Grundzüge des heutigen Bankengefüges in Japan festgelegt. Die verschiedenen Sonderaufgaben der Spezialbanken wurden auf das gesamte Bankensystem aufgeteilt und, wo nötig, von staatlichen Finanzinstituten übernommen.

Alle japanischen Banken erfüllen heute i.A. die Funktion von Universalbanken, indem sie als "Gemischt-Banken" (Presnell 1973:142) die Aufgaben von Kreditschöpfung und Kreditvermittlung kombinieren. Als einziger Überrest der angestrengten Versuche der Regierung in den 20er und 30er Jahren, das Bankensystem durch verschiedene Arten der Zwangs-Spezialisierung zu segmentieren, blieb bis zur Revision des Bankengesetzes von 1982 jedoch nur die scharfe Trennung zwischen dem Banken- und dem Wertpapiergeschäft.

Das Bankensystem teilt sich auf in die Zentralbank, private und staatliche Finanzinstitute (s. Schaubild 2, S.20/21). Die Privatbanken unterteilen sich entsprechend ihrer Geschäftsbereiche und ihres Kundenkreises. Da sie aber als private Unternehmen zur langfristigen Gewinnmaximierung den Rahmen ihres Spezialgebietes mit fortschreitendem Wirtschaftswachstum allmählich ausdehnten, verwischten die alten Grenzen immer mehr. Die staatlichen Finanzinstitute dagegen haben einen starren Aufgabenbereich mit expliziter Zweckbestimmung und können deshalb auf Veränderungen von Angebot und Nachfrage auf den Kreditmärkten nicht elastisch reagieren. Mit dem Übergang zum Niedrigwachstum gerieten diese Institute deshalb in ernsthafte Schwierigkeiten, als mit der Ausweitung des Bankenportefeuilles der Wettbewerb mit den privaten Instituten immer schärfer wurde (vgl. 4.1.4.).

Zu den privaten Kreditinstituten zählen die Geschäftsbanken, die Banken mit Spezialaufgaben wie Mittelstands- und Primärsektorfinanzierung sowie Versicherungen und Effektenfirmen. Für die Umsetzung geldpolitischer Maßnahmen relevant sind in erster Linie die unter Privatbanken im engeren Sinne zusammengefaßten Großbanken (*toshi-ginkō*, wörtl. "Stadtbanken"), Regionalbanken (*chihō-ginkō*) und Banken für das langfristige Kreditgeschäft: Treuhandbanken (*shintaku-ginkō*) und Banken für langfristige Kredite (*chōki-shinyō ginkō*). Das Bankengesetz gilt nur für die Groß- und Regionalbanken, für die anderen Sparten gibt es jeweils Einzelgesetze (1978:66-72).

2.2.1. Die Geschäftsbanken

Die Großbanken

Im Mittelpunkt des japanischen Kreditgeschehens stehen die 13, seit dem Zusammenschluß von Dai-Ichi und Kangyō 1971 zwölf Großbanken, die ihren Hauptsitz in einem der großen Finanzplätze Japans (Tōkyō, Ōsaka, Nagoya) haben und Filialen über das ganze Land verteilt halten. Aus Angst vor einer allzu starken Verästelung des Bankennetzes jedoch wurde die Zahl ihrer Zweigstellen im Vergleich zu denen der Regionalbanken besonders in den 60er Jahren durch das Finanzministerium beschränkt (Bronte 1982:15).

Die Großbanken lassen sich in drei Gruppen untergliedern. Die ehemaligen *Zaibatsu*-Banken Sumitomo, Mitsui, Mitsubishi und Fuji (früher Yasuda) dominierten

20

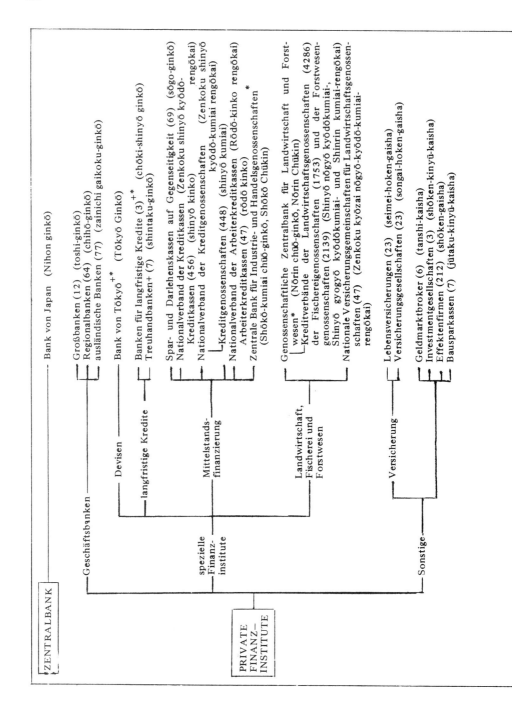

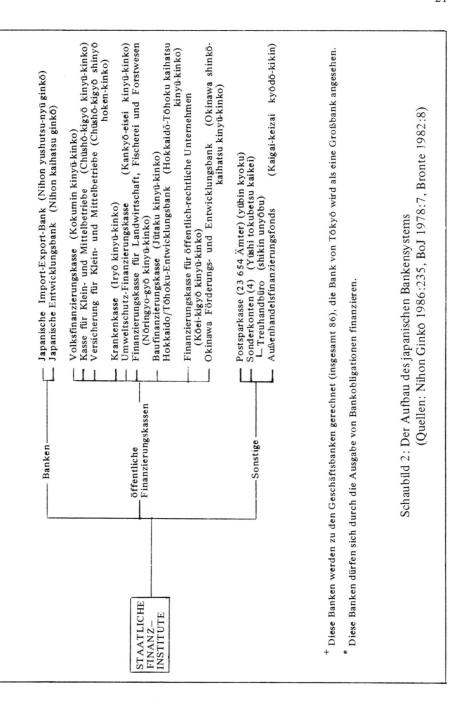

Schaubild 2: Der Aufbau des japanischen Bankensystems
(Quellen: Nihon Ginkō 1986:235, BoJ 1978:7, Bronte 1982:8)

+ Diese Banken werden zu den Geschäftsbanken gerechnet (insgesamt 86), die Bank von Tōkyō wird als eine Großbank angesehen.
* Diese Banken dürfen sich durch die Ausgabe von Bankobligationen finanzieren.

die japanische Wirtschaft vom Ende des 19.Jahrhunderts bis 1945. Sie vergeben noch heute, mehr als die anderen Großbanken, ihre Kredite fast ausschließlich an Großunternehmen (Bronte 1982:13). 20-30% ihrer Gelder gehen an Unternehmen, die entweder affiliiert oder auf indirektere Weise an diese Banken angebunden sind (vgl.3.1.4.). Seit den strukturellen Veränderungen der 70er Jahre, besonders dem relativen Bedeutungsverlust der Chemie- und Schwerindustrie, müssen sich aber auch diese traditionellen Großunternehmensbanken in den Bereich der Mittelstandsfinanzierung ausdehnen.

Die sog. "Neuen Großbanken" (Bronte 1982:13) entstanden durch zahlreiche Zusammenschlüsse von Regionalbanken mit Spar- und Darlehenskassen, die im Anschluß an die Finanzkrise von 1927 und dem im gleichen Jahr erlassenen Bankengesetz vollzogen wurden. Seit jeher begeben sie mehr Kredite an Großunternehmen, die nicht an der Börse in Tōkyō notiert sind. Da dies meist aufstrebende Unternehmen sind, die aggressiv in neue Marktbereiche vordringen, brauchten die Neuen Großbanken lange Zeit um ihren Kundenkreis nicht besorgt zu sein und konnten die Dominanz der *Zaibatsu*-Banken untergraben (vgl. Schaubild 3).

Schaubild 3: Die Hierarchie der zwölf Großbanken, gemessen an der Höhe ihrer Einlagen, Aktiva und Kreditvergabe 1981 (in Billionen Yen)
(Quelle: Bronte 1982:13)

	Einlagen	Aktiva	Kreditvergabe
Dai-Ichi Kangyō	13,32	20,00	10,61
Fuji	12,35	17,25	8,89
Sumitomo	11,74	16,72	8,72
Mitsubishi	11,74	17,15	8,77
Sanwa	11,50	16,00	8,47
Tōkai	9,17	12,42	6,07
Mitsui	8,77	12,30	6,28
Taiyō Kōbe	7,74	10,44	5,89
Kyōwa	5,09	6,69	4,26
Daiwa	4,49	6,18	3,49
Saitama	4,29	5,65	3,14
Hokkaidō Takushoku	3,34	4,89	2,52
insgesamt	103,54	145,69	77,11

Die dritte Gruppe bilden die zwei ehemaligen Regierungsbanken, die im Zuge der Demokratisierungsmaßnahmen der Nachkriegszeit in den Privatsektor gedrängt wurden, nämlich die Japanische Hypothekenbank (*Nihon kangyō-ginkō*), die ab 1952 zunächst als Bank für langfristige Kredite agierte und dann durch den Zusammenschluß mit Dai-Ichi im Jahre 1971 als Dai-Ichi Kangyō in das Großbankengeschäft überwechselte, und, seit 1955, die Entwicklungsbank von Hokkaidō (*Hokkaidō takushoku-ginkō*).

In der Periode des Hochwachstums vergaben die Großbanken Kredite an Mittel- und Kleinunternehmen höchstens zu Rezessionszeiten und auch nur nach der Formel, erst der Nachfrage der Großunternehmen nachzukommen und den (möglichen) Rest unter den Mittelstand aufzuteilen (Kawaguchi 1967:325). Mit dem Übergang zum Niedrigwachstum allerdings waren sie gezwungen, sich auch aktiv um die Kleinunternehmen zu kümmern, da sie mit der Veränderung der wirtschaftlichen Rahmenbedingungen immer mehr Marktverluste hinnehmen mußten. Nichtsdestoweniger nehmen sie mit einem Anteil von 17% an der gesamten Kreditvergabe in den 80er Jahren die stärkste Position unter den Banken ein (vgl. Schaubild 4) und zählen auch international zu den größten, mit Dai-Ichi Kangyō als der größten Bank der Welt überhaupt (vgl. Henry 1986:31).

Schaubild 4: Veränderung der Anteile an der Gesamtkreditvergabe unter den japanischen Finanzinstituten 1955-1980 (in %, Ende des Kalenderjahres) (Quelle: Bronte 1982:15)

Institut	1955	1960	1965	1970	1975	1980
Großbanken	33,1	29,7	24,9	22,0	19,3	16,5
Regionalbanken	16,1	15,5	15,5	14,1	13,5	12,6
Banken f. langfr. Kredite	4,6	5,1	6,1	5,7	5,7	4,8
Treuhandbanken	4,4	7,6	6,9	7,3	7,2	7,2
Spar- u. Darlehenskassen	5,7	5,8	7,2	6,1	6,2	5,7
Kreditgenossenschaften	4,0	5,1	7,5	8,1	8,2	7,7
landw. Kreditkassen	5,3	4,4	7,1	7,9	8,0	7,4
Versicherungsgesellschaften	3,5	4,6	6,0	7,1	6,6	7,1
Postsparkasse	11,6	10.3	8,8	10,6	13,1	17,4
andere	11,7	11,9	10,0	11,1	12,2	13,6

Die Hauptquelle der Mittelbeschaffung der Großbanken machen mit 70% die Spareinlagen des Privatsektors aus (Allen D. 1983:13). Dieses hohe Einlagevolumen erklärt sich in erster Linie aus der Erhebung von Ausgleichsforderungen bei der Kreditvergabe, die in Form niedrigverzinslicher Einlagen, gleichsam als Pfand, bei der Bank gehalten werden müssen (vgl. 3.1.1.). Die zweite Geldquelle ist die Zentralbank, die jedoch zum Ende der 70er Jahre immer mehr an Bedeutung verliert (vgl. 4.1.4.).

Die Aktiva bestehen zu 60% aus Krediten, der Rest des Vermögens wird hauptsächlich in Wertpapieren gehalten. Dabei belaufen sich die Staatsanleihen, zu deren Aufnahme die Großbanken verpflichtet sind (vgl. 3.1.2.), auf 37%, der Rest verteilt sich auf Industrieanleihen, Aktien und Präfekturanleihen. Durch diese hohe Beteiligung an der Haltung der staatlichen Titel nehmen die Großbanken auch eine führende Rolle für die Umsetzung fiskalpolitischer Schritte ein (Allen D. 1983:13-15, Arakawa/Saitō 1979:49).

Die Großbanken vergeben — ihrem offiziellen Portefeuille entsprechend — kurzfristige Kredite bis zu drei Monaten, die dann in der Regel aber in langfristige Kredite umgewälzt werden (die sg. *Roll-over* Kredite, vgl. dazu auch 3.1.1.).

Im Hochwachstum waren die Großbanken aufgrund ihrer hohen und aggressiven Kreditvergabe ohne Ausnahme bei der Bank von Japan verschuldet. Der starke gegenseitige Wettbewerb um die besten Kunden führte dazu, daß sie um des Endziels der langfristigen Gewinnmaximierung willen sogar bereit waren, kurzfristige Verlustgeschäfte einzugehen, indem sie sich auf dem Geldmarkt zu einem Zinssatz verschuldeten, den sie nicht an die Kreditnehmer weitergeben konnten (vgl. 3.1.4.) (Patrick 1962:43). Das direkte Abhängigkeitsverhältnis zu der Bank von Japan, das aus dieser Überschuldung resultierte, machte die Großbanken zum hauptsächlichen Überträger monetärer Impulse.

Die Regionalbanken

Die 64 Regionalbanken mit 6907 Filialen in allen 47 Präfekturen des Landes (Nihon ginkō 1986:235) sind *de jure* von den Großbanken zwar nicht getrennt, unterscheiden sich von ihnen jedoch dadurch, daß sie ihre Kredite hauptsächlich an den Mittelstand und an Kleinunternehmen vergeben. Sie treten im Gegensatz zu den Großbanken, die als "Großhändler" operieren, also eher auf dem "Kleinhandelsmarkt" auf (Bronte 1982:52). Anders als die Großbanken, die das Privileg des stets gesicherten Zugangs zu Zentralbankkrediten besitzen, dürfen sich die Regionalbanken nur in allergrößten Notfällen an die Bank von Japan wenden. Während die Großbanken direkte und konstante Beziehungen zu den Großunternehmen haben und ihnen somit mehr Möglichkeiten zur lukrativen Kreditvergabe, aufgrund der eingeschränkten Zahl der Filialen aber ein eher bescheidenes Anlegerpotential zur Verfügung stehen, bietet sich einer Regionalbank mit mehreren Zweigstellen in einer Präfektur eine breite Spannweite von Anlegern, jedoch wenige gute Gelegenheiten zur Kreditvergabe. Mangel besteht besonders an Schuldnern mit hoher Kreditwürdigkeit, wodurch das Geschäftsrisiko steigt. Infolgedessen treten die Regionalbanken mit ständigen Überschüssen auf dem Geldmarkt als Anbieter auf. Obwohl die Bank von Japan durch geldpolitische Schritte nicht direkt auf die Regionalbanken wirken kann, beeinflußt sie über die Steuerung der Großbanken den Geldmarkt und somit auch indirekt das Anlegeverhalten der Regionalbanken (Eguchi/Hamada 1978:12).

50% der Depositen bei Regionalbanken werden von privaten Haushalten gehalten, drei Viertel davon sind Termineinlagen (Patrick 1962:42, Bronte 1982:53). Während sich diese Zahlen zwischen 1960 und 1985 kaum änderten, ist doch die Ausweitung des Kundenkreises der Regionalbanken im Verlaufe des Hochwachstums augenfällig. Die vier größten von ihnen — Bank von Yokohama (*Yokohama ginkō*), Bank von Hokuriku (*Hokuriku ginkō*), Bank von Chiba (*Chiba ginkō*) und Bank von Saitama (*Saitama ginkō*) — werden in den 80er Jahren bereits zu den Großbanken gezählt, da sie vornehmlich Kredite an Großunternehmen stellen. Auch von der Bank von Japan werden diese vier Banken bei den politischen Maßnahmen den Großbanken zugeordnet.

Ausländische Banken

Die Zulassung ausländischer Banken erfolgte ursprünglich vor allem, um internationale Transaktionen für japanische Unternehmen zu ermöglichen und Devisen ins Land zu holen. Hier liegt auch heute, nach der Aufhebung der Devisenkontrollbeschränkungen für japanische Banken, noch ihr hauptsächliches Betätigungsfeld: sie vergeben Kredite an japanische multinationale Großunternehmen und dominieren mit einem Geschäftsanteil von 40% den Devisenmarkt in Tōkyō (Allen D. 1983:9). Seit 1982 unterliegen die ausländischen Banken, wie die Groß- und Regionalbanken auch, dem Bankengesetz: auch ist seitdem eine Ausdehnung des Filialennetzes zugelassen. Trotzdem können sie sich — auch heute noch — durch Spareinlagen (2% des gesamten Einlagevolumens) nicht refinanzieren, sondern sind fast ausschließlich auf den (teuren) Geldmarkt angewiesen. Der Hauptbestandteil ihrer Kreditvergabe, die sog. *Impact Loans,* d.h. Fremdwährungskredite, wird seit Beginn der 80er Jahre mit zunehmender Finanzliberalisierung untergraben. Die Öffnung der Kreditmärkte hat die Position der Auslandsbanken als Gruppe spürbar verschlechtert (Mohile 1984:449).

Die Banken für langfristige Kredite

Die drei Banken für langfristige Kredite sind in gewissem Sinne der private Ersatz für die Spezialbanken der Vorkriegszeit. Basierend auf dem Gesetz der Banken für langfristige Kredite von 1952 (*chōki-shinyō ginkō-hō*), vergaben sie bis in die 70er Jahre Kredite mit einer Laufzeit von fünf bis sieben Jahren, und zwar vornehmlich an die von der Regierung designierten Wachstumssektoren wie Chemie, Stahl, Energie, Auto- und Schiffproduktion u.a. (Patrick 1962:51, Allen D. 1983:9). Sie sind somit gleichsam das langfristige Gegenstück der Großbanken.

Die Banken für langfristige Kredite dürfen außer von der Regierung, von Parteien und von ihren Kunden keine privaten Einlagen halten und finanzieren sich deshalb hauptsächlich durch die Emission von Bankobligationen. Sie sind zusätzlich berechtigt, verschiedene Wertpapiergeschäfte durchzuführen und als Konsortialführer aufzutreten (Sakakibara et al. 1982:36).

Die von ihnen emittierten Titel haben entweder die Form von Anleihen mit einer Fälligkeit von einem Jahr, die hauptsächlich über Effektenfirmen an die private Hand weitergeleitet werden und sich etwas günstiger verzinsen als Termineinlagen (ein Jahr) bei den Banken. Oder sie haben die Form von Bankanleihen mit einer Lauffrist von fünf Jahren, die vor allem an andere Kreditinstitute abgegeben werden. Die Kreditkunden selbst sind in der Regel verpflichtet, Anleihen ihrer Bank in Höhe von 10% ihres Kredites zu halten, mit einem Zinsverlust von ca. einem Prozentpunkt, sowie Ausgleichskonten in Höhe von 15% ihres Kredites (Patrick 1973:125).

Mit ca. 20% aller ausstehenden Anleihen waren die Bankanleihen im Hochwachstum ein repräsentativer Bestandteil des Wertpapiermarktes und konnten als konjunkturpolitischer Indikator angesehen werden (Kure 1973:38). Da die Verzinsung sich mit den Emissionssätzen der Staatsanleihen bewegte und immer unter dem Marktgleichgewicht lag, also nicht kompetitiv war, waren die Banken für langfristige Kredite von der Subskription der anderen Kreditinstitute abhängig. Die Großbanken hielten die wenig attraktiven Papiere als eine Art Serviceleistung an ihre eigenen Kunden, die gleichzeitig bei diesen Banken Kredite aufgenommen hatten – nicht ohne die daraus entstehenden Verluste an anderer Stelle des engen Geschäftsverhältnisses wieder auszugleichen. Für kleinere Banken bedeutete die Unterstützung der Großunternehmen über die Bankanleihen in erster Linie einen Prestigegewinn (Patrick 1973:125). Als zum Ende der Hochwachstumsperiode aber die Eigenfinanzierung der Unternehmen zunahm, die Grenzen zwischen kurz- und langfristigen Krediten immer mehr verwischten und die zunehmenden Finanzierungsschwierigkeiten der Großbanken deren Bankanleihen-Engagement erheblich reduzierten, gerieten die Banken für langfristige Kredite in ernste Schwierigkeiten – weder ihre Kredite noch ihre Anleihen wurden wie gewohnt nachgefragt (Kure 1980b:85). Auch bildete sich in Form neuer Geldmarktpapiere eine starke Konkurrenz zu den Bankanleihen heraus.

Als Gegenreaktion wehrten sich diese Banken vehement gegen die Zinsliberalisierung, weil sie dann ihre Zinsen erhöhen müßten, was in Zeiten monetärer Restriktionen allgemeine Beschränkungen in ihrem Kreditverhalten nötig machen würde – die Langfristigkeit ihrer Kredite hatte sie im Hochwachstum vor diesem Druck verschont. Da die Banken für langfristige Kredite eine wichtige Rolle in der wirtschaftlichen Entwicklung des Hochwachstums spielten, blieb ihre politische Einflußnahme auch in den 70er Jahren bedeutend, so daß sie als starke *Pressure*

Group den Prozeß der Zinsliberalisierung erheblich verzögern konnten (Suzuki 1980:239). Neben dieser passiven Reaktion auf die externen Veränderungen begannen die Banken in den 70er Jahren auch einen aktiven Kampf, indem sie mit kurzfristigen Krediten an Dienstleistungsbetriebe in den traditionellen Bereich der Großbanken eindrangen. Da sie für den Konsumentenmarkt zu wenige Filialen haben, gingen sie *Joint Ventures* mit Bausparkassen und anderen Finanzierungskassen ein. Außerdem richteten sie großangelegte Forschungsabteilungen ein, in denen sie im Auftrag ihrer Großkunden Marktforschung betreiben und nach konkurrenzfähigen neuen Produktionswegen mit verbesserten Technologien suchen. So waren es die Industriebank von Japan (*Nihon kōgyō-ginkō*) und die Japanische Bank für langfristige Kredite (*Nihon chōki-shinyō ginkō*), die der Stahlindustrie aus der Ölkrise von 1973 halfen, indem sie nicht nur weniger konsumptive Produktionsverfahren vorschlugen, sondern den Übergang dazu auch finanzierten. Ähnliche Hilfestellungen leisteten sie der Textilindustrie (Bronte 1982:33).

Die Treuhandbanken

Die zweite Art privater Kreditinstitute für langfristige Finanzierung sind die Treuhandbanken, die Geld- und Treuhandvermögen aufnehmen und diese dann in langfristige Kredite oder Wertpapierinvestitionen umsetzen. 70% ihrer Aktiva bestehen aus Krediten für Anlageinvestitionen an Schlüsselindustrien (Allen D. 1983:10). Sie unterscheiden sich dabei im Grunde genommen nicht von den Depositenbanken, bieten aber etwas günstigere Zinsen an und sind deshalb für individuelle Anleger attraktiver. Wertpapiergeschäfte dürfen sie nicht betreiben, aber da sie zwei Aufgaben nachgehen – dem Einlagengeschäft und dem der langfristigen Kreditvergabe –, gelten für sie zwei Gesetze, das Bankengesetz und das Gesetz der Banken für langfristige Kredite (Hara 1972:52, Kure 1980b:85). Die beiden Bereiche werden getrennt bilanziert.

Das Treuhandgeschäft in Japan umfaßt ein viel weiteres Betätigungsfeld als in westlichen Ländern, wo es schärferen Kartellgesetzen unterliegt. Als mit der Liberalisierung der 70er Jahre die Kunden die regulierten Zinssätze durchschauten, die durch informelle Absprachen mit den Banken für langfristige Kredite und der Bank von Tōkyō (als den Banken, die eigene Anleihen ausgeben dürfen) festgelegt wurden (vgl. 3.1.1.), wurde auch die Basis der Treuhandbanken allmählich erodiert. Seit 1980 bildeten sich sieben Banken heraus, die als Mittelding zwischen Großbank und Effektenfirma auch Treuhandgeschäfte betreiben, vier davon sind alte *Zaibatsu*-Banken (Bronte 1982:38).

Für die Finanzierung von Kleinbetrieben (Kapital unter 10 Millionen Yen, bis zu 50 Angestellte) und mittelständischen Unternehmen (Kapital von höchstens 100 Millionen Yen, bis zu 300 Angestellte; bei Handelsbetrieben: bis zu 50 Millionen Yen und 50 Angestellte) sind vor allem die Spar- und Darlehenskassen auf Gegenseitigkeit (*sōgo-ginkō*) sowie zahlreiche Kreditkassen (*shinyō kinko*) und landwirtschaftliche Genossenschaftsbanken (*shinyō kumiai*) zuständig. Diese Finanzinstitute sind kleiner als die Privatbanken, ihr Management ist ineffizienter. Mit zunehmender Zinsliberalisierung und Ausdehnung der Portefeuilles der anderen Banken geraten sie unter starken Druck, dem sie insbesondere mit Hilfe des politischen Einflusses ihrer Klienten begegnen (Suzuki 1980:239, Allen D. 1983:10). Alle diese Kreditinstitute treten wegen ihrer hohen Depositenbestände auf dem Geldmarkt als Anbieter auf.

2.2.2. Die Postsparkasse

Den staatlichen Finanzinstituten kam besonders in der Phase des Hochwachstums eine wichtige Rolle bei der Finanzierung der industriellen Entwicklung und der Förderung der Exportindustrie zu. Es gehören dazu die Export-Import-Bank von Japan (*Nihon yushutsu-nyū ginkō*), die Japanische Entwicklungsbank (*Nihon kaihatsu ginkō*), eine Reihe von sog. Finanzierungskassen mit unterschiedlichen Aufgabengebieten (vgl. Schaubild 2, S.20/21) sowie die Postsparkasse, die an das Treuhandbüro (*shikin-unyōbu*) des Finanzministeriums angeschlossen ist.

Die Postsparkasse (*yūbin-chōkin kyoku*) ist das einzige spezielle und mit einem Marktanteil von 30% bei privaten Einlagen das größte Sparinstitut in Japan. Die Zinsen werden vom Postministerium (*Yūseishō*) festgelegt und liegen etwas höher als die Habenzinsen der Banken. Die Bedeutung der Postsparkasse liegt darin, daß die hier angelegten Gelder über das Treuhandbüro direkt an die Regierung weitergeleitet werden, die diese in ihr fiskalisches Kredit- und Investitionsprogramm (*zaisei tōyūshi-keikaku*) einbindet. Hieraus erklärt sich auch in erster Linie, warum die Zinsen auf Postsparguthaben ein Hindernis auf dem Weg zur Liberalisierung der Einlagenzinsen darstellen: der durch eine Zinsliberalisierung hervorgerufene Anstieg der Refinanzierungskosten würde den Staatshaushalt stärker belasten. Das Finanzministerium sitzt somit zwischen zwei Stühlen – zum einen sind die Posteinlagen die größte Finanzierungsquelle seines Fiskalprogrammes, zum anderen sollte es seiner Rolle als Bewacher und Schützer des Bankensystems gerecht werden (Rōyama 1983:27).

Die Privatbanken werden von der immer stärker werdenden Konkurrenz durch die Post schwer getroffen. Während die gesamten Spareinlagen privater Haushalte zwischen 1962 und 1972 um jährlich durchschnittlich 19,5% stiegen und danach abfallende Tendenz aufwiesen, zeigte die Post einen relativen Anstieg von 22,1% zwischen 1962 und 1971 auf 22,4% in den Jahren 1973 bis 1982 (Rōyama 1986b: 243-244). Dieser Zuwachs ist neben den höheren Zinsen auch auf die höhere Zahl an Postämtern zurückzuführen, die zudem längere Kassenstunden haben als die Banken. Außerdem waren Postguthaben bis März 1988 steuerfrei. Auch wenn sie auf insgesamt 8 Millionen Yen (bei Banken = 3 Millionen Yen) beschränkt sind, wobei sich ein normales Postsparbuch auf höchstens 3 Millionen Yen belaufen darf, heißt das jedoch nicht, daß der Postsparer nicht so viele Sparkonten anlegen kann, wie es Postämter im Land gibt, da die Post beteuert, daß es ihr unmöglich sei, dies zu überwachen. Zusätzlich bietet die Post ein Ratensparsystem mit Prämie an (*teikaku-yūbin chokin*), das bei einer Laufzeit von sechs Monaten bis zehn Jahren die Besonderheit einer halbjährlichen Zinseszinsberechnung bietet. 1971 wollte die Mitsubishi-Bank solche Zinseszinsen auf Ratensparverträge einführen. Der Antrag wurde jedoch vom Finanzministerium nicht genehmigt mit der Begründung, die Habenzinsen auf die sog. "kleinen Einlagen" (*koguchi yokin*) würden sich dann selbständig machen (Rōyama 1986b-253). Erst seit Juni 1981 dürfen die Geschäftsbanken eine diesem Ratensparsystem entsprechende Einlagenform, die Termineinlage mit festgelegter Fälligkeit (*kijutsu-shitei teiki-yokin*), anbieten.

Der Konflikt zwischen der Post und den Banken ist bereits seit über 100 Jahren virulent. Offen ausgebrochen ist der Krieg aber erst nach der ersten Ölkrise 1974, als die Sparer ein wachsendes Zinsbewußtsein an den Tag legten und die Banken, durch administrative und strukturelle Faktoren gehindert, keine Gegenmaßnahmen ergreifen konnten. Versuche, neue Anlageformen anzubieten, blieben fruchtlos, da sie, wie z.B. die im Januar 1981 eingeführten Treuhandinvestments in mittelfristige Regierungsanleihen, eher über Investmenthäuser und Effektenfirmen laufen als über die Banken selber.

Die Diskussion um die Zinsen auf Postspargutsaben beeinflußt auch die allgemeine Zinspolitik der Bank von Japan, wodurch wiederum die kurzfristigen Kreditzinsen berührt werden. Vor allem bei leitzinspolitischen Maßnahmen muß der unabhängige Postspar-Zins unbedingt beachtet werden (vgl. 4.1.2.). Erste Voraussetzung für die vollständige Zinsliberalisierung ist infolgedessen die Lösung des 'Postproblems'.

2.2.3. Das Bankengesetz von 1982

Im April 1982 wurde das alte Bankengesetz aus dem Jahre 1927 durch ein neues ersetzt. Die öffentliche Diskussion um diese Gesetzesrevision war bereits in den 70er Jahren entflammt, als mit zweistelliger Inflationsrate, zunehmender Umweltproblematik und der Frage nach dem Für und Wider eines Hochwachstums unter sozialen Aspekten auch die Frage der gesellschaftlichen Verantwortung von Großunternehmen und Großbanken aufkam. Gegen die starke Bewegung der Sparer, die sich gegen die Wertverluste ihrer Einlagen während der Inflation auflehnten, sowie von Verbraucherorganisationen, progressiven Parteien und Gewerkschaften wehrten sich die Finanzbehörden und Banken mit der Anküngigung einer Gesetzesrevision (Tanita 1982:97). Finanzminister Ōhira Masayoshi versprach Qualität statt Quantität, Wohlfahrt statt Wachstum und berief im Mai 1975 den Untersuchungsausschuß für das Finanzsystem ein, der sich zehn Jahre zuvor bereits — allerdings vergebens — um das Zentralbankgesetz bemüht hatte (vgl. 2.1.3.). Dieser Ausschuß sollte nach einer grundlegenden Analyse der Finanzstrukturen die sozialen, politischen und wirtschaftlichen Hintergründe für eine Gesetzesänderung herausarbeiten und auch konkrete Vorschläge unterbreiten. Im Juni 1979 lag dem Finanzministerium der Gesetzentwurf vor, der im Mai 1981 vom Parlament verabschiedet wurde und am 1.April 1982 in Kraft trat (Mori Shichiro 1982:3).

Die Notwendigkeit einer Revision sowie der Inhalt des neuen Gesetzes werden verständlich aus den großen strukturellen Veränderungen, denen die japanische Wirtschaft bei dem Übergang vom Hochwachstum in die Periode des langsameren Wachstums unterlag. Es sollte nun vor allem die soziale und öffentliche Rolle der Geschäftsbanken (kōkyōsei) bestimmt und eine sog. Gesundung (kenzensei) des Bankenmanagements herbeigeführt werden, d.h. die Banken sollten an die Wahrung der Kreditdisziplin gesetzlich gebunden werden, um so den Einlegerschutz sicherzustellen. Außerdem sollten der Wettbewerb unter den Banken erhöht, die Bankenführung flexibler gestaltet und die Zinsen liberalisiert werden (Ōsumi 1984:1956).

Neben einer genauen Festlegung des Geschäftsbereiches der Banken, der Einführung der 5-Tage-Woche und Deregulierungen in Richtung auf die weitere Liberalisierung der Kreditmärkte enthält das Gesetz eine große Zahl von Vorschriften — mehr, als der Untersuchungsausschuß vorgesehen hatte. So werden in Art. 12 und 21 die Bilanzierungsperioden und die genaue Überprüfung durch das Finanzministerium verankert. In Art.13 wird die sog. Schalterkontrolle (madoguchi-shidō, vgl. 3.2.3.) der Bank von Japan legalisiert. Das Finanzministerium verbietet Kredite an einen einzelnen Kunden, die 20% des Eigenkapitals und der Reserven einer Bank überschreiten (bei Banken für langfristige Kredite 30%, bei der Bank von Tōkyō 40%) (Ōsumi 1984:1657). Das Gesetz fordert außerdem von den Großbanken eine konsequente Offenlegung der jährlichen Bilanzen, die von nun an jedes Quartal in den Zeitungen veröffentlicht werden müssen — eine stürmische Diskussion um das Schlagwort "*disclosure*" (*disukurōjaa*) und das Bankgeheimnis konnte verhindern, daß, wie ursprünglich beabsichtigt, auch die Namen der Großkunden in diesen Bilanzen aufzuführen sind (Peat et al. 1984:13).

Hauptstreitpunkt war und blieb Art.65 des Gesetzes, der die strikte Trennung von Banken- und Wertpapiergeschäft vorsieht. Die Diskussion um diese strenge Segmentierung wurde akut mit der massiven Begebung von Regierungsanleihen nach dem ersten Ölschock, die durch den Handel am Bankenschalter breiter gestreut werden könnten. Die Effektenfirmen wehrten sich dagegen mit Argumenten wie Markteingriffen durch die Banken, Störung des (angeblich gesunden) Konkurrenzgefüges unter den Wertpapierhäusern und nicht zuletzt der Tradition (Mori Shichiro 1982:14-15). Das neue Gesetz stellt letztendlich einen Kompromiß dar, indem durch die Änderung im Bankengesetz und eine entsprechende Ergänzung des Wertpapiergesetzes die Autorisierung der Banken für das Wertpapiergeschäft grundsätzlich möglich wird. Die aus dieser Änderung erwachsende Umstrukturierung des Finanzsystems bleibt ein Problem, dessen Lösung außerhalb der Gesetzgebung liegt.

Geschäftsbanken dürfen seit 1982 nach Art.10 des Gesetzes Bürgschaften für Obligationen und Wechsel übernehmen, Schuldverschreibungen aufnehmen, Effekten weitergeben, Regierungs-, Kommunal- und staatlich garantierte Anleihen handeln, Anweisungen akzeptieren, Treuhandgeschäfte mit Kommunal- und Industrieanleihen durchführen und Geldwechselgeschäfte (vorher nur durch autorisierte Devisenbanken möglich) betreiben (Ōsumi 1984:1656). Eine Komission wurde eingerichtet, die den Beginn der Wertpapiergeschäfte durch Banken auf 1983 festlegte. Als Gegenleistung dafür, daß Banken nun Anleihen auf dem OTC-Markt (*Over The Counter*, d.h. Handel mit nicht zum Börsenverkehr zugelassenen Wertpapieren) handeln dürfen, erhielten die Effektenfirmen die Erlaubnis, CP (*Commercial Papers*, vgl. 4.1.1.) einzuführen, die von nicht-japanischen Unternehmen in den USA zum Verkauf an japanische institutionelle Investoren angeboten werden (Bronte 1982:19).

Die Schlagworte des neuen Gesetzes, "Öffentlichkeit und Gemeinnützigkeit", gesellschaftliche Verantwortung und Selbstkontrolle der Banken sowie Steigerung der Effizienz des Bankengeschäftes, lassen breiten Interpretationsspielraum. Zum einen sind Gemeinnützigkeit und Effizienzsteigerung zwei in sich widersprüchliche Aspekte (Okamoto 1982:70). Hinter dem Begriff "Gemeinnützigkeit" steckt die Idee einer soliden Bankenführung, aber ebenso kann er auch als Basis für die Verstärkung der Kontrollen über das Bankwesen herangezogen werden. Der Ausdruck ist vor allem deshalb "suspekt" (Mori Shizuro 1982:64), weil er im Gesetzeswerk sehr oft vorkommt, ohne ein einziges Mal definiert zu werden. In erster Linie meint er wohl, daß sich staatliche Kontrolle und Einmischung jetzt auch auf Filialen und Vertretungen der Banken erstrecken können. Ähnliches gilt auch für die anderen zentralen Begriffe: sie klingen nach Reform und lassen weiten Raum für direkte Eingriffe der Finanzbehörden. Die Überprüfung der Bankenführung wird sogar explizit verschärft (Art.30-35). Die sog. Aufsichtsklausel (Art.23) des alten Gesetzes, nach der der Finanzminister "jederzeit" in die Bankengeschäfte eingreifen kann, findet sich jetzt in Art.26 wieder: "wenn er es für nötig hält" (Ōsumi 1984:1657). Lizenzentzug und Geschäftsschließung bleiben Vollmachten des Ministeriums.

Die Revision des Bankengesetzes reflektiert die Suche der Finanzbehörden nach neuen Wegen in einer Zeit wirtschaftlicher Umstrukturierungen. Nach gründlicher Erkundung des Umfeldes wurde ein Gesetz formuliert, das bei Aufrechterhaltung alter Grundtendenzen neue Ziele erreichbar machen soll — Kreditdisziplin und Gesundung der als 'unnormal' erachteten Finanzstruktur. Die Verdopplung des Umfanges des Gesetzestextes belegt, daß das, was bislang schon als ungeschriebene und extralegale Führung durch Zentralbank und Finanzministerium praktiziert wurde, wie z.B. die Schalterkontrolle, nun im Kodex ausformuliert ist. Die Gesetzesänderung spiegelt die Zeichen der Zeit wider — mit zunehmender Liberalisierung paßte das alte antiquierte Gesetz nicht mehr auf die neuen Strukturen. Im Endeffekt aber ist das Gesetz nicht für den Sparer, sondern für Regierung, Großbanken und Effektenfirmen verändert worden: die starke Betonung des Einlegerschutzes wird als Synonym für Schalterkontrolle sicher nicht ganz mißverstanden. Es bleibt zudem fraglich, ob nicht ohne eine Revision des Zentralbankgesetzes das Bankengesetz ein Kartenhaus bleibt, ohne Innenausstattung und Stützgerüst.

3. DIE PERIODE DES HOCHWACHSTUMS

Die Periode des Hochwachstums von 1950 bis 1973 unterscheidet sich insofern deutlich von der des Niedrigwachstums, als sie sich durch die Möglichkeit einer staatlichen Lenkung aller Wirtschaftsbereiche auszeichnete, die zunächst dazu dienen sollte, den Wiederaufbau nach dem Krieg zu fördern und das dann einsetzende Wachstum zu beschleunigen. Ein Hauptansatzpunkt für diese Wirtschaftslenkung lag im monetären Bereich, über den, durch die gesteuerte Finanzierung besonders der strategischen Industriebereiche, die realwirtschaftliche Ebene direkt berührt wurde.

3.1. DIE FINANZSTRUKTUR

Die Organisation des Finanzsystems blieb im Hochwachstum über mehr als 20 Jahre unverändert, erst in den 70er Jahren kam es zu grundlegenden Verschiebungen und Reformen. Die Stützpfeiler der Finanzstruktur des Hochwachstums waren streng regulierte, künstlich niedrig gehaltene Zinsen, die institutionelle Spezialisierung des Kreditwesens und eine konsequente Abschottung gegen die Auslandsmärkte in Form von Handels- und Kapitalverkehrskontrollen, basierend auf dem Devisen- und Außenhandelskontrollgesetz von 1949.

Das 'Temporäre Gesetz zur Zinsregulierung' von 1947 lieferte den institutionellen Rahmen für eine "kartellmäßige Kooperation" (Rōyama 1986b:234) des gesamten Finanzwesens. Hatte man den Preismechanismus für den Wiederaufbau erst gar nicht gesucht, so ergaben sich, als das Wachstum dann gesichert war, keine Möglichkeiten mehr, das System von innen heraus in ein marktorientiertes umzuwandeln. Ohne die Geldflußkontrolle und die daraus resultierende, ungerechte Kreditallokation wären jedoch unter den gegeben Bedingungen – Kapitalmangel und ein Überschuß des Produktionsfaktors Arbeit – die Gelder den arbeitsintensiven Bereichen, nicht aber der Schwerindustrie zugeflossen (Sakakibara/Noguchi 1977:109).

Auf der Grundlage und unter dem Schutz des schnellen Wirtschaftswachstums, der fehlenden Internationalisierung und der treibenden Kraft dynamischer Privatinvestitionen bildeten sich vier miteinander verwobene, interdependente Besonderheiten der japanischen Finanzstruktur heraus:
1) ein kontrolliertes und starres Zinsgefüge,
2) das Vorherrschen der indirekten Finanzierung,
3) die Dualstruktur im Finanzsystem,
4) das sog. *Overloan* und das *Overborrowing*.

Alle diese Ausprägungen haben eine lange Geschichte in der wirtschaftlichen Entwicklung Japans, ein eindeutiges Basismerkmal ist nicht auszumachen. Die Diskussion um die daraus erwachsenden Verzerrungen und die Störung des volkswirtschaftlichen Gleichgewichtes setzten bereits in den 60er Jahren ein. Zu wirklichen

Veränderungen aber kam es erst, als sich in den 70er Jahren alle Stützen des Systems gleichzeitig zu verändern begannen.

3.1.1. Niedrigzinspolitik und Zinsbildung

Mit dem erklärten Ziel, die Produktionskosten im Sinne einer Steigerung der internationalen Wettbewerbsfähigkeit zu drosseln, die Schlüsselindustrien gezielt zu fördern durch eine entsprechende langfristige Kreditallokation, auf lange Sicht private Anlageinvestitionen zu stimulieren und den Import moderner Technologien zu ermöglichen, kurz: das Wirtschaftswachstum gezielt zu lenken und voranzutreiben, verfolgte das Finanzministerium seit Beginn der 50er Jahre — gegen die Vorstellungen der Bank von Japan — eine sog. künstliche Niedrigzinspolitik (*jin-i-teki tei-kinri seisaku*). Dabei handelte es sich nicht um eine Politik des billigen Geldes im keynesianischen Sinne, sondern um die strikte Kontrolle des gesamten Zinsgefüges, das nicht durch eine entsprechende Geldmengenerweiterung, sondern durch zusätzliche quantitative Kreditbeschränkungen niedrig gehalten wurde. Das Finanzministerium stützte sich dabei auf das 'Temporäre Gesetz zur Zinsregulierung' (wobei "temporär" in diesem Falle ca. 25 Jahre bedeutete), das ursprünglich nicht für das umfassende Zielobjekt Kapitalhandel, sondern nur für den Interbankenmarkt gelten sollte (Rōyama 1986b:164). Nach Art.1 dieses Gesetzes legte das Finanzministerium Höchstgrenzen für alle Zinssätze der Geschäftsbanken fest, mit Ausnahme der Anleihenverzinsung sowie der Sollzinsen auf Kredite mit einer Laufzeit von über einem Jahr (d.h. langfristige Kredite) und unter einer Million Yen. Die Regulierung der kurzfristigen Geldmarkttransaktionen, d.h. die Lenkung des Geldmarktzinses, wurde 1955 bereits wieder aufgehoben.

Durch diese wachstumspolitische Linie wurden die Marktkräfte ausgeschaltet, die Zinsen konnten nicht mehr elastisch auf Angebot und Nachfrage reagieren. Die aus den niedrigen Zinsen resultierende Überschußnachfrage mußte deshalb über künstliche politische Eingriffe, d.h. Kontrolle oder andere, nicht-ökonomische Kräfte wie z.B. durch informelle Kontakte, unterdrückt werden. Im internationalen Vergleich fällt jedoch auf, daß die Zinsstruktur zwar zu niedrig war, um die japanischen Kreditmärkte auszugleichen, aber bis 1968 immer über dem Zinsniveau im Ausland lag. Gleichzeitig waren die Kreditbeschaffungskosten für die Kreditinstitute hoch: bei einem Zins auf Termineinlagen von 5,5% lagen die durchschnittlichen Kreditkosten bei 7-8% (vgl. Schaubild 5, S.35).

Möglich war die Politik der gedrückten Zinsen aber nur deshalb, weil sich die Spareinlagen der privaten Haushalte das gesamte Hochwachstum hindurch zinsunelastisch verhielten, d.h. auch bei niedrigen Zinsen legten die Sparer ihre Gelder an.

Wie aus Schaubild 5 ersichtlich wird, führte die staatliche Zinsregulierung zu einer starren Zinsstruktur, die sich in fünf Kategorien aufteilen läßt: den Diskontsatz, die Einlagenzinsen, die Kreditzinsen der Banken, die Verzinsung von Obligationen und den Geldmarktsatz.

Der Diskontsatz

Der vom Zentralbankrat festgelegte Diskontsatz war der Kern der gesamten Zinsstruktur. Er teilte sich in verschiedene Sparten, je nach Art der Diskontpapiere, wobei der Zinssatz auf notenbankfähige Handelswechsel als der Leitzins galt. Durch die Niedrigzinspolitik war der Leitzins eher unflexibel, nicht in der Zahl seiner Veränderungen, sondern durch die auf einen Prozentpunkt beschränkte Spanne einer Leitzinsveränderung (Suzuki 1978:39). Da sich die meisten anderen Zinsen nach dem Leitzins richteten, waren deren Schwankungen folglich auch nicht groß.

Die Einlagenzinsen

Grundlegend für die Politik der niedrigen Kreditzinsen war der Zins auf Spareinlagen. Auf Vorschlag des Finanzministeriums legt der Zentralbankrat — auch heute noch — nach Beratung mit dem Untersuchungsausschuß für die Zinsregulierung (*Kinri-chōsei shingi-kai*) die Obergrenze für befristete Depositen, Girokonten und andere Einlagearten fest, die dann durch das Finanzministerium verkündet werden. Diese Obergrenze gilt für alle Kreditinstitute, nur liegt sie für Spar- und Darlehenskassen und die verschiedenen Genossenschaftsbanken um 0,1-0,25% höher (Nihon ginkō 1986:212). Infolgedessen sind die Habenzinsen bei allen Banken gleich hoch und ausgesprochen starr.

Das Hauptmotiv für diese konsequente Vereinheitlichung der Sparzinsen war, daß aus den Spareinlagen die Kredite für die privaten Investitionen geschöpft wurden, die ja zwecks Wachstumsförderung billig sein sollten. Ein weiteres Ziel lag in dem Schutz der kleineren Finanzinstitute. Das Resultat war jedoch, daß die Geschäftsbanken ihre Gewinnmargen vergrößerten, wenn mit einer Leitzinserhöhung die Kreditzinsen stiegen, die Einlagenzinsen aber auf ihrem Niedrigniveau blieben (Kure 1973:110, Kure 1980a:84). Da die Habenzinsen ein wichtiger Kostenfaktor für alle Kreditinstitute waren, beeinflußte hier schon eine kleine Änderung, mehr als eine relativ höhere Veränderung der Sollsätze, nicht nur die Ertragsstruktur der Banken, sondern das gesamte restliche Zinsgefüge mit (Arakawa/Saitō 1979:137), oder, im Sinne der Niedrigzinspolitik ausgedrückt, machten geringe Kosten durch niedrige Habenzinsen ein Niedrighalten des Sollzinsniveaus möglich.

Die Kreditzinsen der Banken

Im Gegensatz zu den Depositensätzen galten die Obergrenzen für Kreditzinsen nicht für alle Banken. Während die Banken für das langfristige Kreditgeschäft gar nicht vom Zinsregulierungsgesetz erfaßt wurden, wurden die Obergrenzen für Spar- und Darlehenskassen und die Genossenschaftsbanken nach den jeweils für sie

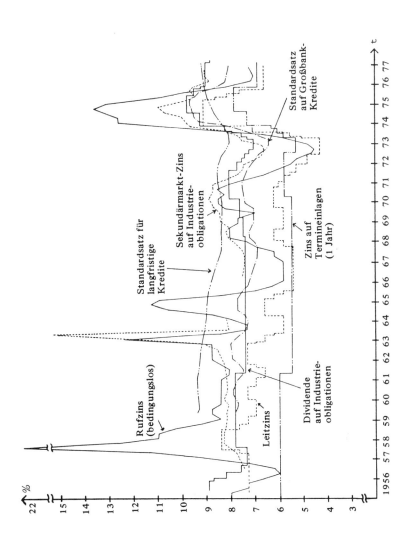

Schaubild 5: Die Zinsstruktur in der Periode des Hochwachstums (Quelle: Arakawa/Saitō 1979:134)

geltenden Gesetzen bestimmt und lagen, wie ihre Habenzinsen auch, etwas höher als die Grenzen für die Geschäftsbanken. Für die staatlichen Finanzinstitute galten ebenfalls eigene Gesetze, und zusätzlich wurden hier die Kreditzinsen noch nach Empfänger und Verwendungszweck gestaffelt und lagen meist niedriger als die der Geschäftsbanken (Nihon ginkō 1976:112).

Bei der Zinsbildung der Sollzinsen der Geschäftsbanken, und in erster Linie der Großbanken als den wichtigsten Kreditgebern, muß man zwischen den Zinsforderungen auf kurzfristige Kredite über eine Million Yen und denen auf langfristige Kredite (über ein Jahr) unterscheiden.

Für die kurzfristigen Kredite gab es eine durch das Finanzministerium vorgegebene Obergrenze, innerhalb derer der Nationale Zusammenschluß der Bankenverbände (*Zenkoku ginkō-kyōkai rengō-kai*) durch Absprache noch einen eigenen Grenzsatz festlegte. Erste Vereinbarungen wurden 1955 und 1958 getroffen, im Juni 1959 wurde dann, dem amerikanischen *Prime rate*-System folgend, der Standardsatz (*Standard rate, hyōjun-kinri* oder *puraimu-reeto*) als Orientierungszins für kurzfristige Kredite eingeführt. Dieser Zinssatz wurde durch den sog. Preisführer (*Price leader, puraisu-riidaa*) unter den Großbanken bestimmt und galt als Soll- oder Diskontzins auf Kredite bzw. Wechsel mit besonders hoher Kreditwürdigkeit (Rōyama 1973:8). Da dieser Standardsatz direkt an den Leitzins gekoppelt war (s. Schaubild 6, S.37), wurden nun die Kreditzinsen politisch steuerbar, und der Leitzins gewann noch mehr an Bedeutung (Kure 1973:104). Kurzfristige Kredite an Kunden mit höchster Bonität wurden ab 1959 mit dem Leitzins +0,2% berechnet, die schlechtesten Konditionen lagen bei dem Leitzins +1,75%, Überziehungszinsen lagen noch um einen Prozentpunkt höher. Obwohl diese Vereinbarung gegen das Monopolgesetz verstieß, blieb sie bis 1975 gültig, wurde dann offiziell abgeschafft, um in der Folge jedoch trotzdem faktisch bestehen zu bleiben: jede Bank legte nun ihre *Prime rate* fest, die aber realiter nach wie vor dem Preisführer folgte (Rōyama 1986b:165). Zu einer tatsächlichen, aber andersgearteten Änderung kam es 1981, als bei der Leitzinssenkung um 1% im März die *Prime rate* nur um 0,75% fiel und von da an der Standardsatz dem Leitzins +0,5% entsprach.

Mit dieser Absprache der Banken unterlagen die kurzfristigen Kreditzinsen zwei Begrenzungen, einmal der durch das Finanzministerium erstellten und zum anderen der dieses "Kartellzinses" (Rōyama 1986b:165), der zugleich auch eine Untergrenze vorgab. Innerhalb dieses Rahmens blieb den einzelnen Banken noch ein gewisser Spielraum zur Einteilung der Sätze in Risikokategorien je nach Bonität des Kunden. Insgesamt aber waren die Zinsen auf kurzfristige Kredite in höchstem Maße reguliert. Die Einführung des Standardsatzes ist neben der Niedrigzinspolitik als zweiter Grund für das starre Zinsgefüge anzusehen.

Die Zinssätze für langfristige Kredite fielen weder unter das Zinsregulierungsgesetz, noch unterlagen sie offiziellen Selbstbeschränkungsvereinbarungen, sie

Schaubild 6: Die kurzfristige und langfristige *Prime rate* in ihren Bewegungen mit dem Leitzins, 1970-1982
(Quellen: BoJ 1983:21, NGTG 1970-1982)

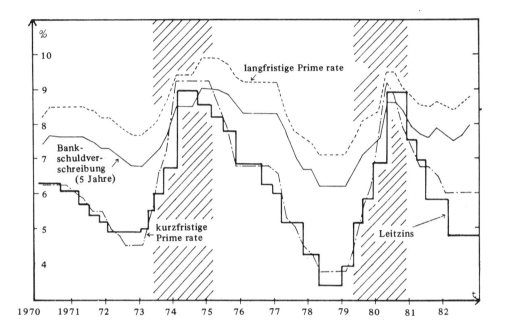

sollten von jedem Kreditinstitut autonom festgelegt werden. Realiter aber wurden auch diese Zinsen – nach Rücksprache mit Finanzministerium und Zentralbank – festgelegt durch ein Kartell, das sich zusammensetzte aus den Banken für langfristige Kredite, den Treuhandbanken und den größten langfristigen Gläubigern. Unter Berücksichtigung der geltenden Verzinsung von Bank- und Staatsanleihen sowie der jeweiligen Ertragslage der Banken für das langfristige Kreditgeschäft wurde eine langfristige *Prime rate* (*chōki puraimu-reeto*) ausgehandelt, die meist zwei bis drei Prozentpunkte über dem Standardsatz auf kurzfristige Darlehen zu liegen kam und sich infolgedessen ebenfalls mit dem Leitzins bewegte, allerdings mit einer Verzögerung von drei bis vier Wochen – der Zeit, die für die Konsensfindung nötig war (s. Schaubild 6) (Bronte 1982:32). Die langfristige *Prime rate* bildete die Basis für die nominalen Zinsen der Banken für langfristige Kredite, doch ließ sie den Banken im Vergleich zu der kurzfristigen *Prime rate* einen größeren Spielraum für Abstufungen und individuelle Verhandlungen (Allen D. 1983:20).

Das *Prime rate*-System stellt folglich die Verbindung der Zinssätze für die bevorzugten Kunden mit dem Leitzins dar, so daß der Großteil des Kreditgeschäftes ganz bestimmten Regulierungen, nicht aber dem Marktmechanismus unterworfen war. Der ausgehandelte Nominalzins lag immer unter dem Gleichgewichtspunkt von Angebot und Nachfrage und folgte vollkommen unelastisch den Leitzinsbewegungen.

Neben den bilateralen Verhandlungen mit den Kunden und der Staffelung nach Risiko-, Bonitäts- und Verwendungszweckkriterien bestand für die Banken jedoch zusätzlich die Möglichkeit, durch sog. Ausgleichsforderungen die effektiven Zinsen flexibler zu gestalten. Die Kreditnehmer mußten prozentual zur Höhe ihres Darlehens und ihrer Risikoeinstufung bei ihrer Bank Ausgleichskonten (*buzumi-yokin*) halten, die sich schlechter als normale Spareinlagen verzinsten. Nur etwa 75% der Kreditsumme erhielt ein Schuldner wirklich, 25% blieben durchschnittlich in der Bank. Daraus ergibt sich rein mathematisch ein Koeffizient von 0,75, so daß man bei einem durchschnittlichen Nominalzins von 7,2% zwischen 1962 und 1971 von einem Effektivzins von 9,6% ausgehen kann (Suzuki 1978:47). Allerdings ist diese Methode ungenau, da sie weder die auf die Ausgleichskonten erhaltenen Zinsen einbezieht (dann wäre der Effketivzins, wiederum rein mathematisch, 8,3%), noch die bilateralen informellen Aspekte der Ausgleichsforderungen im Speziellen und der langfristigen Kreditvergabe im Allgemeinen berücksichtigt, falls diese überhaupt quantifizierbar sind.

Aufgrund der durchgängigen Überschußfrage nach Krediten befanden sich die Großbanken in einer Situation, in der sie von der Angebotsseite her durch Selektion ihrer Kunden auf der Basis komparativer Rentabilität eine starke Kreditrationierung ausübten: die effektiven Zinsen waren am höchsten bei den Kunden mit den höchsten Ausgleichskonten, und das waren die Großunternehmen. Sie erhielten schon allein deshalb bevorzugt Kredite, weil sie so die Bankreserven am wenigsten dezimierten , d.h. den Geldschöpfungsmultiplikator maximierten (vgl. auch 3.1.3.). Andererseits aber konnten selbst die Ausgleichskonten die Effektivzinsen nicht genug anheben, um die Nachfrage auf das Angebotsniveau zu drücken – die meisten Schuldner wollten sogar mehr Kredite aufnehmen, als sie zum Effektivzins bekamen (Suzuki 1978:46, Patrick 1973:116). Selbst wenn also durch die Ausgleichskonten die institutionell vorgegebenen Nominalsätze elastischer wurden und einen gewissen Preismechanismus auf den Kreditmärkten zur Geltung brachten, wurde doch die Kreditrationierung zum "normalen Bestandteil" dieses Marktes (Eguchi/Hamada 1978:27).

Neben der direkten Aufnahme langfristiger Kredite bei den entsprechenden Banken gewannen die sog. *Roll-over*- Kredite (*tanki no korogashi*), d.h. die Umwälzung kurzfristiger in langfristige Kredite durch die sukzessive Verlängerung der Laufzeit, im Hochwachstum zunehmend an Bedeutung. Zum einen motiviert durch die gesetzliche Einschränkung, daß die Großbanken keine langfristigen Kredite ausgeben durften, lag die Verbreitung dieser Handhabe sicherlich auch darin begründet, daß sich durch die Verbindung von kurz- und langfristigen Krediten die Spanne der den Banken vorgegebenen Grenzsätze ausdehnte. Damit wurden die Erwartungshaltung der Kunden hinsichtlich der kurzfristigen Angebots- und Nachfragesituation auf den Kreditmärkten sowie die Inflationserwartung zu Bestimmungsfaktoren der langfristigen Sollzinsen (BoJ 1983:10). Gleichzeitig kam es auch zu dem sog. *"Spill-over* Effekt" (Horiuchi 1984:123), d.h. die Grenzen zwischen den Zinsen für kurzfristige und für langfristige Kredite wurden fließend.. Hieraus erklärt sich wiederum, daß die Bank von Japan in ihren Statistiken für die Kreditzinsen einen gewichteten Durchschnittszins aller vertraglich vereinbarten kurz- und langfristigen Kredite ausgibt.

Die Anleihenverzinsung

Die Verzinsung von Obligationen verhielt sich während der gesamten Hochwachstumsperiode hindurch ausgesprochen starr. Die Zinsen auf Staatsanleihen, die nicht unter das Zinsregulierungsgesetz fielen, lagen sehr niedrig, um die Finanzierungskosten der Regierung zu senken. Zu Beginn der 50er Jahre wurden die Sätze zunächst so gelegt, daß sie dem Leitzins gegenüber gerade noch einen geringfügigen Gewinn einbrachten (Nihon ginkō 1981a:595), doch sie stiegen dann nicht mit den Leitzinserhöhungen ab 1955. Da bis 1966 kaum Regierungsanleihen ausgegeben wurden, wurde diese Zinsregulierung erst in der zweiten Hälfte des Hochwachstums problematisch; Veränderungen in den Emissionskonditionen aber ergaben sich nicht vor der massiven Begebung von Staatsanleihen nach der ersten Ölkrise (vgl. 4.1.1.2.).

Die Emissionsbedingungen für Bankschuldverschreibungen, öffentliche Anleihen und Industrieanleihen waren standardisiert und zeigten nur selten Veränderungen je nach den wirtschaftlichen Rahmenbedingungen auf (Arakawa/Saitō 1979: 138). Da der Kapitalmarkt unterentwickelt blieb (vgl. 3.1.2.), spielte die Verzinsung von Wertpapieren im Zinsgefüge des Hochwachstums keine wichtige Rolle.

Der Geldmarktsatz

Nach seiner Ausklammerung aus dem Zinsregulierungsgesetz war der Zinssatz für kurzfristige Interbankenkredite auf dem Geldmarkt, in Japan Rufzins (*koorureeto, call rate*) genannt, seit 1955 der einzig frei bewegliche Zins im System. Da er so den Kräften von Angebot und Nachfrage folgen konnte, war er der sensibelste und bedeutendste Indikator für die Lage auf den Finanzmärkten. Der Rufzins unterteilte sich entsprechend der Fälligkeiten der Kredite in die Sätze für Tagesgeld, tägliches Geld (keine im voraus festgelegte Laufzeit, Kündigungsfrist von einem Tag), in die auf Monats- oder Jahresultimo und in das bedingungslose Rufgeld, das mit einer Mindestlaufzeit von einem Tag jederzeit gekündigt werden konnte (Nihon ginkō 1976:385). Da die meisten Geldmarktkredite als bedingungslose Gelder aufgenommen wurden, galt der bedingungslose Rufzins als der Stellvertreter der Geldmarktsätze.

Von 1955 bis 1965, als die Offenmarktoperationen einsetzten (vgl. 3.2.5.), wurde vom Geldmarkt allgemein als einem Markt mit völlig freien Wettbewerbsbedingungen gesprochen, auch wenn die Bank von Japan durch ihre Teilnahme über die Diskontierung von Handelswechseln ihre künstlich gedrückten Zinsen einschleuste. Da sie aber nur als einer von vielen Teilnehmern auftrat, behinderte sie den Wettbewerb nicht (Teranishi 1982:475). Andererseits war es natürlich ihr Ziel, durch die Eingriffe zur Geldmengensteuerung das Gleichgewicht von Angebot und Nachfrage aus konjunkturpolitischen Gründen zu beeinflussen. In diesem Sinne

Schaubild 7: Die gegenläufige Bewegung von Rufzins (bedingungslos) und der prozentualen jährlichen Zuwachsrate der Geldmenge (M_2) von 1953-1966 (Quellen: Keran 1970:242, BoJ 1976:338)

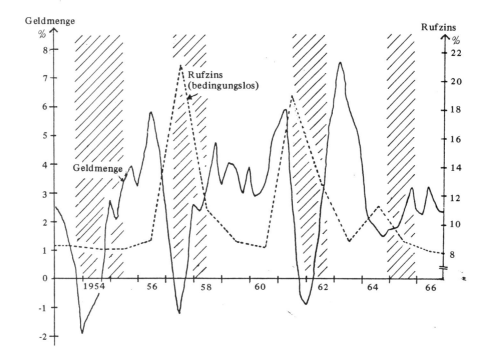

wurde der Geldmarktsatz zur operablen Zielgröße der Bank von Japan. Seine Ausschläge waren besonders hoch, wenn sich der Geldmarkt in Zeiten restriktiver Geldpolitik anspannte, wenn also die in Umlauf befindliche Geldmenge durch die Zentralbank verringert wurde (vgl. Schaubild 7, S.40). Dies bedeutete, daß eine Bank in einer restriktiven Phase für einen Kredit auf dem Geldmarkt mehr bezahlen mußte, als sie von dem diesen Kredit in Anspruch nehmenden Kunden dafür erhielt. Gestützt wurde dieser Effekt dadurch, daß der Rufzins zwar nicht durch die Bewegungen des Leitzinses bestimmt, aber durch die so hervorgerufenen Effekte (vgl.3.2.1.) beeinflußt wurde. In Phasen monetärer Restriktion stieg der Rufzins zunächst vor dem Leitzins, mit der Leitzinserhöhung zog er nochmals an und fiel bei Aufhebung der Kontraktion relativ mehr als der Leitzins (vgl. auch Schaubild 21, S.117). Seit der Ausweitung des Wertpapierhandels durch die Emission von Regierungsanleihen nach 1966 waren die Ausschläge des Rufzinses nicht mehr so kraß wie vorher (vgl. Schaubild 5, S.35), da sich die geldpolitischen Maßnahmen nun nicht mehr nur auf den Geldmarkt konzentrierten, sondern auch auf den Offenmarkt wirkten. Der Rufzins blieb jedoch weiterhin der beweglichste und der höchste Satz im Zinsgefüge.

In einem System, in dem die Zinsen das Verhältnis von Kreditangebot und -nachfrage widerspiegeln und eine Zinsarbitrage unter den Finanzmärkten möglich ist, zeigen die Zinsen für kurzfristige Kredite im allgemeinen die größte Flexibilität auf, gefolgt von den Zinsen auf Spareinlagen oder auf mittelfristige Kredite. Am wenigsten beweglich sind die Sollzinsen auf langfristige Anleihen. Da eine enge Beziehung zwischen Leitzins und kurzfristigem Kreditzins besteht, sind beide auch ähnlich beweglich. Im Japan der Hochwachstumsperiode aber gab es mit dem Rufzins nur einen einzigen wirklich flexiblen Zins, der durch die konstante Überschußnachfrage in die Höhe getrieben wurde. Somit war der Zins auf Interbankenkredite, der in der Regel der niedrigste Zins im System ist, in Japan der Barometer für die Schwankungen in der gesamtwirtschaftlichen Geldnachfrage. Suzuki (1978:45) spricht in diesem Zusammenhang von einer "Dualstruktur im Zinsgefüge" (*kiniritaikei no nijū-kōzō*): während auf der einen Seite der hohe Interbankenzins als einziger auf die Marktkräfte reagierte, stand dem gegenüber eine ganze Bankbreite künstlich gedrückter Zinsen für den Kundenverkehr.

Die Niedrigzinspolitik als eine investitionsorientierte fiskalmonetäre Maßnahme, die zu dieser dualen Zinsstruktur geführt hat, muß als einer der grundlegenden Faktoren des Hochwachstums angesehen werden. Ihre Herbeiführung erklärt sich aus der Notwendigkeit, den Hemmschuh des ausgeglichenen Staatshaushaltes zu kompensieren — sie ist somit als Charakteristikum der Geldpolitik das Gegenstück zur 'gesunden' Fiskalpolitik. So sind durch den Dodge-Plan unbewußt zwei wirtschaftspolitische Stützpfeiler ins Leben gerufen worden, deren Interdependenz nicht übersehen werden sollte (Tachi 1962:92). Die Niedrigzinspolitik unterscheidet sich dadurch von der traditionellen Politik des billigen Geldes, als das Zinsniveau nicht durch die entsprechende Vergrößerung der Geldmenge niedrig gehalten wurde (bei höherem Angebot verringert sich der Preis), sondern durch zusätzliche Kreditbeschränkungen. Der Hauptgrund für die Verzerrungen in der japanischen Zinsstruktur liegt demzufolge in dem Versuch der Regierung, entgegen den Marktgesetzen sowohl den Preis, durch Festlegen des Zinsniveaus, als auch die Menge, d.h. die Geldmenge, zu kontrollieren (Tachi 1964:11, 14).

Vor- und Nachteile, Positiv- und Negativeffekte der Niedrigzinspolitik sind ein vieldiskutiertes Thema, seit Tachi/Komiya (1960:192) sie zuerst als "Krebsgeschwür für die monetäre Normalisierung Japans" anprangerten und damit eine ganze "Zinsliberalisierungsdebatte" (*kinri-jiyūka ron*) ins Rollen brachten (Rōyama 1986b:28). Zunächst dominierten in dieser Diskussion die Negativeffekte: der eingeschränkte Zinsmechanismus behinderte die Entwicklung der Kapitalmärkte und die Konkurrenz auf dem Kreditmarkt, förderte die Fehlallokation der Ressourcen und machte eine künstliche Kreditrationierung notwendig, die wiederum bewirkte, daß eine gezielte Subventionspolitik zur Förderung der designierten Bereiche nötig wurde (vgl. 3.2.). Die Industriepolitik mußte also auch über das Bankensystem laufen und führte so zu einer willkürlichen Wirtschaftsführung durch die Finanzbehörden. Nur die ungerechte Einkommensverteilung zwischen den privaten Sparern (die kaum Zinsen bekamen) und den Investoren (die kaum Zinsen zahlen mußten) machte die diskretionäre Subventionspolitik in diesen Ausmaßen möglich (Nihon ginkō 1976: 50, Wallich/Wallich 1976:315, Tachi/Komiya 1960:193). Die Ausgleichskonten, die zu einer gewissen Marktelastizität verhelfen sollten, hatten als Effekt lediglich einen "Quasi-Preismechanismus" (Rōyama 1983:9), der die Markttransparenz vernebelte. Zudem wurde durch diese Politik die relative Unabhängigkeit der Bank von Japan untergraben, da sie gegen ihren Willen einen Rahmen auferlegt bekam, der ihre konjunkturpolitische Bewegungsfreiheit beträchtlich einschränkte (Teranishi 1982: 592). Auch wurden ineffiziente Kreditinstitute durch das Fehlen des Preiswettbewerbs zu stark geschützt (Suzuki 1978:69).

Für Rōyama (1983:3-7) dagegen war die Niedrigzinspolitik über die Regulierung der Zinssätze hinaus auch eine organische Einheit von Maßnahmen, Bräuchen und Gewohnheiten, die — wenn auch ökonomisch gesehen vielleicht ungleichgewichtig — die japanische Wirtschaft in die Richtung des schnellen Wachstums drückte, wobei die Früchte dieses Wirtschaftswachstums wiederum das System aufrechterhielten. Die Methoden waren nicht orthodox, aber doch politisch und ökonomisch rationell: sie stimulierten die Privatinvestitionen und waren deshalb für das Hochwachstum notwendig (Kaizuka/Rōyama 1978:191).

Tatsächlich hat das System, am Wirtschaftswachstum gemessen, gut funktioniert. Offensichtlich war die politische Linie des absichtlich herbeigeführten Ungleichgewichtes, ergänzt durch nicht quantifizierbare Richtungsweisungen, operabel, denn man hat in kürzester Zeit die erwünschten Ziele erreicht. Die Nutznießer dieser Politik waren — wie beabsichtigt — die Banken und die Unternehmen. Daß die Verbraucher, die als Sparer einen Großteil der Investitionen trugen, sich nicht gegen das ungerechte Zinssystem auflehnten, läßt sich nur aus einer "Wachstumsstimmung" (Murakami 1984:123) in der Bevölkerung erklären, die getragen wurde durch ein im Laufe der wirtschaftlichen Entwicklung ansteigendes verfügbares Einkommen, so daß die gesellschaftliche Ungerechtigkeit dieser Politik als solche nicht empfunden wurde.

In den veränderten Wirtschaftsbedingungen der 70er Jahre war diese Politik nicht länger haltbar. Nicht nur unter dem Einfluß des internationalen Wettbewerbs und der Ausdehnung des Finanzmarktes, sondern auch des wirtschaftlichen Fortschrittes des Landes, das zu einem der führenden Industrienationen avancierte, wurde das System der Niedrigzinspolitik obsolet.

3.1.2. Indirekte Finanzierung – Die Unterentwicklung der Kapitalmärkte

Die Begriffe "direkte" bzw. "indirekte" Finanzierung charakterisieren den Weg, auf dem die Gelder von den Sektoren der Volkswirtschaft, in denen gespart wird (d.h. im japanischen Hochwachstum in erster Linie den privaten Haushalten) in die Bereiche fließt, in denen investiert wird (also in der Hauptsache den Unternehmen). Unter direkter Finanzierung versteht man dabei, daß die Unternehmen die für ihre Investitionen nötigen Gelder durch die Ausgabe von Anleihen oder Aktien direkt von den Sparern beziehen, die diese Effekten kaufen. Deponieren aber die Sparer ihre Mittel als Einlagen bei den Kreditinstituten und beziehen andererseits die Unternehmen ihre Gelder durch Kreditaufnahme bei diesen Instituten, so ist das System der Unternehmensfinanzierung indirekt. Die Banken fungieren also als Finanzintermediäre zwischen den privaten Haushalten als den Anbietern und den Firmen als den Nachfragern der in Umlauf befindlichen Geldmenge.

In dem Zeitraum von 1950 bis 1970 wuchsen die privaten Anlageinvestitionen um jährlich durchschnittlich 20%, der Anteil der privaten Investitionstätigkeit an den Bruttoinlandsinvestitionen belief sich auf durchschnittlich 53%, der Anteil des privaten Unternehmenssektors am Bruttosozialprodukt (Verwendungsseite) machte 20-30% aus (Suzuki 1978:27). Eine derartige Investitionsfreudigkeit aber mußte unweigerlich zu einer negativen Kapitalstruktur der Unternehmen führen. Nachdem Abschreibungen durch die Zerstörung von 40% der Produktionsanlagen im Zweiten Weltkrieg (Nihon ginkō 1980:2) nicht viel Kapital freigaben und das verbliebene Anlagevermögen infolge der Nachkriegsinflation nicht revalviert werden konnte, war Eigenkapitalbestand der Unternehmen von Anfang an gering. Die daraus resultierende starke Abhängigkeit von Fremdkapital bedingte die starke Ausprägung des sog. *Overborrowing* (*oobaa-boroingu*), d.h. die Überschuldung der Unternehmen, insbesondere bei den Banken. Zwischen 1954 und 1967 wurden 57,6% aller privaten Nettoinvestitionen, 33,3% aller Bruttoinvestitionen durch externe Quellen finanziert, 80-90% davon wurden von den Banken getragen (s. Schaubild 8, S.44) (Patrick 1973:116, Keran 1970:174).

Schaubild 8: Direkte und indirekte Finanzierung zwischen 1958 und 1963 (in Billionen Yen)
(Quelle: BoJ 1964:14)

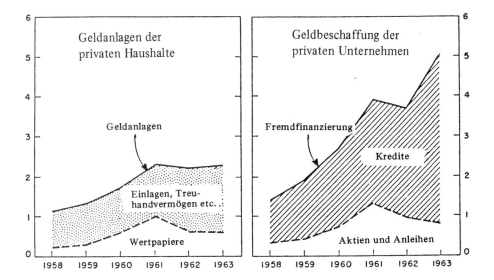

Drei Faktoren bewirkten, daß die Banken den Mittelpunkt der Geldflußstruktur darstellten: die geringe Staatsverschuldung, die hohe Sparquote der privaten Haushalte und die Unterentwicklung der Kapitalmärkte.

Da neben den langfristigen Staatsanleihen auch Schatzbriefe und öffentliche Anleihen nur in geringem Umfang emittiert wurden, war der öffentliche Sektor nur geringfügig verschuldet und deshalb für den Geldfluß nicht von Bedeutung. Auch verloren die staatlichen Finanzierungsstellen, die in der unmittelbaren Nachkriegszeit eine wichtige Rolle für den Wiederaufbau gespielt hatten, mit zunehmendem Wirtschaftswachstum an Gewicht.

Die Geldflußstruktur des Hochwachstums läßt sich in folgendem Diagramm festhalten:

Schaubild 9: Der Geldfluß in der Periode des Hochwachstums

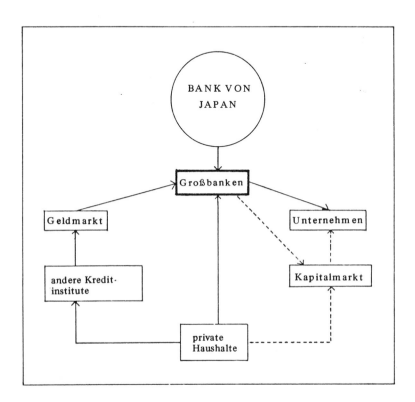

Ein Stützpfeiler der aktiven Privatinvestitionen war die ausgeprägte Sparneigung der japanischen Haushalte, die mit durchschnittlich ca. 20% des verfügbaren Einkommens zwischen 1950 und 1970 die anderer Länder weit überstieg (Bundesrepublik Deutschland: 12%, Großbritannien, USA: 7%) (Mikitani 1973:255). Die Geldanlage aber beschränkte sich größtenteils auf Sparbücher und Termineinlagen bei den Banken, obwohl diese sich nur niedrig verzinsten. Dies ist zum einen darauf zurückzuführen, daß die Sparer zu Beginn der Wachstumsphase bei niedrigem Pro-Kopf-Einkommen zunächst mehr um ihre Liquidität als um eine effiziente Geldanlage bedacht sein mußten, zum anderen war aus den Wertpapierverlusten der Hyperinflation nach dem Krieg eine Risikoscheu verbrieften Anlageformen gegenüber erwachsen, während das Bankensystem stark geschützt war und deshalb vertrauenswürdig schien (Yao 1970:58).

Die mangelnde Nachfrage der Anleger war aber nur ein Aspekt, der den dritten Faktor des Geldflusses, den unterentwickelten Kapitalmarkt, ausmachte. Der japanische Anleihenmarkt galt bis in die 80er Jahre hinein als einer der am meisten regulierten und am wenigsten entwickelten Märkte dieser Art auf der Welt (Allen D. 1983:22). Im Hochwachstum kam noch hinzu, daß wegen der nur minimalen Begebung von Schatzbriefen, die wegen ihrer schlechten Verzinsung zudem nur von der Zentralbank gehalten wurden, und dem Verbot für Banken, Regierungsanleihen zu halten, kein Sekundärmarkt für Wertpapiere entstand. Daß sich ein Anleihenmarkt nicht entwickelte, war also in erster Linie der Tatsache zuzuschreiben, daß wegen der umfassenden Regulierungen und der Niedrigzinspolitik Anleihen nicht lukrativ, Bankkredite aber billig waren.

Alle Arten von Neuemissionen waren festgesetzten, niedrigen Zinssätzen unterworfen, die unter der Verzinsung bereits in Umlauf befindlicher Anleihen lagen. Das war nur deshalb möglich, weil das aus Vertretern der Großbanken und sieben Effektenfirmen zusammengesetzte ständige Übernahmekonsortium (*Kisai-chōsei kyōgi-kai*, wörtl. "Konferenz zur Koordination der Wertpapieremissionen"), das für die Zulassung und spätere Verteilung der Neuemissionen zuständig war, auch bei niedrigster Verzinsung zur Aufnahme der Begebung verpflichtet war. Zudem trat die Bank von Japan als Käufer auf, wenn die vollständige Verteilung – meist unter die einzelnen Banken des Konsortiums – sich als nicht möglich erwies (Kure 1973: 57, Patrick 1972:120). Andererseits aber wurde das Emissions- und Handelsvolumen von Wertpapieren aller Art stark begrenzt, um die Zinsen niedrig halten zu können (Allen D. 1983:22). Die quantitativen Kontrollen, die auf den Kreditmärkten wegen der Niedrigzinspolitik nötig wurden, nahmen also auf dem Emissionsmarkt die Form von Begebungskontrollen an.

Bis in die 60er Jahre hinein gab es keinen Offenen Markt in Japan (auf dem eine unbegrenzte Anzahl von Marktteilnehmern am Effektenhandel teilnehmen kann), erst mit der massiven Ausgabe von Regierungsanleihen nach der 1.Ölkrise konnten sich ein freierer Primärmarkt und auch ein Sekundärmarkt mit der nötigen Markttransparenz herausbilden (vgl. 4.1.1.2.). Die wenigen Industrieobligationen, die in den 50er und 60er Jahren begeben wurden, wurden in der Hauptsache von den Großbanken gehalten, bei denen die Emittenten Kunden waren, so daß die Anleihenaufnahme nichts anderes darstellte als einen indirekten Kredit. Diese Handhabe ist als Serviceleistung der Banken im Sinne einer langfristigen Gewinnmaximierung zu verstehen. In Phasen monetärer Restriktion mußten die Großbanken ihre Wertpapiere dann oft selbst unter Verlusten abgeben an die Kreditinstitute mit Überschußliquidität (Kure 1980b:84, Hosoya 1980:97). Diese einseitige Übernahme durch die Finanzinstitute war wiederum einer Entwicklung des Sekundärmarktes abträglich. Sowohl individuelle als auch institutionelle Anleger wandten sich unter diesen Umständen lieber alternativen Anlageformen mit gleichem Risiko, gleicher Liquidität und höherer Verzinsung, wie z.B. Termineinlagen bei den Banken, zu.

Während Anleihen so billig waren, daß sie keiner kaufen wollte, waren Aktien so teuer, daß sie keiner emittieren wollte, so daß der Aktienmarkt eindeutig von der Angebotsseite her beschränkt war.

Im allgemeinen eröffnet der Aktienmarkt besonders in Boomphasen bessere Finanzierungsmöglichkeiten als die Bankkredite. Seit der ersten Aktienausgabe in Japan in den 80er Jahren des vorigen Jahrhunderts aber war es Usus, daß die Ausgabe zu Pariwert erfolgte, d.h. in der Regel unter Marktwert, und daß die Aktionäre Bezugsrechte ohne Rücksicht auf den geltenden Marktpreis hatten. Dazu kam die Tradition einer mindestens 10%igen Dividende auf den Nennwert, die so fest verwurzelt war, daß einige Großunternehmen, wie z. B. die Stahlfirmen, diese Dividendenzahlung auch in Rezessionszeiten aufrechterhielten (Patrick 1973:129). Weiterhin verteuerte sich die Aktienausgabe dadurch, daß Gewinne vor der Emission zu versteuern waren, der Kapitaldienst aber steuerlich abgesetzt werden konnte (Patrick 1965:603). Die Gründe, warum die Unternehmen bei den durch die Niedrigzinspolitik verbilligten Bankkrediten überhaupt noch Aktien ausgaben, waren zum einen das zu erlangende Prestige, wenn eine große Firma neue Aktien zu emittieren vermochte, zum anderen der völlig freie Aktienmarkt, der weniger als Investitions- denn als Spekulationsfeld benutzt wurde (Patrick 1973:132).

Während in der unmittelbaren Nachkriegszeit die Aktienhaltung durch die privaten Haushalte vorherrschte, ging mit der aus der Dodge-Linie resultierenden Baisse das Hauptgewicht auf Banken und Unternehmen über (vgl. Teranishi 1982: 423). Jedoch wurde die Anteilseignung der Banken durch das Antimonopolgesetz auf 10% beschränkt, das Wertpapiergesetz von 1947 (*Shōken torihiki-hō*) unterband den Handel mit Aktien und Anleihen (Nihon ginkō 1980:29). Da aber der Aktienmarkt klein blieb, gingen fast alle neu ausgeworfenen Aktien an die Banken und waren dann — ebenso wie die Anleihen — nichts anderes als indirekte Kredite.

Das ganze Hochwachstum hindurch blieb der Aktienmarkt nicht mehr als eine unregelmäßig genutzte Ergänzung zu den Bankkrediten. Nach einer kurzen Hausse im Iwato-Boom 1959-1961 (s. Schaubild 8, S.44) verfiel der Aktienmarkt in eine lange Phase der Depression. Aus einer tiefen Krise 1965, in der viele Effektenfirmen Konkurs erlitten und auch die großen, wie Yamaichi, von der Bank von Japan vor dem Zusammenbruch gerettet werden mußten, erholte sich der Markt nur langsam und konnte erst ab Mitte der 70er Jahre an Bedeutung innerhalb der Geldflußstruktur gewinnen (BoJ 1978:140, Bronte 1982:170).

Neben der Niedrigzinspolitik und den fehlenden Staatsanleihen beruhte die starke Ausprägung des indirekten Geldflusses der Hochwachstumsperiode noch auf zwei weiteren Faktoren. Durch die Abschottung nach außen und die Nicht-Internationalisierung der Finanzmärkte wurden Transaktionen mit internationalen Wertpapiermärkten unterbunden, so daß sich der japanische Kapitalmarkt auch nicht durch einen Zustrom ausländischer Effekten entwickelte. Des weiteren kämpften die Banken wegen der gelenkten Einlagenzinsen im außerpreislichen Wettbewerb um die für sie so profitablen Spareinlagen hart gegeneinander: sie eröffneten so viele Filialen wie möglich, statteten die Schalterhallen aufwendig aus, verteilten Geschenke bei einer Kontoeröffnung und schickten Vertreter auf Werbebesuche in Firmen und Privathäuser. Blieb der Erfolg im Interbanken-Wettbewerb auch bescheiden, so zogen die Banken auf diese Weise doch potentielle Anleger von den Kapitalmärkten ab (Suzuki 1978:54, 65).

Die Abhängigkeit der Unternehmen von externen Geldern war höher als in anderen Ländern, aber kein ausschließlich japanisches Phänomen: 1971 wurden in Japan 42,7%, in der Bundesrepublik Deutschland 32,2% und in den USA 22,4% der privaten Investitionen aus fremden Quellen finanziert (Asakura/Nishiyama 1974: 814). Auch war die Methode der indirekten Finanzierung an sich nichts Außergewöhnliches, nur war seine Ausprägung in Japan besonders stark. So flossen 1974 in den USA 28%, in der Bundesrepublik Deutschland 66,6%, in Japan aber 74,1% der Gelder über den Bankensektor (Suzuki 1978:19). Diese 74,1% sind jedoch stärker zu gewichten, als es die absoluten Zahlen allein ausdrücken, weil sie in Japan nicht eine allgemeine Dominanz der Gruppe der Finanzintermediäre, sondern eine Dominanz der Banken, d.h. der Großbanken, widerspiegelt. Wenn sich außerdem die Unternehmen zwar durch die Emission von Anleihen finanzieren, diese aber nur an ihre Banken abgeben, so muß dies auch zur indirekten Finanzierung gezählt werden. Das japanische System hat sich für die Geldbeschaffung auf dem Kapitalmarkt einen Ersatz in Form von langfristigen und auch kurzfristigen Krediten geschaffen. Das daraus resultierende *Overborrowing*, die starke und konstante Abhängigkeit der Unternehmen von den Banken, machte geldpolitische Eingriffe deshalb effizient, als sie über den Bankensektor direkt auf die realwirtschaftliche Ebene wirken konnten.

Zusammenfassend ergibt sich, daß wegen des durch Privatinvestitionen induzierten Wirtschaftswachstums der Unternehmenssektor der Schuldensektor im Hochwachstum war. Möglich wurden die Investitionen durch die Sparfreudigkeit der Bevölkerung, die ihre Gelder aufgrund eines mangelnden Alternativangebotes und aus einer Risikoscheu heraus nicht auf dem Kapitalmarkt, sondern auf dem Sparkonto anlegte. Da der Staat nicht als Schuldner auftrat, bildete sich kein Sekundärmarkt für Rentenpapiere heraus. Die wenigen Staatsanleihen, die begeben wurden, verzinsten sich zu schlecht und durften zudem von denen, denen sie aufgezwungen wurden, nämlich den Banken, nicht gehandelt werden. Strenge Regulierungen und die Niedrigzinspolitik machten den Anleihenmarkt – das Risiko mit einberechnet – noch unattraktiver als die durchaus auch unlukrativen Spareinlagen. Die Unternehmensfinanzierung über den Aktienmarkt war aus Traditionsgründen so teuer, daß die Unternehmen sich in der Hauptsache durch Kredite finanzierten, auch wenn sie dadurch in ein starkes Abhängigkeitsverhältnis gerieten. Das Vorherrschen der indirekten Finanzierung ist demzufolge darauf zurückzuführen, daß die Banken billige Kredite vergaben und die Bevölkerung Spareinlagen bevorzugte, oder, grundlegender, es ist das Resultat aus Niedrigzinspolitik und unterentwickeltem Kapitalmarkt.

3.1.3. Die Dualstruktur im Finanzsystem

Ein weiteres Merkmal des Geldflusses im Hochwachstum ist das der unterschiedlichen Liquiditätspositionen der einzelnen Bankensparten, d.h. die ungleichmäßige Verteilung des Geldes innerhalb des Bankensystems.

Für die ganze Bandbreite verschiedener Finanzinstitute mit ihren jeweiligen Sonderressorts galt, daß wegen der Gewinnmarge, die sich aus gedrückten Habenzinsen und hohen effektiven Sollzinsen ergab, jede zusätzliche Spareinlage eine Ausweitung des Ertrages bedeutete. Die Möglichkeit, die Spareinlagen auszuweiten, hing neben einer geschickten Öffentlichkeitsarbeit vor allem auch mit der Zahl der Filialen zusammen. Zur Eröffnung einer Bankfiliale aber bedurfte es der Genehmigung durch das Finanzministerium. Mit dem Ziel, Effizienz und Wettbewerb im Bankengewerbe aufrechtzuerhalten, hatte das Ministerium besonders in den 60er Jahren ein Auge darauf, daß die ohnehin in den Großstädten dominanten Großbanken sich nicht durch eine steigende Zahl von Zweigstellen noch weiter ausdehnten. Die Großbanken verloren deshalb im Vergleich zu den anderen Geschäftsbanken zunehmend an Spareinlagen-Aufnahmepotential und damit die Basis für gesundes Kreditverhalten. Die anderen Banken hatten dafür mehr Sparer, aber weniger Kreditkunden und konnten so Überschußreserven anhäufen, die sie auf dem Interbankenmarkt an die Großbanken weiterleiteten (Teranishi 1982:500).

Ein zweiter Grund für die Aufteilung des Bankensystems in Schuldner (=Großbanken) und Gläubiger (=alle anderen Kreditinstitute) ist in der Tatsache zu sehen, daß die Konten für die sog. Reisgelder (*kome-daikin*) und lokalen Steuereinnahmen bei den Regionalbanken gehalten wurden, die, von den saisonalen Auszahlungen abgesehen, dadurch Überschüsse akkumulierten (vgl. 2.2.1.) (Asakura/Nishiyama 1974:813).

Letztendlich ausschlaggebend für das Ungleichgewicht aber war die Dualstruktur der Kreditnehmer: während die Großunternehmen (über 300 Angestellte, Kapital über 50 bzw. 100 Millionen Yen) ihre Mittel fast ausschließlich von den Großbanken bezogen, waren Klein- und Mittelbetriebe die Kunden der anderen Kreditinstitute (s. auch 3.1.4., S.51). Dadurch ergab sich eine Aufteilung des Kreditflusses gemäß der Industriestruktur: während die großen Banken die Wachstumssektoren und, mit schwindender Rolle der staatlichen Finanzinstitute, vor allem die Schlüsselindustrie finanzierten, waren die kleinen Banken wie Darlehenskassen und Genossenschaftsbanken für das traditionelle Gewerbe zuständig. 1963 stellten die Großbanken und die Banken für das langfristige Kreditgeschäft 96,3% aller Investitionskredite an die Großindustrie, während sie nur 19,9% der Investitionen von Klein- und Mittelbetrieben finanzierten (Kawaguchi 1967:318).

Zum Ende der 60er Jahre zeichnete sich jedoch eine Angleichung in der Hierarchie der Banken ab, als die kleinen Institute verstärkten Modernisierungs- und Rationalisierungsmaßnahmen zur Verbesserung ihrer Kostenstruktur nachgingen. Der Anteil der Großbanken an der Gesamtkreditvergabe nahm immer mehr ab (vgl. Schaubild 4, S.23), doch blieben sie als Gruppe nach wie vor dominant.

In den 70er Jahren setzte um die aus der Dualstruktur des Geldflusses erwachsende Kreditallokation zugunsten der Großunternehmen eine Diskussion über die Kontrollmechanismen auf den Kreditmärkten ein. Hamada et al. (1975, 1976a, 1976b), Kaizuka/Onodera (1974) und Teranishi (1974) fanden durch empirische Untersuchungen heraus, daß die Großunternehmen in Aufschwungphasen relativ mehr kurzfristige Kredite erhielten als die mittelständischen Firmen, während sich im Abschwung dieses Verhältnis umkehrte, d.h. die Kredite an Klein- und Mittelbetriebe relativ zunahmen. Welche Aussage ließ diese Dichotomie über die Beziehung zwischen mittel- und langfristigen Kreditmärkten einerseits und die Kreditrationierung auf diesen Märkten andererseits zu?

Nach Teranishi (1974) brachte die Betriebsgröße als der Maßstab für die bevorzugte Mittelzuteilung das Problem mit sich, daß zum einen auf dem Geldmarkt die Zinssätze relativ frei beweglich, also für alle gleich, waren, während durch die Erhebung der Ausgleichsforderungen die kontrollierten Sollzinsen dereguliert wurden, so daß hier der Vereinheitlichungseffekt aufgehoben wurde. Die *Roll-over*-Kredite aber ermöglichten eine Bevorzugung der Großunternehmen auf dem Kreditmarkt, da diese eigentlich kurzfristigen Kredite meist an die kleineren der Großen gingen, für die keine langfristigen Kredite mehr übrigblieben. Die Großunternehmen bzw. die Großbanken hielten also auf dem langfristigen Kreditmarkt ein Nachfrage- bzw. Angebotsmonopol, die Überschußnachfrage kleinerer Unternehmen wurde nicht gestillt — zumindest nicht, solange die Großen noch nachfragten. Während die Banken eine gewisse Summe anboten, konnten die Unternehmen je nach ihrer Position und Einflußkraft die Preise (Zinsen) aushandeln. Aufgrund der ständigen Überschußnachfrage aber blieb die Kreditsumme immer quantitativ beschränkt, d.h.rationiert.

Anders dagegen die mittelständischen Unternehmen: sie bekamen aufgrund ihrer geringen Verhandlungskraft einen bestimmten Preis vorgegeben, unter dem sie die gewünschte Summe auf dem Kreditmarkt anleihen konnten, die sie dann unter Umständen umwälzten.

Aus dieser "*Spill-over*"-Theorie leitete Teranishi ab, daß es letztlich der unterschiedlichen Verhandlungskraft der einzelnen Unternehmen zuzuschreiben ist, daß die japanische Geldflußstruktur zweigeteilt war.

Kritiker dieser Theorie wie Horiuchi (1984:126) u.a. kamen nach verschiedenen Zeitreihen- und Regressionsanalysen zu dem Schluß, daß unter dem Nominalzins eine konkrete Kreditrationierung vorlag, die beim Effektivzins jedoch nur vermutet werden konnte (Hamada et al. 1976b:21). Es gab demzufolge eine Kreditrationierung, die über die Geldflußstruktur hinaus sowohl auf das Kreditverhalten der Banken als auch auf das Kreditvolumen der Unternehmen wirkte und die nicht eindeutig nach Groß- und Kleinunternehmen aufzuteilen war.

Aus diesen Überlegungen folgt nun, daß sich der Geldfluß des Hochwachstums, die Dualstruktur der Anleiher widerspiegelnd, aufteilte in einen Illiquiditätsbereich und einen Bereich mit überschüssiger Kapitalausstattung. Die wegen der konstanten Überschußnachfrage notwendig werdende Kreditrationierung aber hat ihren Grund nicht allein in strukturellen Faktoren, sondern wurde diesem System durch geldpolitische Maßnahmen noch zusätzlich auferlegt. Die Tatsache, daß sich mit der Veränderung des Geldflusses in den 70er Jahren die Kreditkontrolle umgestaltete, läßt jedoch den Schluß zu, daß die Geldflußstruktur des Hochwachstums von einiger, wenn auch nicht alleiniger, Bedeutung für die Kreditrationierung gewesen ist. Bevor die zusätzlich wirkenden Maßnahmen im Einzelnen untersucht werden, stellt sich zunächst noch die Frage, wie sich der Illiquiditätsbereich refinanzierte und woher die engen Beziehungen zwischen Großbanken und Großunternehmen rührten.

3.1.4. Das Overloan und die Rolle der Großbanken

Der Begriff "*Overloan*" (*oobaa-roon*) ist eine Wortschöpfung aus dem "Japanisch-englischen" (Suzuki 1978:3), die ein grundlegendes Element in der Bankenführung beschreibt und mittlerweile auch international Anwendung findet.

Im allgemeinen hält eine Bank Aktiva in Form von Zentralbankgeld, sekundären Reserven wie Geldmarkt-Aktiva, Schatzbriefe oder Diskontwechsel, und Kredite und Investitionen, während sich die Passiva aus Anleihen (Kredite von der Zentralbank oder vom Geldmarkt) und den bei ihr gehaltenen Einlagen zusammensetzen. Eine Bank versucht, ihre Einlagen und ihr Kapital so zur Kreditvergabe oder Geldinvestition zu nutzen, daß sie aus der Zinsdifferenz Gewinne erzielt. Da sie eine gewisse Summe als Reserve halten muß, um einer plötzlichen Nachfrage nach den Einlagen ohne großen Kostenaufwand nachkommen zu können, ist es das Geschäftsziel, bei gegebenem Zinsniveau ein gewinnmaximierendes Maß an Rücklagen zu halten.

Beim *Overloan* stammen die Gelder für Kredite und Investitionen aus anderen Quellen als den Einlagen und dem Eigenkapital, nämlich von der Zentralbank, so daß der Bestand der Bank konstant negativ ist. Makroökonomisch beschreibt der Begriff die Situation, in der die Nettoausleihungen der Banken an die Wirtschaft deren Nettoeinlagen übersteigen, so daß das Bankensystem insgesamt chronisch und in hohem Maße bei der Zentralbank verschuldet ist und somit von dieser abhängig wird (Suzuki 1978:4). Die volkswirtschaftliche Relevanz dieses Zustandes ergibt sich aus seinem direkten Zusammenhang mit der Versorgung der Wirtschaft mit Zentralbankgeld.

Einer Zentralbank bieten sich normalerweise drei Möglichkeiten, die für das Wirtschaftswachstum benötigte Ausweitung der Geldmenge sicherzustellen. Zum einen kann das Geld aus Gold- und Devisenbeständen geschöpft werden. Dieser Weg bot sich der Bank von Japan im Hochwachstum nicht, da ihre Gold- und Devisenbestände für den großen Bedarf an Zentralbankgeld mit fortschreitender wirtschaftlicher Expansion nicht ausreichend waren. Der zweite Weg der Geldversorgung ist der der Offenmarktoperationen bzw. der des Handels mit Staatsanleihen. Da der Offene Markt kaum entwickelt war und Finanzierungspapiere erst in den 70er Jahren in vermehrtem Umfang begeben wurden, blieb der Bank von Japan auch dieser Weg verschlossen. Die dritte Möglichkeit ist die Kreditvergabe der Zentralbank an die Banken. Die Bank von Japan war in ihrer Versorgung der Wirtschaft mit dem sog. Wachstumsgeld (*seichō-tsūka*) allein auf diesen Kanal angewiesen. Bei dem ausgeprägten Kapitalmangel der japanischen Wirtschaft im rapiden Wachstum wird verständlich, daß die Banken chronisch bei der Zentralbank verschuldet waren (vgl. Ohno 1970:184).

Das *Overborrowing* der Unternehmen, die Überschuldung der Industrie bei den Banken, verhielt sich zwar nicht komplementär zum *Overloan*, d.h. es bestand nur eine indirekte Verbindung, und beide konnten unabhängig voneinander auftreten oder verschwinden, aber durch die Überschuldung der Unternehmen ergab sich doch eine Fortsetzung des Abhängigkeitsverhältnisses von der Zentralbank über die Banken auf die realwirtschaftliche Ebene.

In der Theorie gilt, daß die Investitionen einer Volkswirtschaft *ex-post* durch die Spareinlagen finanziert werden. Diese fließen über die Banken zu den Unternehmen. Solange die Banken durch ihre Kredite nur das Betriebskapital stellen, d.h. Gelder für Löhne etc., die schnell wieder in den Wirtschaftskreislauf geraten, erleiden sie keine Liquiditätseinbußen. Dienen die Bankkredite jedoch als Anlagekapital, wird das volkswirtschaftliche Gleichgewicht gestört, da die Mittel für eine Weile dem Kreislauf entzogen sind und die Banken für die weitere Kreditschöpfung auf andere Geldquellen zurückgreifen müssen. Infolgedessen sollte für eine gesunde Bankenführung durch Kredite nur das Betriebskapital der Unternehmen finanziert werden.

Für eine Wachstumswirtschaft wie die japanische in den 50er und 60er Jahren aber war diese Theorie nicht haltbar. Hinzu kam hier neben dem zu geringen Eigenkapital der Unternehmen noch der scharfe Wettbewerb unter den Banken, die mit dem Ziel, ihre guten Kunden zu halten, der steigenden Kreditnachfrage besonders der Großunternehmen ohne Rücksicht auf Verluste und ungeachtet des Verwendungszweckes nachkamen (Ishii 1963:77).

Die Großbanken waren der Hauptlieferant für die Schlüsselindustrien und damit auch die Hauptkunden bei der Bank von Japan, bei der sie so stark verschuldet waren, daß trotz der Überschüsse der anderen Kreditinstitute die Bilanz des Bankensystems insgesamt negativ wurde. Die Aufgabe einer Großbank bestand zunächst vor allem darin, die sog. Hauptbank (*shuyō-ginkō*) eines Großunternehmens zu sein. Dieses in anderen Ländern kaum bekannte System hat in Japan geschichtliche Wurzeln: wurden auch die alten *Zaibatsu*, die führenden Unternehmensgruppen der Vorkriegszeit, nach dem Zweiten Weltkrieg aufgelöst, so blieben doch Verbindungen, wenn auch in weit lockerer Form, weiter bestehen. Die neu entstehenden Firmenverbindungen – *Keiretsu* – sind in ihrer Form als Unternehmensgruppe nicht eindeutig definiert (Nakatani 1983:51), es bestehen jedoch in verschiedenen Bereichen Abhängigkeitsverhältnisse, wie z.B. durch gegenseitige Anteilseignung und Kreditvergabe. In den 70er Jahren waren ca. 80% aller Unternehmen in solche *Keiretsu* eingebunden. Der Unterschied zu den früheren *Zaibatsu*, die durch eine im Familienbesitz befindliche Holdinggesellschaft an der Spitze der Unternehmensgruppe charakterisiert waren, besteht darin, daß der Aspekt der Finanzierung im Vordergrund steht: mit Ausnahme der Zusammenschlüsse, bei denen ein führendes Unternehmen den Mittelpunkt bildet (wie z.B. Fuji), ist dies ansonsten die Hauptbank (Mitsui, Mitsubishi) (Nakatani 1983:53, 70). Die Funktion der Hauptbank aber geht über eine bloße Kreditvergabe hinaus. Sie hilft bei finanziellen Schwierigkeiten, besorgt Regierungsgelder, übernimmt Verluste, ist Finanzberater, stellt Vorstandsmitglieder und hat unbeschränkten Einblick in die Geschäftsbücher (Bronte 1982:13). Die Großunternehmen wenden sich in ihrer Kreditsuche zwar auch an die anderen Banken, so daß ein Wettbewerb unter den Großbanken durchaus gegeben ist, doch stützen sie sich bei monetären Restriktionen auf ihre Hauptbank. Zweit- und Drittbanken können allerdings in Aufschwungphasen übergangsweise auch zum vornehmlichen Kreditversorger werden (Kure 1980b:87).

Dieses enge Verhältnis zwischen Großbanken und Großunternehmen erklärt, warum die Großbanken eine dominante Rolle in der wirtschaftlichen Entwicklung Japans spielten und als "Vertreter des Wirtschaftssubjektes Finanzen" (Arakawa/Saitō 1979:49) angesehen wurden.

Wegen der starken Kreditnachfrage waren die Großbanken im Hochwachstum, ebenso wie ihre Kunden, auf externe Geldquellen angewiesen. Sie besorgten sich ihre Gelder entweder bei der Zentralbank oder auf dem Geldmarkt, der, mehr als eine Einrichtung zur Deckung eines kurzfristigen Kapitalmangels, der Markt für den Liquiditätsausgleich unter den Banken war. Bei gedrücktem Diskontsatz (dem Preis für Zentralbankkredite) und freiem Rufzins war die Kreditbeschaffung auf dem Geldmarkt jedoch viel teurer als bei der Zentralbank. Anders als z.B. in der Bundesrepublik Deutschland, wo der Diskontsatz den Geldmarktzins etwas übersteigt und sich die Banken Zentralbankkredite nur zu vergleichsweise höheren Kosten beschaffen können, bestand in Japan für die Banken gar keine Motivation, ihre Schulden bei der Bank von Japan einzugrenzen. Daraus erklärt sich auch, daß der Rufzins nach 1955 nie unter den Leitzins fiel (vgl. Schaubild 5, S.35), und selbst wenn das geschehen wäre, hätten die Großbanken ihre Zentralbankkredite gewinnbringend auf dem Geldmarkt angelegt, der Geldmarkt wäre verflüssigt, die Zentralbankkredite wären nicht mehr nachgefragt und der Diskontsatz wäre (unter den Rufzins) gesenkt worden. Zu diesem Mechanismus aber kam es erst gar nicht, denn nicht nur waren die Mittel so knapp, daß der Rufzins nicht so tief fiel, die Zentralbank befand sich vielmehr als Gläubiger auch in einer Position, in der sie ohne viele Schwierigkeiten, jedoch mit großem Effekt, die Gelder rationieren konnte.

Die Wachstumsgelder der Bank von Japan nahmen, weil sie billiger als die Rufgelder waren, die Form einer Subvention an, die den Schlüsselindustrien zufloß. Aufgrund der Niedrigzinspolitik erfüllte der Leitzins keine Preisfunktion, so daß eine Mengenbeschränkung, d.h. Kreditrationierung, nötig wurde. Da nur den Großbanken der direkte Zugriff zu Zentralbankkrediten offenstand und sie immer abhängig von der Zentralbank waren, wurde der Umfang, in dem die Großbanken auf dem Geldmarkt Mittel nachfragten, zum Maßstab dafür, inwieweit die Kreditbeschränkung der Bank von Japan wirkte und wo die Grenzen für die Zentralbankkredite lagen (Hamada et al. 1975:38). Der Rufzins war demzufolge nicht nur geldpolitischer Indikator für Angebot und Nachfrage auf den Finanzmärkten von der Nachfrageseite her, sondern er zeigte auch von der Angebotsseite die Effizienz der Geldmengenbeschränkung auf.

Die starke Ausprägung des *Overloan* zwischen den Jahren 1956 und 1970 stand in direktem Zusammenhang mit den anderen Merkmalen der Finanzstruktur und den daraus erwachsenden Besonderheiten:
1) Die durch das investitionsinduzierte Wirtschaftswachstum hervorgerufene starke Abhängigkeit der Industrie von Fremdkapital machte den Unternehmenssektor zum Schuldensektor.
2) Die enge Anbindung der Großunternehmen an die Großbanken machte die Großbanken zum Zentrum der Kreditwelt; die Dualstruktur im Geldfluß wurde untermauert.
3) Durch das Prinzip des ausgeglichenen Staatshaushaltes konnte sich der Kapitalmarkt nicht entwickeln. Die Versorgung der Wirtschaft mit Wachstumsgeld geschah allein über Zentralbankkredite.
4) Durch die Niedrigzinspolitik kam es zu Verzerrungen im Zinsgefüge, die es möglich machten, daß die Großbanken billige Kredite aufnehmen konnten, gleichzeitig aber die Zentralbank in die Position versetzten, durch Kreditbeschränkungen direkt die Unternehmerebene zu berühren.

Schon in den 50er Jahren setzte die Diskussion um Vor- und Nachteile des *Overloan* für das Finanzsystem ein. Im Jahre 1961 erörterte der Untersuchungsausschuß für das Finanzsystem (s.S.16) diesen Problemkreis. Seine Anregungen führten zu den "Neuen Maßnahmen zur monetären Regulierung" (*Shin kinyū-chōsetsu hōshiki*) im November 1962.

Die Hauptkritik gegen das *Overloan* war, daß die Reservehaltung der Großbanken nur optisch, die schlechte Liquiditätsposition aber "nicht gesund" sei (Ishikawa 1985:47). Das *Overloan* implizierte nämlich erstens, daß den Banken ein Positionsbewußtsein, d.h. der Sinn für eine gesunde Geschäftsführung, fehlte, und zweitens, daß wirtschaftliche Überhitzungen verstärkt wurden, da der automatische Stabilisierungseffekt von Kreditvolumengrenzen nicht wirken konnte (Mikitani 1973:253, Tanaka 1980:186). Schließlich wurde der kurzfristige Charakter von

Zentralbankkrediten verwässert und die Bank von Japan zu stark in die Geschäftsführung der Großbanken involviert, diese wiederum zu stark in die Unternehmensführung, so daß die Risikostreuung verzerrt und die Durchschlagskraft geldpolitischer Instrumente geschwächt wurde (Horiuchi 1984:218, Wallich/Wallich 1976: 285, Okamoto 1982:72).

Das "Neue System zur monetären Regulierung" sah in erster Linie die Ausdehnung der Zentralbankgeld-Versorgung auf den Offenen Markt (vgl. 3.2.5.) sowie eine neue Art der quantitativen Kreditregulierung (vgl. 3.2.2.) vor. Dadurch sollten die Mißstände der ungesunden Wirtschaftsfinanzierung beseitigt werden. Die Wirkungen der Neuen Maßnahmen aber waren zunächst wenig beeindruckend — erst zur Zeit der Überschußliquidität 1971/72 verschwand das *Overloan* als makroökonomisches Phänomen der japanischen Finanzstruktur, gleichzeitig mit der allmählichen Aufhebung der Niedrigzinspolitik und dem Nachlassen des Übergewichtes der indirekten Finanzierung.

Das *Overloan*, gleichsam das Nebenprodukt aus der Geldversorgung über Zentralbankkredite, hatte aber auch seine positiven Effekte: es hat aktive Privatinvestitionen ermöglicht und das Wirtschaftswachstum beschleunigt, ohne das Land in Inflationsnöte zu stürzen. Als Mittel der langfristigen Kreditallokation durch die Zentralbank wurde es zum Träger der Niedrigzinspolitik und der effizienten Kreditkontrolle (Teranishi 1982:482).

Die vier Merkmale der japanischen Finanzstruktur des Hochwachstums — Niedrigzinspolitik, indirekte Finanzierung, Dualstruktur und *Overloan* — waren als solche nicht einzigartig. Lediglich der Grad ihrer Ausprägung sowie die Konsequenzen, die sich daraus für die Geldpolitik ergaben, hatten ihre japanischen Besonderheiten. Wie aus der Wortwahl ersichtlich, wurden sie oft als ungesund oder unerwünscht angesehen, wie z.B. der Begriff *"Overloan"*, der impliziert, daß es ein gesundes, angemessenes Niveau für das Aktiva-Passiva-Verhältnis einer Bank gibt. Dabei war das *Overloan* nicht das eigentliche Problem, sondern lediglich Symptom eines tieferliegenden Problems (Rōyama 1983:6): das Netz von Regulierungen des Finanzministeriums und der Bank von Japan, das die z.T. aus der Geschichte gegebenen strukturellen Bedingungen durchzog und die Finanzstruktur zur Basis machte für eine Geldpolitik, die außer auf konventionelle auch auf regulative Steuerungselemente zurückgreifen mußte.

3.2. DIE INSTRUMENTE DER GELDPOLITIK

Den besonderen Ausprägungen der japanischen Finanzstruktur im Hochwachstum entsprachen solche des Instrumentariums der Geldpolitik. Neben den orthodoxen Maßnahmen boten sich in Japan Möglichkeiten, die in anderen Ländern überhaupt nicht, bzw. nicht in diesem Ausmaß bestanden.

Die Aufgabe der täglichen Geldstabilisierung besteht für eine Zentralbank zum einen in der Bereinigung saisonaler und unregelmäßiger Fluktuationen im Privatsektor bei gleichzeitiger Eliminierung der dadurch hervorgerufenen Störungen auf dem Geldmarkt, zum anderen in der Umsetzung von Maßnahmen, die den Bestand an Zentralbankgeld, d.h. die Geldbasis, steuern und so die Kreditgewährung der Finanzintermediäre und damit den Geldschöpfungsprozeß beeinflussen.

Das Instrumentarium für diese Geldmengensteuerung teilt sich auf in die Diskontpolitik, über die durch eine Veränderung des Zinsniveaus der Preis für das Geld bestimmt wird, und die sich daraus ergebende Kreditpolitik, die auf das Kreditvolumen abzielt, sowie in die Mindestreserve- und Offenmarktpolitik, die auf die Liquidität des Bankenwesens einwirken.

3.2.1. Diskontpolitik

Um 1950 wurde in verschiedenen industrialisierten Ländern die durch den Krieg notwendig gewordene staatliche Wirtschaftsleitung aufgehoben, und die Zinspolitik als klassisches geldpolitisches Instrument erlebte eine Renaissance. Bevor man jedoch in Japan im August 1955 auf eine echte Diskontpolitik überging, fand zunächst das sog. Hochzinssystem (*kōritsu-tekiyō seido*) als Hauptinstrument der Geldpolitik Anwendung.

Das Hochzinssystem sah zwei Zinssätze vor, die sich ungefähr auf dem Niveau des offiziellen Diskontsatzes bewegten und die der Bank von Japan eine flexible Kreditbeschränkung über den Preismechanismus ermöglichen sollten, bei einem durch die gerade einsetzende Niedrigzinspolitik des Finanzministeriums zur Bedeutungslosigkeit verurteilten Diskontsatz. Eine Bank, die über eine bestimmte, ihr vorgegebene Kreditlinie hinaus Gelder bei der Zentralbank beschaffen wollte, mußte dafür einen höheren Preis bezahlen. Auf diese Weise wurde einerseits die Notwendigkeit einer Diskontsatzerhöhung zwecks Krediteingrenzung umgangen, andererseits waren die Zinsanpassungen an die Nachfrage beweglicher (Shinjo 1970: 6, Tachi/Komiya 1960:113).

In der unmittelbaren Nachkriegszeit lag einer der beiden Zinssätze unter dem Diskontsatz, als Preis für Vorzugskredite, der andere lag darüber, als Strafzins (Kure 1973:113). Mit einsetzendem Wirtschaftswachstum zu Beginn der 50er Jahre wurden beide Sätze so angehoben, daß für eine Überziehung von 5-10% der der einzelnen Bank eingeräumten Kreditfazilität ein Strafzins in Höhe des Diskontsatzes +0,365%, für Überziehungen über 10% ein Zins in Höhe des Diskontsatzes +0,73% berechnet wurde (Patrick 1962:112). Erst bei der monetären Restriktion von 1953/54 wurden die Strafzinsen so angezogen, daß der zweite Strafzins über den Kreditzins der Banken zu liegen kam und auf diese Weise tatsächlich kreditbeschränkend wirken konnte.

Außer der Kreditbeschränkung sollte das Hochzinssystem auch eine Kontrolle über die Banken und einen Einlegerschutz ermöglichen. Ein Problem ergab sich jedoch aus der Berechnung der Kreditvolumengrenzen für die einzelnen Kreditinstitute, die nicht auf einer gesetzlichen Grundlage beruhte, sondern von der Bank von Japan willkürlich vorgenommen wurde. Insgesamt zeichnete sich das System in erster Linie durch unzählige Modifizierungen in der Berechnungsmethode aus. Die künstliche Trennung von Diskontsatz und Bankzinsen aber führte zu zunehmenden Verzerrungen, auch erwies sich die Handhabe als zu kompliziert und auf die Dauer nicht praktikabel, denn durch die ständigen Veränderungen wurde eine konstante Geldmengenregulierung unmöglich (Nihon ginkō 1976:116). Aus diesen Gründen wurde das Hochzinssystem im Jahre 1955 abgeschafft und lebte dann 1956 als kreditpolitisches Instrument wieder auf (vgl. 3.2.2.), indem es weniger über den Preis wirkte als vielmehr in die quantitative Kreditlenkung eingebunden wurde.

Zu Beginn der 50er Jahre wurde der offizielle Diskontsatz nur selten verändert, und wenn, so ohne geldpolitische Relevanz, da er sich auf zu niedrigem Niveau bewegte. Mit der Zinsreform im August 1955 erklärte die Bank von Japan den Zins auf die Diskontierung von Handelswechseln zum Leitzins. Er wurde zunächst auf 7,3% festgesetzt und war somit nicht mehr nur nominelle Rate, sondern der effektive Preis für Zentralbankkredite und gleichzeitig auch Orientierungspunkt für das restliche Zinsgefüge (Suzuki 1978:165). Auch wurde nun der Geldmarktsatz der staatlichen Kontrolle enthoben. Der Anstieg des Leitzinses im Jahre 1955 (vgl. Schaubild 21, S.117) in einer Zeit der monetären Verflüssigung erklärt sich also aus diesen politischen Umstrukturierungen.

Durch den Übergang zu einer konkreten Diskontpolitik sollte ein Gleichgewicht mit den anderen Zinssätzen hergestellt und die Zinsstruktur so normalisiert werden, daß der Leitzins den Rufzins, zumindest in Phasen der Verflüssigung, überstieg. So hoffte man, das *Overloan* abbauen zu können (Tanaka 1980:145, 154). Da jedoch gleichzeitig der Rufzins freigegeben wurde, konnte dieses Ziel nicht erreicht werden. Auch wurde der Effektivzins auf Bankkredite durch diese Reform nicht berührt.

Die neue Betonung des Diskontsatzes brachte jedoch einschneidende Veränderungen auf der geldpolitischen Bühne mit sich, da nun eine Kreditkontrolle mittels verschiedener Wirkungsmechanismen möglich wurde. Unter den gegebenen vier Zinssätzen — Leitzins, Strafzins, vorgegebene Obergrenze bzw. Standardsatz, tatsächlicher erhobener Sollzins — gerieten die Banken bei einer Anhebung der Zinsen in die Zange von Strafzins und vorgeschriebener Kreditzins-Obergrenze. Die Bank von Japan konnte theoretisch also entweder durch Erhöhung ihres Diskontsatzes oder durch Senkung ihrer Kreditlinie einen Kostendruck auf die Banken ausüben, der diese teilweise sogar zum Verlustgeschäft zwang. Da jedoch die Banken genügend Auswege aus diesem Dilemma fanden — indem sie z.B. kurzfristige Kredite in langfristige umtauften, die von der gesetzlichen Höchstgrenze nicht erfaßt wurden — blieb der durch die Veränderung des Diskontsatzes ausgelöste Zins-Kosten-Mechanismus eher sekundär.

Trotzdem reagierten die Banken aber durchaus sensibel auf die Schwankungen des Leitzinses. Während in Japan schon kleinste Veränderungen wie um ein *rin*/Tag (=0,01 Yen = 0,365 % p.a.; erst im September 1969 schloß sich Japan dem international üblichen Verfahren der prozentualen jährlichen Zinsberechnung an, wodurch sich die vielen Dezimalstellen des japanischen Diskontsatzes vor dieser Zeit erklären) einen Klimawechsel hervorrufen konnten, reagierte man z.B. in Großbritannien selbst auf Unterschiede von 2-3% vergleichsweise träge (Bieda 1970:77, 127). Diese Sensibilität lag neben der Konzentration auf die Geldpolitik sicherlich auch im *Overloan* begründet.

Im allgemeinen gilt, daß außer über den Kosteneffekt – direkt über die Verteuerung der Zentralbankkredite und indirekt über ein Ansteigen des Geldmarktsatzes – eine Veränderung des Leitzinses vor allem durch ihren Ankündigungseffekt wirkt. Ein Wechsel in der Diskontpolitik ist das Signal für einen umfassenden wirtschaftspolitischen Richtungswechsel und findet als Indikator für die zukünftige volkswirtschaftliche Entwicklung aufmerksame Beobachtung, nicht allein von den Banken, sondern auch von der Unternehmerebene. Genau in diesem Sinne spielte die Diskontpolitik in Japan ab der restriktiven Phase seit 1957 eine wichtige geldpolitische Rolle.

Mit Einsetzen der Zinsliberalisierung in den 70er Jahren verlagerte sich das Hauptgewicht der Einflußnahme durch die Bank von Japan von der Leitzinspolitik auf den Rufzins, da die losgelösten Zinsen durch die Diskontpolitik nicht mehr ausreichend berührt wurden (Kure 1982:129). Unter der starren Zinsstruktur im Hochwachstum, die durch die kartellartige Zinsabsprache der Banken zudem noch direkt an den Leitzins gekoppelt war, nahm die Diskontpolitik jedoch eine zentrale Position ein. Andererseits aber ergab sich, abgesehen von der Schwierigkeit, im künstlich gedrückten Zinsgefüge das Zinsniveau zu verändern – zumal eine Erhöhung des Leitzinses um mehr als 1% p.a. aus (Niedrigzins-)politischen Gründen nicht möglich war (Suzuki 1978:175) – noch das Problem, über den nicht den Marktkräften entsprechenden Zinssatz Angebot und Nachfrage (nach Geld) zu regulieren. Bei der konstanten Überschußnachfrage war zudem der Kreditzugang oftmals wichtiger als der Preis. Hatte also aufgrund des ausgeprägten *Overloan* und *Overborrowing* eine Veränderung des Leitzinses zwar weitreichendere Auswirkungen als in den USA oder in Europa, so konnte die Diskontpolitik allein doch nicht hinreichend effizient arbeiten, sondern bedurfte der Ergänzung durch die Kreditrestriktion und die Kreditrationierung.

3.2.2. Kreditrationierung

In den 50er Jahren gab es in Japan kein legal abgestütztes Instrument, das es der Bank von Japan ermöglicht hätte, das Kreditvolumen und damit die Geldbasis direkt zu steuern. Das Hochzinssystem bis 1955 und die 1956 wiederum eingeführten Strafzinsen erlaubten es ihr lediglich, die Preise für ihre Kredite zu bestimmen, außerdem konnte sie durch die Veränderung der qualitativen Anforderungen an die notenbankfähigen Wechsel eine Feinsteuerung vornehmen. Durch die konstante Überschußnachfrage und die Niedrigzinspolitik aber waren die Zentralbankkredite zu billig und zu schnell zu umfangreich.

Durch das im Zuge der "Neuen Maßnahmen zur monetären Regulierung" (s.S.54, vgl. auch 3.2.4.) im November 1962 eingeführte System der Festsetzung von Kredithöchstbeträgen oder Kreditgrenzsummen-System (*kashidashi-gendogakuseido*) sollte die Kreditvergabe der Bank von Japan angebotsbestimmt, d.h. rationiert werden.

Bereits im November 1957 hatte das Finanzministerium mit dem Ziel des Einlegerschutzes Richtlinien ausgegeben, durch die die Banken zu einer Reservehaltung verpflichtet wurden. Zweimal im Jahr wurde anhand der durchschnittlichen mittelfristigen Spareinlagen das Verhältnis von Krediten zu den gehaltenen Depositen und Bankschuldverschreibungen ermittelt, das die 80%-Grenze nicht überschreiten durfte. Diese Quotenbeschränkung war aber weniger als geldpolitisches Instrument zu bewerten, sondern stellte vielmehr eine Art moralischer Verpflichtung der Banken gegenüber dem Ministerium dar, deren Effekt auf das tatsächliche Bankverhalten nicht auszumachen ist (Hamada et al. 1975:14, 22, 25).

Seit 1962 wurde nun alle drei Monate nach Festlegung einer allgemeinen Kreditsumme für das Bankensystem insgesamt den zehn größten Banken je nach Kreditverhalten ein bestimmter Anteil zugesprochen. Näherte sich eine Bank ihrer Kreditlinie, mußte sie einen Hochzins zahlen, d.h. die Grenzsummen konnten straffrei nicht voll ausgeschöpft werden. Prinzipiell war das Übertreten der Obergrenze nicht gestattet. War es dennoch nicht zu umgehen, wurde die Überziehungssumme mit einem Strafzins in Höhe des Leitzinses +4% geahndet (Tanaka 1980:182, Kure 1973:137). Die Grenzlegung und Aufteilung der Kreditsumme war, wie unter dem Hochzinssystem auch, ein diskretionäres Vorgehen der Bank von Japan. Eine direkte Verbindung zwischen der Quotenbeschränkung durch das Finanzministerium und der neuen Kreditfazilität bei der Bank von Japan bestand jedoch nicht.

Die Kredithöchstbeträge lösten das Hochzinssystem ab und führten als Neuerung zusätzlich zum Strafzins eine fixe Obergrenze ein. Dadurch wurde die Geldbasis, die unter dem Hochzinssystem bis 1955 als endogene Variable mit dem Diskontsatz und dem ebenso kontrollierten Rufzins fluktuierte, nun zur exogenen Variable, d.h. durch die Zentralbank vorgegeben, während der Rufzins, nun frei beweglich, endogen bestimmt wurde (Horiuchi 1984:42). Der Geldmarkt wurde so einerseits zur Ausweichmöglichkeit der Großbanken, andererseits aber auch durch das Kreditverhalten der Bank von Japan direkt beeinflußt. Durch diese Lenkung konnten die anderen Banken, die als Gläubiger auf dem Geldmarkt auftraten, ebenfalls durch die geldpolitischen Schritte der Bank von Japan berührt werden, da der Rufzins die Schlüsselvariable auch für das Kreditverhalten der Geschäftsbanken war: er bestimmte die Zusammensetzung der Kredite, die die Großbanken aufnahmen, deren Kreditvergabe sowie den Grad des Liquiditätsungleichgewichtes unter den Banken (Suzuki 1978:266).

Die Einführung des Kreditgrenzsummensystems stellte einen Versuch der Bank von Japan dar, das Finanzsystem zu 'normalisieren' (das Schlagwort der 60er Jahre). Es sollte die Großbanken daran hindern, sich auf einfache Art von der Refinanzierung bei der Zentralbank abhängig zu machen, bzw. es sollte dazu verhelfen, das bestehende *Overloan* abzubauen. Man erhoffte sich, daß die Banken nun freiwillig von Überziehungen bei der Bank von Japan absehen würden, daß also nicht ein Kosteneffekt über höhere Zinsen, sondern ein Liquiditätseffekt über die fixe Kreditlinie wirken würde (FBA 1984:82).

Eine große Veränderung im Kreditgeschehen zwischen der Bank von Japan und den Großbanken war nach 1962 zwar nicht auszumachen (Hamada et al. 1975:17), doch ergibt sich die Relevanz der Kreditvolumensteuerung schon allein daraus, daß die Versorgung mit Zentralbankgeld im Hochwachstum ausschließlich über die Verschuldung des Bankensektors lief. Die Geldbasis kann infolgedessen als homogenes Produkt angesehen werden, das die Bank von Japan durch ihre Kreditrationierung variierte. Da exogene Einwirkungen aufgrund der Devisenkontrollen ausgeschaltet waren, war der Umfang der Geldbasis immer identisch mit dem Zielniveau (Keran 1970:200). So wurde durch das Kreditgrenzsummensystem die Geldmengensteuerung der Bank von Japan offiziell möglich. Die Notwendigkeit dieser letzten Endes willkürlichen Kreditrationierung lag hauptsächlich in der Niedrigzinspolitik begründet sowie in der Erkenntnis, daß der durch das Hochzinssystem und die Diskontpolitik induzierte Zins-Kosten-Druck allein zur Konjunkturdämpfung nicht ausreichend war, sondern daß ein Liquiditätseffekt hinzutreten mußte.

3.2.3. Kreditplafondierung — Schalterkontrolle

Die Notwendigkeit einer quantitativen Kreditregulierung stellte sich aber bereits in den 50er Jahren. Zwischen der Aufhebung des Hochzinssystems 1955 und der Einführung der offiziellen Kreditrationierung mit den Neuen Maßnahmen 1962 entwickelte sich deshalb eine Art der inoffiziellen Kreditlenkung in Form der sog. Schalterkontrolle (*madoguchi-shidō*), die bis in die 80er Jahre neben dem orthodoxen Instrumentarium der Geldpolitik Bestand haben sollte. Die Schalterkontrolle stützte sich allein auf die Macht der Bank von Japan über die in ihrer Abhängigkeit stehenden Großbanken. Sie stand weder auf einer gesetzlichen Grundlage, noch wurde sie systematisch aufgebaut, sondern sie füllte vielmehr die Lücke, die zwischen künstlich gedrückter Diskontpolitik und konstanter, preisunelastischer Nachfrage nach Krediten entstanden war.

Die Praktiken der Schalterkontrolle teilen sich in zwei Aspekte auf, dem der täglichen Überwachung und dem der längerfristigen Kontrolle von Bankenbilanzen und Kreditvergabe. Über den direkten Kontakt zwischen der Bank von Japan und deren Schuldnern, den Großbanken, wird ein Meinungsaustausch über das tägliche Kreditverhalten einer Bank möglich. Diese Handhabe ist in westlichen Ländern unter dem Begriff *Moral Suasion* bekannt. Auch wenn es kein deutsches Equivalent für diesen Ausdruck gibt, bedient sich auch die Deutsche Bundesbank der Praktik, eine Bank darauf hinzuweisen, daß ihre Bilanz einer gesunden Bankenführung nicht zuträglich sei und sie ihre Vorhaben besser noch einmal überdenken möge. Der Unterschied zwischen dieser *Moral Suasion* und der japanischen Schalterkontrolle liegt nun erstens darin, daß deutsche Banken in der Regel nicht in einem ausgeprägten Überschuldungsverhältnis zur Bundesbank stehen, was der *Moral Suasion* den Geruch des Zwanges nimmt, und zweitens darin, daß die Schalterkontrolle insofern umfassender ist, als sie zusätzlich eine direkte Volumensbeschränkung impliziert.

Der konkrete Inhalt der Schalterkontrolle ist nur ungenau zu umreißen, da es sich in der Hauptsache um inoffizielle und informelle, oft bilaterale Verhandlungen zwischen der Bank von Japan und der jeweiligen Großbank handelt. Patrick (1962: 143-145) stellt die Vorgehensweise zum Ende der 50er Jahre folgendermaßen dar:

Die Bank von Japan überwacht die täglichen Fluktuationen im Geschäftsbereich ihrer Klienten sowie deren täglichen Bargeldbestand, Anleihen vom Geldmarkt, Neueingänge von Depositen etc.. Die Großbanken müssen zu Beginn eines jeden Monats eine Bilanz und einen Voranschlag der für den kommenden Monat benötigten Gelder sowie ihres Kredit- und Investitionsprogrammes bei der Zentralbank einreichen. Die Bank von Japan stellt einen entsprechenden Entwurf für jede einzelne Bank auf, in dem sich auch die wirtschaftspolitischen Ziele der Regierung widerspiegeln. Es versteht sich von selbst, daß die Pläne der Großbanken meist die Zuteilungsquote übertreffen. Am 10. jeden Monats werden die individuellen Kreditlinien für die Banken festgelegt. Der Öffentlichkeit bekannt wird jedoch nur die gesamte Zuteilungsmenge. Am Monatsende finden sich dann der zuständige Direktor der Bank von Japan und die Leiter der Kreditabteilungen der Großbanken zusammen, um einen Vergleich zwischen Plan und tatsächlichem Geschäftsverlauf zu ziehen. Überschritten einzelne Banken die ihnen vorgegebenen Kreditgrenzen, so stellt der Direktor, besonders wenn er eine starke Persönlichkeit ist, die betreffenden 'Übeltäter' vor den anwesenden Kollegen bloß, was einen ungeheuren Gesichtsverlust bedeutet. Explizite Strafen sind nicht zu erkennen — da keine gesetzliche Grundlage besteht —, und wohl eher sekundär, da die Schmach, den moralischen Konsens verletzt zu haben, eine viel tiefer ansetzende und damit wirksamere Sanktion ist.

Dem "Moralapostel" (Arakawa/Saitō 1979:122) Bank von Japan scheinen sich aber neben Mahnung, Drohung und Gesichtsverlust, die in die Öffentlichkeit gelangen, den Ruf der Bank beeinträchtigen und tatsächliche Marktverluste bedeuten konnten, auch handfestere Strafmaßnahmen geboten zu haben, wie z.B. das Senken der Kreditlinie für die besagte Bank oder das Anheben der qualitativen Anforderungen an notenbankfähige Wechsel u.a.. Die tatsächlichen Schritte blieben jedoch ebenso wie das Berechnungsschema für die Zuteilungsquoten an die Banken geheim — sie orientierten sich wahrscheinlich an dem Kreditverhalten der Banken in der Vergangenheit, waren aber ansonsten ähnlich diskretionär wie schon die Festlegung der Zuteilungsquoten unter dem Hochzinssystem. In erster Linie ging es der Bank von Japan dabei um den quantitativen, weniger um den qualitativen Bestimmungsgrad, der sie aber dennoch vor Standardisierungsprobleme stellte (Eguchi/Hamada 1975:20).

Die Schalterkontrolle fand zunächst nur in Zeiten monetärer Verknappung Anwendung und umfaßte ursprünglich nur die Großbanken. Bei der Konjunkturdämpfung im Jahre 1953 wurde das Verfahren erstmals, in rudimentärer Form und ohne als solches erkannt zu werden, eingesetzt und zeitigte auch Erfolge. Als aber ab Juli 1956 die Schalterkontrolle als Rationierungsinstrument benutzt werden sollte, blieb sie völlig wirkungslos, weil sich das Berechnungsschema als unangemessen erwies, denn die für den Aufschwung benötigte Geldmenge wurde zu niedrig angesetzt, und die Kreditbeschränkung wurde nicht durch begleitende Maßnahmen gestützt. Die Schalterkontrolle als eigenständiges kreditpolitisches Instrument erwies sich damit als unbrauchbar.

Die weitere Entwicklung läßt sich in vier Phasen aufteilen, in denen dem System übergangsweise auch andere Namen verliehen wurden:

1) 1957-1964 "Schalterkontrolle" nach dem oben dargelegten Verfahren: die durch die Bank von Japan errechnete Gesamtkreditsumme wurde unter die Banken aufgeteilt, entsprechend deren Kreditplanung und Kreditverhalten in der Vergangenheit. Außer den Großbanken reichten auch die Banken für langfristige Kredite ihre Voranschläge ein: die Anwendung erfolgte nicht durchgängig.

2) 1964-1968 Das seit 1955 der Schalterkontrolle zugrundeliegende Prinzip der "Krediteinschätzung" (*kashidashi-satei*) wurde im März 1964 systematisiert als "Kreditzunahme(summen)beschränkung" (*kashidashi-zōkagaku-kisei*) und wurde damit offiziell zur Kreditplafondierung. Darunter ist eine Vereinbarung zwischen Notenbank und Kreditinstituten zu verstehen, die sich verpflichten, gegenüber einer bestimmten Periode in der Vergangenheit eine bestimmte Zuwachsrate in ihrer Kreditvergabe nicht zu überschreiten (in der Bundesrepublik Deutschland als nicht marktkonform und aus ordnungs- und wettbewerbspolitischen Gründen abgelehnt).

Der Kreis der betroffenen Banken wurde um die 21 größten Regionalbanken erweitert. Die Kreditfazilitäten wurden nicht mehr monatlich, sondern vierteljährlich berechnet mit dem Ziel, das Verfahren flexibler zu gestalten. Der prozentuale Anstieg der Gesamtkreditsumme gegenüber dem gleichen Quartal des Vorjahres wurde veröffentlicht, die Zuteilung an die einzelnen Banken erfolgte proportional zu deren Kreditsalden zum Zeitpunkt des Einsetzes der Rationierung. Die Überwachung über die Einhaltung der jeweiligen Kreditlinien wurde strenger. Dieses System fand nur bei der monetären Restriktion von 1964 Anwendung, von 1965 bis 1967 wurde die Schalterkontrolle ausgesetzt.

3) 1968-1973 Im Oktober 1968 wurde die Kreditzunahmebeschränkung ersetzt durch die "Positionskontrolle" (*pojishon-shidō*), die in erster Linie eine

Verbesserung der negativen Liquiditätsposition der Geschäftsbanken herbeiführen sollte. Die Positionskontrolle entsprach im Verfahren genau der Schalterkontrolle der frühen 60er Jahre, mit dem einzigen Unterschied, daß sie durchgängig ausgeübt wurde, wobei zu Zeiten monetärer Verflüssigung die Voranschläge der Banken meist ohne Einwände gebilligt wurden.

4) Im Januar 1973 kam der Ausdruck "Schalterkontrolle" wieder auf. Diese Umbenennung ging einher mit einer Verschärfung der Konditionen und einer Ausweitung der Einflußnahme auf alle Geschäftsbanken und ab April 1973 auch auf die größten Kreditkassen (Kure 1978:42-46, Horiuchi 1984:141, Arakawa/Saitō 1979:123).

Trotz der Veränderungen der Bezeichnung blieb der Inhalt der Schalterkontrolle substantiell immer der gleiche. Über die Kreditplafondierung wurde das Ansteigen der Bankkredite eingeschränkt, ohne daß das Zinsniveau stieg, d.h. es erfolgte eine quantitative Beschränkung von der Angebotsseite her, wogegen die Nachfrageseite unberührt blieb. Auf die Banken wirkte die mengenmäßige Begrenzung über zwei Effekte, dem Kosteneffekt und dem Liquiditätseffekt.

Der Kosteneffekt resultierte daraus, daß die Bank von Japan die Kreditrückführung verlangen konnte, d.h. die Banken aufforderte, ihre Zentralbankkredite abzubauen oder die laufenden Kredite und Verpflichtungen abzudecken. Die Großbanken wurden dadurch auf den Geldmarkt getrieben, der Rufzins stieg, und die Laufzeit der Kredite verringerte sich. Ebenso konnte die Bank von Japan die gewöhnlich gewährte Verlängerung von Diskonten versagen. Die Großbanken waren sich bewußt, daß ihre Zentralbankgelder jederzeit sehr schnell sehr teuer werden konnten, so daß sich der durch die Schalterkontrolle hervorgerufene Kosteneffekt parallel zum Kosteneffekt der Diskontpolitik verhielt, aber ernstere Konsequenzen für die Banken hatte (Suzuki 1978:177).

Wegen der langfristigen Gewinnmaximierung der Großbanken unter Inkaufnahme kurzfristiger Verluste aber war der zweite Wirkungsstrang, der Liquiditätseffekt, für die Effizienz der Schalterkontrolle ausschlaggebender. Schon geringfügige Bewegungen im Volumen der Zentralbankkredite zeigten große Wirkung, da sie sich wegen des *Overloan* direkt auf den Geldmarkt und das Kreditverhalten der Banken niederschlagen. Wenn die Bank von Japan gleichzeitig durch Diskontverkäufe die Anspannung auf dem Geldmarkt verschärfte, blieb den Großbanken keine andere Wahl, als ihre Kredite einzudämmen (Arakawa/Saitō 1979:122).

Hauptzielpunkte der Kreditplafondierung waren also das Volumen der Zentralbankkredite und der Rufzins. Indikatoren für die Wirkung der Schalterkontrolle waren zum einen die Höhe des Rufzinses und zum anderen die sog. Versteckten Kredite (*fukumi-kashidashi*). Da die Kreditlinie, die der einzelnen Bank jeweils zugesprochen wurde, eine Ermessensentscheidung der Bank von Japan war, die kaum der Gewinnmaximierung der Großbanken entsprechen konnte, entwickelte sich 1957 mit dem verschärften Einsatz der Kreditplafondierung ein neuer Weg der Umgehung der Zentralbankkontrolle: Kredite, die über die Obergrenze hinausgingen, wurden dadurch aus der monatlichen Bilanz herausgehalten, daß sie entweder eine Laufzeit von weniger als 30 Tagen hatten oder aber am letzten Tag des Monats bezahlt wurden mit einem Wechsel, der erst am 1. des folgenden Monats eingezogen wurde, an dem er dann aber schon wieder durch eine erneute Kreditaufnahme bei der Zentralbank gedeckt war (Suzuki 1978:178, Patrick 1962:155). Die Versteckten Kredite waren nicht meßbar und konnten deshalb nur als nachträglicher Indikator dienen, wenn sie bei eintretender Verflüssigung nach der Restriktion auf einmal auftauchten und die Statistiken dahingehend verzerrten, daß die Bankkredite völlig unangemessen und unbegründet anstiegen. Diese Art der Umgehung aber war ein Warnzeichen für die Bank von Japan, die Schalterkontrolle nach erfolgreicher Konjunkturdämpfung abzusetzen, denn es wurde so offenbar, daß bei langfristiger Anwendung der diskretionären Kontrollen die Effizienz abnahm, weil die Anweisungen einfach nicht mehr befolgt wurden. Da aber die Akkumulation solcher Versteckten Kredite bald zur Belastung für die Banken wurde, waren sie nie so ausgeprägt, daß sie die Wirkung der Schalterkontrolle bedeutend hätten untergraben können.

Es stellt sich die Frage, warum die Großbanken den informellen und gesetzlich nicht abgestützten Anweisungen der Zentralbank überhaupt Folge leisteten. Bis in die 60er Jahre hinein wurden vor allem die Großbanken von der Schalterkontrolle erfaßt. Da die Kreditrationierung für alle in gleichem Maße galt, so daß keine Bank Gefahr lief, ihre besten Kunden durch den Kreditstop zu verlieren, blieb die Hierarchie unter den Großbanken unangetastet (Kure 1978:62). Während diese Stabilität die grundlegende Voraussetzung dafür war, daß die Schalterkontrolle überhaupt möglich war, hatte sie aber den Nachteil, daß innovative Banken in ihrer Expansion behindert und weniger effiziente Banken vor Marktverlusten geschützt wurden (Keran 1970:177). Als Gruppe aber verloren die Großbanken zunehmend an Boden gegenüber den Banken, die nicht von der Schalterkontrolle erfaßt wurden. Wegen der Ausdehnung dieser anderen Banken wurde die Kreditplafondierung in den 70er Jahren schrittweise auf das gesamte Bankensystem ausgeweitet (Horiuchi 1984: 141). Die Einschränkung jedoch, daß das System nur dann funktionierte, wenn sich alle daran hielten, limitierte die frühere Durchschlagskraft, da die Festlegung der Kreditlinien nun so erfolgen mußte, daß es allen Banken gleichermaßen möglich war, sie zu beachten.

Die stark bindende Kraft von Mahnung und Drohung in den 60er Jahren erklärt sich einerseits aus dem engen Kontakt zwischen der Bank von Japan und den Großbanken in Form von personellen Verflechtungen, denn nach der Pensionierung wurden viele Zentralbankdirektoren noch für ein paar Jahre Direktor eines privaten Kreditinstitutes, so daß sich bei der regelmäßigen Sitzung oft alte Kollegen wiedertrafen (Patrick 1962:162). Zusätzlich war die Zahl von 13 betroffenen Großbanken und somit der anwesenden Direktoren überschaubar, und nicht zuletzt stand diese 'traute' Runde aufgrund des *Overloan* auch noch in einem ausgeprägten Abhängigkeitsverhältnis zu der Bank von Japan.

Schließlich sind Entstehung und Effizienz der Schalterkontrolle auch auf die strukturellen Gegebenheiten im Finanzbereich zurückzuführen. Die Finanzmärkte waren kontrolliert, segmentiert und starr, der Zinsmechanismus war nicht funktionsfähig, und die Großbanken waren allein auf den rationierten Notenbankkredit und den teuren Geldmarkt angewiesen. Da der Grenznutzen des Kapitals immer über dem Leitzins lag, wurde eine zusätzliche volumsmäßige Einschränkung notwendig. In diesem Sinne kam die Schalterkontrolle, die in der Theorie nicht vorgesehen ist, im Kontext der Niedrigzinspolitik gleichsam als "historische Wahl" (Teranishi 1982:604) zur Anwendung. Hieraus erklärt sich auch, daß mit den Umstrukturierungen und der Zinsliberalisierung der 70er und 80er Jahre die Grundlagen für eine effiziente Wirkungsweise der Schalterkontrolle untergraben wurden und der geschichtliche Auftrag der Kreditplafondierung sein Ende fand.

Über die Frage, ob die Schalterkontrolle auf diesen Grundlagen tatsächlich effizient wirken konnte und infolgedessen als eigenständiges Instrument der Geldpolitik anzusehen war, teilt sich die japanische Fachwelt in zwei Lager auf. Es gibt kaum eine Untersuchung über das japanische Finanzwesen, in der die Kreditplafondierung keine Erwähnung findet. Die Analyse ist jedoch aufgrund der wenigen konkreten Daten, die zugänglich sind, schwierig und die Evaluierung unterscheidet sich entsprechend von Fall zu Fall.

Die Bank von Japan selber betrachtet die Schalterkontrolle als ein ergänzendes Instrument, das die orthodoxen Maßnahmen flankiert, allein jedoch nicht wirken kann (Ōsugi 1982:281). Während Horiuchi (1978:72) der Schalterkontrolle jegliche Effizienz abspricht, da die Banken, die nicht erfaßt werden, durch ihre Überschüsse die Liquiditätsbeschränkung auf dem Geldmarkt wieder ausgleichen oder aber ihrerseits anstelle der regulierten Banken ihre Kredite ausweiten, bejaht Eguchi die Effizienz der Kreditplafondierung, da durch die Verpflichtung der Banken zur Mindestreservehaltung (vgl. 3.2.4.) die Geldmenge insgesamt von der Bank von Japan vorgegeben und regulierbar ist (Fujino 1978:186). Zwischen diesen beiden extremen Standpunkten bewegen sich eine Reihe von Pro- und Contra-Meinungen, die folgendermaßen zusammengefaßt werden können:

Aus empirischen Untersuchungen ergibt sich, daß die Schalterkontrolle als Maßnahme zur Konjunkturdämpfung effizient und zudem aufgrund der Unzulänglichkeit der orthodoxen Instrumente unumgänglich war. Die Notwendigkeit einer Ergänzung durch andere Instrumente aber zeigte sich z.B. darin, daß in den 60er Jahren die Schalterkontrolle oftmals vor einer Leitzinserhöhung eingesetzt wurde, aber selten wirkliche Erfolge erzielen konnte, bevor der Leitzins anstieg (Kure 1978:66). Effizient konnte die Kreditplafondierung außerdem nur sein, wenn zusätzlich zu den Großbanken auch die anderen Kreditinstitute einer Kreditbeschränkung unterworfen wurden, damit sie die Restriktion nicht aufweichen. Da die Schalterkontrolle auf den Rufzins ebenso wirkte wie auf das Volumen der Bankkredite, ergänzte sie sowohl die Diskont- als auch die Kreditpolitik (Ōsugi 1982:295). Während der durchschlagende Erfolg, den Patrick (1962:162) der Schalterkontrolle zuspricht, in der Diskussion der 70er Jahre zwar allgemein bestritten wird, wird deswegen der These der vollkommenen Ineffizienz, die Horiuchi (1978:72, 1984:183) zu beweisen sucht, noch lange nicht zugestimmt. Die Schalterkontrolle an sich war, wie die anderen Instrumente auch, allein nicht wirksam, verstärkte im Zusammenspiel mit den anderen aber sicherlich die Effizienz der Geldpolitik. Langfristige Anwendung jedoch ließ ihre Wirkungskraft schwinden. In ihrer kurzfristigen Anwendung folgte die Schalterkontrolle weder den lehrbuchmäßigen Regeln, noch zeitigte sie Effekte, die im Lehrbuch zu finden wären (Teranishi 1982:563).

In der Geldpolitik des japanischen Hochwachstums aber fiel der Schalterkontrolle eine überaus wichtige Rolle zu, indem sie zunächst die Lücke zwischen Abschaffung des Hochzinssystems und Einführung des Kreditgrenzsummensystems füllte, und indem sie später als Ergänzung zur Kreditpolitik über die Kreditbeschränkung der Großbanken eine Feinsteuerung der Geldbeschaffung der Großunternehmen möglich machte. Die Tatsache, daß die Schalterkontrolle in den 70er Jahren stark an Bedeutung verlor, reflektiert weniger eine Ineffizienz des Instrumentes an sich, als vielmehr die Notwendigkeit bestimmter struktureller Voraussetzungen im Finanzsystem, die eine solche Art der Kreditlenkung erst möglich machten.

3.2.4. Mindestreservepolitik

Der Mindestreservesatz als geldpolitisches Instrument entwickelte sich in Japan erst relativ spät und auch nur sehr zögernd. Während in den USA schon seit den 30er Jahren, in der Bundesrepublik Deutschland seit 1948 mit dieser Maßnahme gearbeitet wurde, verabschiedete man in Japan das "Gesetz über das Mindestreservesystem" (*Junbi-yokin seido ni kansuru hō*) erst im Mai 1957. Da zu dieser Zeit gerade eine geldpolitische Restriktion nötig wurde, verschob man, um zusätzliche Verwirrung zu vermeiden, die tatsächliche Einsetzung dieses Instrumentes bis September 1959, als in einer Phase der monetären Entspannung die Zeit dafür geeignet erschien (Arakawa/Saitō 1979:126).

Nach dem Gesetz legt die Bank von Japan die Höhe des Mindestreservesatzes innerhalb eines vom Finanzministerium gesteckten Rahmens (in den 60er Jahren = 10%) fest. Bei Veränderungen in der Höhe der Einlagepflicht kann das Ministerium sein Veto einlegen (Patrick 1962:111). Die Banken werden entsprechend der Höhe ihrer Einlagen in Klassen aufgeteilt: 1959 wurden die Pflichtsätze bei einem Depositenbestand von über 20 Millionen Yen auf 1,5% für Kredite und 0,5% für Zentralbankgelder, bei Depositen unter 20 Millionen Yen auf 0,75% bzw. 0,25% respektive festgelegt. Zur Reservehaltung verpflichtet waren zunächst alle Geschäftsbanken und die ausländischen Banken. Sie mußten – wie in der Bundesrepublik Deutschland auch – ihre Reserven als Bargeld auf unverzinslichen Girokonten bei der Zentralbank halten. Als reservepflichtige Verbindlichkeiten gelten in Japan alle Einlagen mit Ausnahme von Fremdwährungsdepositen und Importgarantiesummen (Hinterlegung eines bestimmten Prozentsatzes des Importwertes bei einer Bank zur Unterbindung spekulativer oder fiktiver Einfuhren). Die Höhe der Reservepflicht wird vom Monatsersten bis -letzten über die durchschnittliche monatliche Einlagenhöhe, multipliziert mit dem von der Zentralbank vorgegebenen Reservesatz, berechnet. Eingezahlt werden die Reserven vom 16. des Monats bis zum 15. des folgenden Monats. Bei Nichteinhaltung der Mindestpflicht wird auf die ausstehende Summe ein Strafzins in Höhe des Leitzinses +3,65% p.a. angerechnet (Yoshino 1978:170, Fukui 1986:3).

Bis in die 70er Jahre erfuhr das System einige Revisionen. Im Zuge einer Anhebung der Pflichtsätze auf bis zu 3% als einer der restriktiven Maßnahmen im Jahre 1961 wurde auch das Aufteilungsschema so revidiert, daß Banken, deren Einlagen 100 Millionen Yen überschreiten, einer besonderen Klasse zugeordnet werden. Diese neue Aufteilung hob die Großbanken, die ja bereits am schärfsten kontrolliert wurden, ein weiteres Mal von den anderen Kreditinstituten ab (Patrick 1962:113). Seit April 1963 fallen auch die Spar- und Darlehenskassen sowie die Kreditgenossenschaften mit Einlagen über 20 Millionen Yen unter die Reservehaltungspflicht. Für sie wird ein eigener Satz berechnet (Ezekiel 1966:38). Im September 1969 wurde auch die Zentrale Bank für Landwirtschaft und Forstwesen (*Nōrin-Chūkin*) zur Mindestreservehaltung verpflichtet. Eine Gesetzesänderung im Mai 1972 brachte eine weitere Ausdehnung der erfaßten Finanzinstitute sowie der Berechnungsgrundlage, eine neue Obergrenze durch das Finanzministerium (20%) und eine Mindestreservepflicht von 100% auf Yen-Konten von Gebietsfremden sowie auf Fremdwährungskonten von Deviseninländern. Diese letzte Regel wurde wegen der zunehmenden Liberalisierung des internationalen Finanzverkehrs bereits im September 1974 wieder aufgehoben. Seit Januar 1973 werden Treuhandaktiva und die von den Banken gehaltenen Bankschuldverschreibungen in die Berechnungsgrundlage miteinbezogen (Nihon ginkō 1976:150, FBA 1984:84).

Die Idee, die man mit der Mindestreservepflicht im allgemeinen verfolgt, ist der Einlegerschutz. Als geldpolitisches Instrument sind die Mindestreserven relevant, da sich über die Beeinflussung des Geldschöpfungsmultiplikators eine Möglichkeit der Geldmengenregulierung bietet. Die Einführung des Mindestreservesystems in Japan hatte jedoch einen gänzlich anderen Hintergrund als in den USA oder Neuseeland, wo das Verfahren zur staatlichen Regulierung von Überschußreserven entstand. Da der Liquiditätsausgleich unter den Banken in Japan wegen der ungleichgewichtigen Geldflußstruktur automatisch vonstatten ging und das System als Ganzes eher an Liquiditätsmangel als an -überschuß litt, liegt die Vermutung nahe, daß es sich bei der Einführung der Mindestreserven in Japan um pure Nachahmung handelte, ungeachtet der Frage, ob das Instrument überhaupt geeignet oder notwendig war

(Bieda 1970:131). Auch die theoretischen Voraussetzungen für das amerikanische Vorbild waren im Japan der Hochwachstumsperiode nicht gegeben. Da die Reservehaltung der Banken traditionell gering war, waren auch die Mindestreservesätze gering und zeigten kaum Schwankungen auf: zwischen 1960 und 1970 wurden sie gerade sechsmal verändert und bewegten sich zwischen 3 und 4% (vgl. dazu Schaubild 21, S.117). Das *Overloan* der Großbanken jedoch stellte die Relevanz der Mindestreserve vollständig in Frage, denn die Großbanken beschafften sich das Geld, das sie als Reserven bei der Zentralbank halten mußten, bei eben dieser in Form von Krediten (Kure 1973:150).

Die Wirkungen einer Veränderung des Mindestreservesatzes im Hochwachstum waren relativ unbedeutend. Aufgrund der kurzen Geschichte, die das System in Japan hatte, wirkte ein Ankündigungseffekt nicht, da die Banken und die privaten Unternehmen zwischen der Veränderung und der allgemeinen geldpolitischen Richtung keinen direkten Bezug herstellten. Einen Liquiditätseffekt hat die Mindestreservepolitik in der Theorie sehr wohl, in der Praxis in Japan jedoch kaum, weil einerseits das Ungleichgewicht der Kreditpositionen für die überschuldeten Großbanken immer wieder Geldbeschaffungsmöglichkeiten freisetzte, und weil andererseits die Sorge um die Liquiditätsposition, in Relation zu der geringen Höhe der Einlagenverpflichtung, bei japanischen Bankiers nur wenig entwickelt war (Suzuki 1978:222-228). Wohl aber wirkte ein gewisser Kosteneffekt: die Großbanken mußten durch die Verminderung ihrer Bargeldbestände unter Umständen schneller auf den Geldmarkt ausweichen und zusätzliche Zentralbankkredite aufnehmen, was sehr schnell teuer werden konnte.

Hier eröffnete sich jedoch durch die japanische Berechnungsmethode eine Hintertür für die Banken. Während die Berechnung der zu haltenden Reserven am Monatsende erfolgt, müssen die Gelder erst ab dem 16. bei der Zentralbank liegen. Aus dieser Mischung aus "verzögerter und paralleler Reservehaltung" (Fukui 1986: 3) ergibt sich, daß den Banken eine gewisse Zeit zur Geldbeschaffung eingeräumt wird. Ferner wird der monatliche Durchschnitt der Depositenhaltung als Berechnungsgrundlage genommen, so daß Defizite von einen Tag auf den anderen kompensiert werden können, tägliche Schwankungen also keinen Niederschlag in der Reservehaltung finden und, nicht zuletzt, die Möglichkeit offensteht, kurz vor Monatsende die Bilanz noch in die gewünschte Richtung zu bewegen (Kure 1973: 150, Teranishi 1982:571).

Solange die Banken bei einer Erhöhung der Mindestreserven ihre Zentralbankanleihen erhöhten, war eine Geldmengensteuerung anhand dieses Systems nicht möglich. Andererseits aber war die Mindestreservepolitik das einzige gesetzlich abgesicherte Instrument der Geldpolitik. Wies auch das niedrige Niveau der Reservesätze im Hochwachstum auf eine begrenzte Relevanz hin, so steckte das System doch den Rahmen für die Effizienz der anderen Instrumente ab und wirkte insofern, als es die Großbanken zur Zentralbank trieb, deren Kreditpolitik damit um so stärker wirken konnte. Die Mindestreservepolitik war infolgedessen kein Hauptinstrument, sondern eine stützende Ergänzung zu den Instrumenten, die auf die Besonderheiten der japanischen Finanzstruktur zugeschnitten waren. Erst seit der Liberalisierung der 70er Jahre können die Mindestreserven in Japan die ihnen in der Theorie zugedachte Rolle spielen.

3.2.5. Offenmarktpolitik

Unter Offenmarktpolitik versteht man den An- und Verkauf von Wertpapieren durch die Zentralbank auf einem Markt, dessen Teilnehmerkreis unbeschränkt ('offen') ist, mit dem Ziel, auf diese Weise die Liquidität der Banken und der privaten Nichtbanken und somit die Geldbasis zu steuern. Während diese Operationen in den USA traditionell das Hauptinstrument zur Steuerung der Geldmenge darstellen, wirkten im Japan der Hochwachstumsperiode verschiedene strukturelle und institutionelle Faktoren einem Einsatz der Offenmarktpolitik entgegen.

Die Hyperinflation der unmittelbaren Nachkriegszeit verschlang den Wert der in Umlauf befindlichen Anleihen, zu einer Neuemission von Regierungstiteln kam es nicht. Die wenigen öffentlichen Anleihen, die begeben wurden, befanden sich nicht in privater Hand, sondern wurden von den Banken aufgenommen; der Kapitalmarkt war nicht von maßgeblichem Umfang. Nach dem Finanzgesetz von 1947 (*Zaisei-hō*) durfte die Bank von Japan Neuemissionen von langfristigen Staatsanleihen nicht aufnehmen, und so waren die Finanzinstitute, insbesondere die Geschäftsbanken, gezwungen, diese Titel aufzunehmen unter dem Versprechen, daß sie nach einem Jahr (Sperrzeit auf den Handel mit Staatsanleihen) von der Zentralbank aufgekauft wurden. Abgesehen davon, daß diese Anleihen aufgrund ihrer niedrigen Verzinsung von den privaten Nichtbanken nicht nachgefragt wurden, durften sie von den Kreditinstituten auch nicht frei verkauft werden, so daß nur die Bank von Japan als Handelspartner blieb. Zusätzlich zu dem Prinzip, öffentliche Ausgaben nicht durch eine öffentliche Verschuldung zu tragen, blieb der Umfang der Regierungsanleihen bis zum Ende des Hochwachstums auch deshalb gering, um zu ermöglichen, daß die Bank von Japan diese kompensatorischen Ankäufe der zwangsweise gehaltenen Titel tätigen konnte, ohne dadurch den Umfang des Geldmengenangebots oder die traditonelle Finanzstruktur zu stören (Rōyama 1983:12).

Obwohl die Bank von Japan für den Ausgleich saisonaler Fluktuationen einen flexiblen Schatzbriefmarkt forderte, bestand das Finanzministerium auf der festen Verzinsung auch dieser Papiere, so daß Zentralbankoperationen über den kurzfristigen Rentenmarkt ebenfalls ohne Bedeutung blieben (Patrick 1962:99).

In den 50er Jahren kam es ansatzweise zu Transaktionen, die einer Offenmarktpolitik entfernt ähnelten: die Bank von Japan kaufte Bankschuldverschreibungen an oder stieß von ihr gehaltene Wertpapiere an die Kreditinstitute ab. Eine antizyklische Wirkung aber konnte sie durch diese Operationen nicht erzielen (EPA 1959: 238). Die Handelswechsel, die die Zentralbank hielt, wurden lediglich an die Zentrale Bank für Landwirtschaft und Forstwesen verkauft, insbesondere im dritten

Quartal des Fiskaljahres (Oktober bis Dezember), um die aus den Reisauszahlungen resultierenden Überschußdepositen zu absorbieren. Seit 1960 wurde versucht, die durch saisonale Schwankungen in der Staatskasse (Steuereinnahmen, Reisankäufe) auf dem Geldmarkt verursachten Störungen durch den Ankauf staatlich garantierter Wertpapiere von den Geschäftsbanken auszugleichen (Mikitani 1973:262). Trotz der gesuchten und auch offiziell angekündigten flexibleren Gestaltung dieser Operationen aber blieben die Geschäfte in jeder Hinsicht normiert und starr.

Im November 1962 wurde als eine der "Neuen Maßnahmen zur monetären Regulierung" (vgl. 3.2.2.) die Diversifierung der Geldpolitik in Form einer Aktivierung des Effektenhandels angestrebt, um so die Verzerrungen in der Finanzstruktur auszugleichen und insbesondere das *Overloan* zu beheben. War bis dahin die Versorgung der Wirtschaft mit Wachstumsgeld ausschließlich über Zentralbankkredite gelaufen, so sollte nun ein Teil dieser Gelder durch Offenmarktoperationen angeboten werden.

Die Wertpapiere, durch deren Ankauf die Bank von Japan jetzt Zentralbankgelder stellen wollte, umfaßten Staats- und Kommunalanleihen, Bankschuldverschreibungen sowie Aktien der Elektrizitätswerke (*denden-sai*). Gehandelt werden sollte mit den Großbanken, den Banken für langfristige Kredite, den Kreditgenossenschaften und der Zentralen Bank für Landwirtschaft und Forstwesen. Da es aber einen unpersönlichen, offenen Markt nicht gab, mußte die Bank von Japan mit diesen Kreditinstituten direkt und bilateral verhandeln. Der Preis für die Effekten wurde theoretisch festgelegt, und die Transaktionen waren verschiedenen Einschränkungen unterworfen: grundsätzlich kaufte die Bank von Japan nur mit Rückkaufvereinbarungen, und eine Verlängerung oder vorzeitige Kündigung des Handels konnte nur von ihr ausgehen, so daß die Operationen letzten Endes nichts anderes waren als eine Form der Kreditrationierung. Es stellte sich der Bank von Japan also weniger die Möglichkeit eines offenen Handels als vielmehr die des besseren Ausgleichs saisonaler und zyklischer Fluktuationen auf dem Geldmarkt (Suzuki 1978:200-201). Für Transaktionen mit tatsächlicher antizyklischer Wirkung hätte man neben freien Zinsen auch einen entwickelten Kapitalmarkt gebraucht, der wiederum zum Problemkreis der Unternehmensfinanzierung führt, der nur durch eine Steuerreform (z.B. bei der Aktienausgabe) hätte durchbrochen werden können. Ein zusätzlicher Kritikpunkt an den Maßnahmen von 1962 war die Auswahl der notenbankfähigen Effekten, die von der Zentralbank willkürlich getroffen wurde. So stellt die Zulassung der 'Elektrizitätsanleihen' die direkte Geldbeschaffung für einen bestimmten Sektor dar, oder genauer, die direkte Kreditvergabe von der Zentralbank an die Elektrizitätswerke (Ishikawa 1985:57-58). Die wahren Absichten, die man mit den Neuen Maßnahmen verfolgte, wurden vor den 70er Jahren nicht umgesetzt.

Ein Vergleich mit den USA macht den Charakter der japanischen Offenmarktoperationen der frühen 60er Jahre deutlich. Das *Federal Reserve Board* handelt mit dem Ziel der Geldregulierung über Broker auf dem Sekundärmarkt für Wechsel und

Wertpapiere, hauptsächlich mit Schatzbriefen. Dieser Markt ist offen, so daß Gelder aus privater Hand – im Falle einer Restriktion – absorbiert werden. Gleichzeitig kann die amerikanische Zentralbank den Preis für Staatsanleihen senken, so daß die Verzinsung steigt und diese Rentenpapiere von den privaten Nichtbanken nachgefragt werden, wodurch weiteres Geld dem Umlauf entzogen wird.

In Japan war der Handel mit Staatsanleihen eine direkte, persönliche Angelegenheit zwischen Zentralbank und Banken, so daß es gar kein Handel mehr war. Einen Sekundärmarkt für Schatzbriefe gab es nicht, die Zinsen waren reguliert. Überschußbanken zeigten an den Schatzbriefen wenig Interesse, Unternehmen mit Überschüssen (die nicht direkt in Ausgleichskonten aufgingen) gab es in den 60er Jahren kaum, so daß letztendlich die Schatzbriefe bei der Zentralbank lagen. Die Banken handelten erst gar nicht mit ihren Staatsanleihen, sondern stießen sie nach einem Jahr gleich an die Bank von Japan ab (Kure 1973:126-127).

War also eine Einflußnahme auf die Geldbasis auf diese Weise nicht möglich, so stellten die neuen Operationen doch erste Gehversuche der Bank von Japan dar, die die Grundlage schafften für die weitere Entwicklung zu einem Offenen Markt. Im Jahre 1963 weitete die Bank von Japan den Kreis der kurzfristigen handelsfähigen Papiere sowie deren Laufzeit auf ein Jahr aus. 1964 wurden auch die Treuhandbanken und 51 Spar- und Darlehenskassen in die Transaktionen einbezogen, die dadurch allmählich den Charakter einer bloßen Kreditrationierung verloren. Ein neues Hindernis tat sich 1965 auf, als mit der monetären Verflüssigung der Leitzins schnell fiel und plötzlich die Diskontierung von Handelswechseln bei der Zentralbank günstiger wurde als der Wertpapierhandel. Im Januar 1966 setzte eine erste umfassendere Begebung von Staatsanleihen ein, die den Offenmarkt nach Ablauf der Handelssperrfrist ab Februar 1967 aktivieren konnte. Ebenfalls im Januar 1966 begann die Bank von Japan ihre ersten Operationen ohne Rückkaufvereinbarung und zu Marktpreisen. Außerdem handelte sie jetzt, wenn auch in geringem Umfang, Schatzbriefe, seit 1972 auch Wechsel, auf dem Geldmarkt (vgl. 4.1.1.1.), d.h. sie begann, aktiv und direkt auf dem Geldmarkt einzugreifen. Im Juni 1969 wurden die sog. "Saisonalen Operationen" (*kisetsu-opereeshon*) eingeführt, bei denen Schatzbriefe, staatlich garantierte Anleihen und Bankschuldverschreibungen unter Rückkaufvereinbarung mit einer Fälligkeit von einem Monat zum Marktpreis und mit der Verzinsung des geltenden bedingungslosen Rufzinses gehandelt wurden. Die für die Dauer eines Jahres ausgesetzten Transaktionen mit Staatsanleihen wurden ebenso im Juni 1969 wieder aufgenommen (Ishikawa 1985:51-54). Ab August 1971 verkaufte die Bank von Japan auch eigene Wechsel, im Juni 1972 wurde ein neues System eingeführt, das Handelswechsel mit einer Laufzeit von unter 90 Tagen auf den Markt zuließ und ein wichtiges Instrument für die Feinregulierung wurde (FBA 1984:83). 1971 wurde der Interbankenmarkt in Rufmarkt und Diskontmarkt aufgeteilt (s. 4.1.1.1.). Auch wenn die Zinssätze auf beiden Märkten weiterhin reguliert blieben, schuf doch diese letzte Neuerung die Basis für die Ausweitung der Wertpapieroperationen durch die Bank von Japan im Niedrigwachstum.

Zusammenfassend kann gesagt werden, daß der Wertpapierhandel der Bank von Japan im Hochwachstum nicht offen war. Es gab nur einen rudimentär entwickelten Kapitalmarkt, der wenig transparent, aber im Sinne einer effizienten Kreditrationierung stark reguliert war. Genau aus diesem Grunde blieben die Neuen Maßnahmen von 1962 zunächst fruchtlos. Diskont-, Kredit- und Offenmarktpolitik waren in dieser Zeit essentiell identisch. Ein eigener Wert als geldpolitisches Instrument muß den Offenmarktoperationen abgesprochen werden, sie zielten allein auf den Ausgleich saisonaler Schwankungen ab. Ihre geldpolitische Funktion lag eher darin, daß durch An- und Verkäufe von Wertpapieren die Großbanken — wie durch die Mindestreservepolitik — zur Zentralbank getrieben und damit leichter beeinflußbar wurden.

Die sukzessiven Neuerungen seit der zweiten Hälfte der 60er Jahre aber veränderten den Status der Offenmarktpolitik. 1965 noch betrug der Anteil der Zentralbankkredite an der gesamten Geldversorgung des Landes über 60%, 1970 waren es noch 40%. 1975 dann fiel der Anteil auf 16,7% (Rōyama 1986b:273). Aus diesen Zahlen wird ersichtlich, daß das langfristige Angebot an Wachstumsgeld jetzt zunehmend durch Staatsanleihen gestellt wurde, während den Zentralbankkrediten mehr und mehr die Rolle der ergänzenden Geldquelle zufiel. Die Teilnahme der Bank von Japan am Geldmarkt seit 1966 deutet bereits an, wo mit fortschreitender Liberalisierung und Ausweitung der Finanzmärkte ihr hauptsächliches Betätigungsfeld liegen sollte.

3.3. ZUSAMMENFASSUNG: DIE GELDMENGENSTEUERUNG IM HOCH-WACHSTUM

Die Geldbasis, die unmittelbar von der Zentralbank beeinflußbare Geldmenge, umfaßt das in Umlauf befindliche Bargeld sowie die Guthaben der Kreditinstitute bei der Zentralbank in Form von Mindestreserven und Überschußguthaben. Quellen der Geldbasis sind Zentralbankkredite, Devisenreserven und die Staatsverschuldung. Während die Devisenreserven abhängig vom Verhalten der Importeure und der Exporteure sind und die Staatsausgaben in den Bereich der Fiskalpolitik fallen, kann eine Zentralbank nur die von ihr vergebenen Kredite steuern.

Im japanischen Hochwachstum nahm die Geldversorgung durch die Zentralbank zu mehr als 60% die Form eines direkten Anstiegs der Verschuldung des Bankensystems an. Da die alternativen Quellen der Geldbasis für die notwendige Ausdehnung des sog. Wachstumsgeldes unzureichend waren, mußte die Bank von Japan als langfristiges geldpolitisches Ziel eine Erhöhung des Gesamtkreditvolumens anstreben.

Die Zentralbankkredite gelangten in ein System, in dem die freien Marktkräfte von mehreren Seiten her beschnitten waren. Die durch das Finanzministerium herbeigeführte Niedrigzinspolitik führte zu verschiedenen Verzerrungen, die über die Zinsstruktur allein hinausreichten. Wegen der starren Zinsen wurde eine Kreditvolumenbeschränkung nötig. Diese wurde erleichtert durch die Tatsache, daß das Bankensystem im Vergleich zu anderen Ländern relativ zentralisiert war: es gab eine geringe Anzahl von Großbanken, Regionalbanken und Banken für das langfristige Kreditgeschäft mit zahlreichen Filialen, die anderen Finanzinstitute waren für die Geldpolitik weniger relevant. Da die 13 Großbanken die zentrale Rolle im System einnahmen, bedeutete eine Kontrolle über diese wenigen Banken die Kontrolle des gesamten Finanzsektors. Die Großbanken waren bei der Bank von Japan verschuldet und befanden sich in ihrer direkten Abhängigkeit. Die Großunternehmen wiederum stützten sich bei ihren Investitionsaufwendungen ganz auf die Großbanken, so daß die Bank von Japan direkt auf die Unternehmerebene einwirken konnte.

Die grundsätzliche politische Haltung der Bank von Japan war die des passiven Geldangebotes, d.h. sie reagierte ausschließlich auf die Nachfrage der Wirtschaft, lenkte aber nicht aktiv. Diese passive Haltung ergab sich aus den Gegebenheiten und besonderen Ausprägungen in der Finanzstruktur (Niedrigzinspolitik, Überschuldung, Liquiditätsungleichgewicht im Bankensystem) und implizierte gleichzeitig eine konsequente Kreditkontrolle. Diese Kontrolle zielte jedoch nicht darauf ab, die Geldmenge im monetaristischen Sinne in einem ganz bestimmten Rahmen zu halten, sondern es kam immer wieder zu Konjunkturüberhitzungen, die mit starken Schwankungen der Geldmenge einhergingen.

Die Bank von Japan bediente sich in ihrer Geldpolitik einer ausgewogenen Mischung aus konventionellen, auch aus anderen monetären Systemen bekannten, und dirigistischen, wenig marktkonformen Instrumenten. Die Diskontpolitik wirkte aufgrund eines starken Ankündigungseffektes. Den von ihr nicht erzielten Kosteneffekt steuerten in den 50er Jahren ein Hochzinssystem und in den 60er Jahren diskretionär gesetzte Kreditobergrenzen bei. Die Offenmarktoperationen beschränkten sich auf den persönlichen 'Handel' mit einigen ausgewählten Banken, und die Mindestreserven, erst in den 60er Jahren hinzugekommen, bewegten sich kaum und stellten eher negative Zentralbankkredite dar. Differenziert wurde das Instrumentarium durch eine direkte Kontrolle der Kreditvergabe der Banken in Form einer willkürlichen Quotenbeschränkung, Schalterkontrolle genannt, die in dieser Form in anderen Ländern als ordnungs- und gesetzwidrig abgelehnt wird. Durch die Schalterkontrolle kam der Aspekt einer qualitativen Selektion in die Kreditpolitik. Der Bank von Japan wurde es damit möglich, ihre Kredite gezielt dorthin zu lenken, wo sie sie haben wollte. Daß die Schalterkontrolle mit den Veränderungen der Finanzorganisation in den 70er Jahren an ihre Grenzen stieß, unterstreicht, daß sie eher aus dem System erwachsen, als ihm wachstumspolitisch aufgesetzt worden war.

Keines der Instrumente konnte allein effizient wirken, alle zusammen aber ließen ein Wirkungsgeflecht entstehen, das die Geldpolitik zu einem leistungsfähigen wachstumspolitischen Instrument macht. Die Wirkungswege der Bank von

Japan lassen sich wie folgt schematisieren:

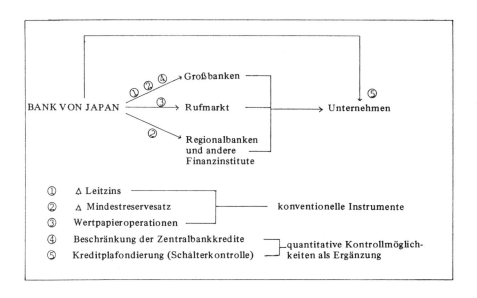

Schaubild 10: Die Wirkungswege der Geldpolitik im Hochwachstum
(Quelle: Eguchi/Hamada 1978:15)

In dem System diverser Regulierungen schwebte der Geldmarktsatz relativ frei und funktionierte wie ein Ventil. Während die Kreditpolitik der letztendlich bestimmende Faktor für die Geldbasis war, war der Rufzins die Schlüsselvariable. Wenn die Kreditmenge beschränkt wurde, mußten die Großbanken in ihrer Geldnot auf den Rufmarkt ausweichen, der sich entsprechend anspannte. Der Rufzins stieg, die Geldbeschaffung wurde für die Großbanken teuer, der Grenzgewinn sank. Auf diese Weise übte die Kreditbeschaffung auch einen indirekten Kostendruck auf die Großbanken aus.

Die Frage aber, ob, wie und inwieweit die Kreditplafondierung über die Schalterkontrolle auf das Bankverhalten wirkte, war und ist ein kontrovers diskutiertes Thema. Weitgehende Übereinstimmung herrscht in japanischen Fachkreisen darüber, daß ab einem bestimmten Punkt eine willkürliche Kreditsteuerung der Bank von

Japan wirken mußte. Bleibt auch die Frage, wo dieser Punkt lag, unbeantwortet, so steht doch außer Zweifel, daß die Kreditrationierung ein tragendes Element für die Effizienz der Geldpolitik im Hochwachstum gewesen ist. Eine 'Effizienz-Hierarchie' innerhalb des Instrumentariums aufzustellen aber scheint wenig sinnvoll, da jede Maßnahme nur in Abhängigkeit von der Wirkung der anderen Maßnahmen Impulse geben konnte. Zur Herbeiführung einer Restriktion wirkte dieses Maßnahmenbündel bis in die Mitte der 60er Jahre hauptsächlich durch quantitativen Druck auf die Kreditvergabe. Mit der allmählichen Herausbildung einer effizienteren Offenmarktpolitik ergab sich auch ein zunehmender Kostendruck auf das Bankverhalten, die Geldpolitik wurde diversifizierter. Da die Zinsen jedoch bis in die 70er Jahre hinein starr blieben, behielt der Geldmarkt die ganze Hochwachstumsperiode hindurch seine Rolle als Hauptparameter — sowohl für die geldpolitische Entscheidungsfindung seitens der Bank von Japan als auch für die Ausrichtung der Kreditvergabe der Geschäftsbanken.

4. DIE PERIODE DES NIEDRIGWACHSTUMS

Mit dem Eintritt in die 70er Jahre fand das rapide Wirtschaftswachstum sein jähes Ende. Japan wurde von allen industrialisierten Ländern der Welt von der Ölkrise 1973/74 am härtesten getroffen. In der Folge stieg das Bruttosozialprodukt im Jahresdurchschnitt nicht mehr um die gewohnten 10%, sondern um 'nur' noch 5%. Diese in westlichen Augen durchaus zufriedenstellende Wachstumsrate wurde von japanischer Seite als "stabiles Niedrigwachstum" (*antei-teki tei-seichō*) deklariert. Stabiler verlief die wirtschaftliche Entwicklung in der Tat, da die im Hochwachstum üblichen heftigen Ausschläge der Wachstumszyklen nun einem gleichmäßigeren, nur noch durch exogene Faktoren gestörten Wirtschaftsverlauf wichen.

4.1. DIE FINANZSTRUKTUR

Mit der Internationalisierung des Yen, der Aufgabe des Systems der fixen Wechselkurse und der ersten Ölkrise von 1973/74 gingen wirtschaftliche, soziale und politische Veränderungen einher, die ein grundlegendes wirtschaftspolitisches Umdenken nötig machten. Der Übergang zum Niedrigwachstum wurde begleitet von der Liberalisierung und Öffnung der Finanzmärkte. Dies deckte sich ganz mit den Wünschen der Bank von Japan, wurde vom konservativeren Finanzministerium jedoch aus Furcht vor inländischen Störungen und zunehmenden (Handels-)Konflikten mit dem Ausland zunächst nur zögernd, in den 80er Jahren schließlich aktiver umgesetzt.

Das weniger dynamische Investitionswachstum gab der Regierung Anlaß, stimulierende fiskalpolitische Maßnahmen zu ergreifen. Das so entstehende Budgetdefizit wurde 1974, erstmals nach dem Krieg, durch eine massive Emission von langfristigen Staatsanleihen finanziert. Auf diese Weise kam es zur Herausbildung eines Sekundärmarktes, auf dem sich die strengen Zinsregulierungen des Hochwachstums nicht mehr aufrechterhalten ließen. Die Zinsliberalisierung setzte ein.

Die Bevölkerung war nicht länger vom 'Wachstums-Fieber' gepackt. Zweifel kamen auf an einem 'Wirtschaftswachstum über alles'; Zweifel, die sich manifestierten in verschiedenen Bürgerbewegungen, z.B. für den Umweltschutz, und auch in einer öffentlichen Kritik am Finanzsystem, die zur Revision des Bankengesetzes im Jahre 1982 führte.

Die Entwicklungen der 70er Jahre wurden von zwei Schlagworten begleitet: "Finanzrevolution" (*kinyū-kakumei*) und "die zwei *Kokusai-ka*" — die jetzt massiv einsetzende Begebung von Staatsanleihen (*kokusai-ka*) bei gleichzeitiger Internationalisierung (*kokusai-ka*) des Finanzsystems. Die Umstrukturierung vollzog sich auf mehreren Ebenen gleichzeitig, wobei sich die einzelnen Entwicklungen eng verzahnt gegenseitig stützten und vorantrieben.

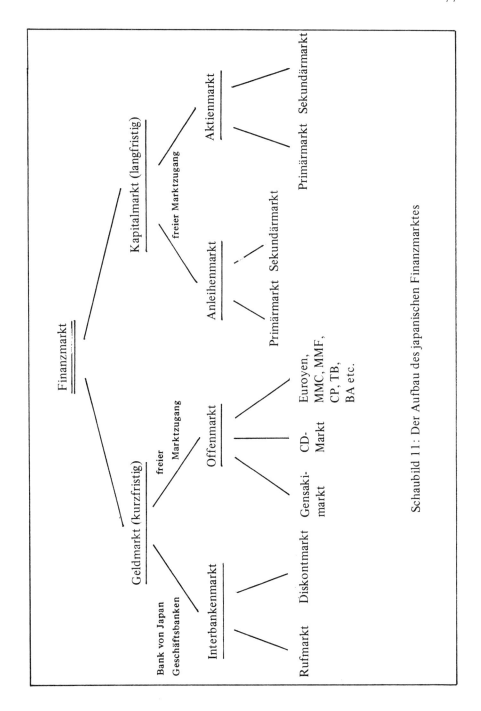

Schaubild 11: Der Aufbau des japanischen Finanzmarktes

4.1.1. Die Liberalisierung des Finanzmarktes

In den 70er Jahren setzte die Expansion des Finanzmarktes langsam ein, eine umfassende Liberalisierung begann ab 1978. Den japanischen Finanzmarkt von heute charakterisiert eine Kombination von traditionellen Mustern und verbliebenen Beschränkungen auf der einen und eine freie Zinsarbitrage auf der anderen Seite. Sein Aufbau ist in Schaubild 11 dargestellt.

Der Geldmarkt ist der Markt für kurzfristige Kredite (bis zu sechs Monaten) und teilt sich auf in den Interbankenmarkt und den Offenmarkt. Auf dem Interbankenmarkt überlassen sich inländische Kreditinstitute, z.T. mit Beteiligung der Bank von Japan, gegenseitig Zentralbankgeld in Form von Tages- oder Termingeldern. Somit ist dieser Teil des Geldmarktes der Ort für die Geldaufnahme bzw. Geldanlage der Geschäftsbanken, es findet hier eine Umverteilung von Zentralbankguthaben statt. Der Offenmarkt ist der Markt für kurzfristige Transaktionen mit – theoretisch – unbeschränktem Marktzugang.

Auf dem Kapitalmarkt werden Anleihen, Obligationen, Aktien etc., d.h. Wertpapiere mit mittel- und langfristiger Laufzeit, gehandelt. Er unterteilt sich in den Primärmarkt, d.h. den Markt für Neuemissionen, und den Sekundärmarkt, auf dem bereits gezeichnete Titel gehandelt werden, so daß eine Verbindung zum Offenen Markt besteht.

Da sich die Entwicklung und Liberalisierung der einzelnen Märkte auf verschiedene Art und Weise und mit unterschiedlicher Dynamik vollzog, sollen sie nun getrennt betrachtet werden.

4.1.1.1. Die Ausweitung des Geldmarktes

Der Interbankenmarkt

Zunächst setzte die Liberalisierung auf dem Interbankenmarkt ein. In den 60er Jahren war dieser Markt insofern zum kontrollierten Markt geworden, als die Bank von Japan durch ihre Positionskontrolle (s. 3.2.3.) die Transaktionen der Banken untereinander direkt beeinflußte. Im Mai 1971 wurde der Interbankenmarkt aufgeteilt, indem neben den Rufmarkt, auf dem von nun an nur noch Kredite mit einer Laufzeit von bis zu einem Monat vergeben werden, der Diskontmarkt für Geschäfte von zwei bis sechs Monaten, die mit dem Rufzins +0,125% berechnet werden, trat. Diese Neuerung wurde nötig, weil die Bank von Japan im Zuge der neuen Offenmarktpolitik kurzfristig handeln wollte, was vor 1971 nicht möglich war, weil 80% aller Rufgelder länger als einen Monat liefen und als mittelfristiges Betriebskapital Verwendung fanden (Hamada et al. 1975:25).

Der Interbankenmarkt der 70er Jahre zeichnete sich durch einige Besonderheiten aus: der Marktzugang zum Diskontmarkt war, anders als z.B. in den USA, auf bestimmte Finanzinstitute beschränkt. Wie im Hochwachstum blieben die Großbanken Anleiher auf dem Rufmarkt und Käufer auf dem Diskontmarkt, während die anderen liquiden Finanzinstitute entgegengesetzt agierten. Die Zinsen blieben bis 1978 wegen der aktiven Teilnahme der Zentralbank reguliert, auch wenn es theoretisch keine Beschränkungen gab

(BoJ 1978:117).

Im Juni 1972 trat die Bank von Japan zum Ausgleich der saisonalen Geldverknappung im 2. Quartal des Fiskaljahres erstmals über sog. Geldmarktbroker (*tanshi-gaisha*) auf dem Interbankenmarkt auf. Diese besonderen Effektenfirmen für den Geldmarkt glichen Brokern insofern, als sie einerseits eine Vermittlerfunktion in der Aufnahme (kurzfristiger) Überschüsse wahrnahmen und die (kurzfristige) Kreditbeschaffung ermöglichten, andererseits aber nicht nur im Auftrag der Zentralbank agierten, sondern auch eigene Geschäfte tätigten (Nihon ginkō 1976:381). Die Bank von Japan bediente sich bei ihren Eingriffen eines Notierungssystems (*tateneseido*, wörtl. "Preisbestimmungssystem"), indem sie einen bestimmten Führungszins (*shidō-reeto*) festlegte, der über die Geldmarktbroker, die mit dem Handel beauftragt wurden, zum offiziellen, festen Geldmarktkurs wurde. Infolgedessen reagierten Ruf- und Diskontzins bis zur Deregulierung der Geldmarktzinsen im Jahre 1978 und der vollständigen Abschaffung des Notierungssystems 1979 nicht direkt auf Veränderungen in Angebot und Nachfrage, sondern wurden diskretionär von der Bank von Japan gelenkt. Es handelte sich hierbei allerdings weniger um eine konkrete Kreditrationierung als um ein Instrument zur Feinregulierung der Geldbasis (Horiuchi 1984:206-207). Der Geldmarkt wurde jedoch wegen dieser Möglichkeit der Einflußnahme für die Bank von Japan zu einer wichtigen geldpolitischen Schaltstelle.

Die Abschaffung des Notierungssystems 1979 ermöglichte die Zinsarbitrage mit den anderen Märkten, deren Entwicklung dadurch vorangetrieben wurde. Die Bank von Japan blieb in der Folge ein einflußreicher Marktteilnehmer, aber nun weniger wegen der Druckausübung über die Broker, sondern, wie im Hochwachstum, durch den Umfang ihrer An- und Verkäufe. Im November 1980 wurden auch die Effektenfirmen auf dem Interbankenmarkt zugelassen. Durch die Revision des Devisen- und Außenhandelskontrollgesetzes im Dezember 1980 nahmen in den 80er Jahren die Fremdwährungskredite (*Impact loan, inpakuto-roon*), d.h. Kredite an Unternehmen in Fremdwährung, die von den zum Devisenhandel zugelassenen Banken auf dem Euro-Markt beschafft werden (Kure 1982:127), und auch Yen-Einlagen von Devisenausländern etc. zu. Diese Diversifizierung der Geldbeschaffung und Geldanlage bis ins Ausland führte zu einer starken Ausweitung des Tōkyō-Dollar-Rufmarktes, dem Interbankenmarkt für Devisen, der zur großen Konkurrenz für Ruf- und Diskontmarkt wurde (NGCG 1983:5:25). Durch die Deregulierungen auf den anderen Marktteilen fiel der Anteil des Interbankenmarktes an der gesamten Geldbeschaffung über die Finanzmärkte von 70% im Jahre 1977 auf 27% im Jahre 1984 (vgl. Schaubild 12). Er machte dem Offenmarkt Platz, der sich gegen Ende der 70er Jahre immer dynamischer entwickelte.

Schaubild 12: Die Entwicklung des Geldmarktes, 1981-1985
(Quelle: Fukui 1986:2)

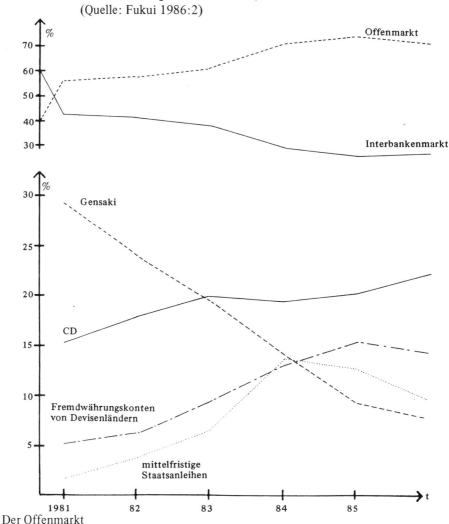

Der Offenmarkt

Die Stützpfeiler des Offenmarktes sind der sog. *Gensaki*-Markt und der CD-Markt.

Auf dem *Gensaki*-Markt handelt es sich um Geschäfte, die Wertpapierpensionsgeschäften gleichen, d.h. der Verkauf von Anleihen mit Rückkaufvereinbarung zu einem zukünftigen Datum und einer Verzinsung durch die entsprechende Festlegung von Verkaufs- und Rücknahmepreis. Die Übergabe der gehandelten Papiere erfolgt meist nur aus Sicherheitsgründen, da es nicht so sehr um den Handel mit den

Schuldverschreibungen als vor allem um die kurzfristige Kreditbeschaffung geht (Arakawa/Saitō 1979:146). Die Wirtschaftssubjekte, die ansonsten mittel- oder langfristige Anleihen begeben, können sich über eine Effektenfirma auf diese Weise kurzfristige Kredite von meist zwei bis drei Monaten zu einem vorher festgelegten Preis beschaffen; umgekehrt können Wirtschaftssubjekte mit überschüssigen Mitteln ihre Gelder so kurzfristig anlegen. Auf dem *Gensaki*-Markt werden also Anleihen, die eigentlich aufgrund ihrer langen Laufzeit einen relativ geringen Umschlag haben, für die kurzfristige Kreditbeschaffung verwendet (Horiuchi 1984:226), so daß aus dem Anleihenmarkt ein Teil des kurzfristigen Geldmarktes hervorgeht.

Während in Europa und in den USA eine ähnliche Art der Geldbeschaffung bereits in den 60er Jahren weit entwickelt war, bildete sie sich in Japan erst relativ spät heraus. Literatur über das *Gensaki*-Geschäft gibt es erst seit Mitte der 70er Jahre, obwohl sich seine Ursprünge bis in die 50er Jahre zurückverfolgen lassen, als der *Gensaki*-Markt als Geldlager der Effektenfirmen diente und als Schwarzmarkt abgestempelt wurde (Fukui 1986:1). Im Unterschied zu den anderen Märkten entwickelte sich dieser Markt in den 70er Jahren von allein. Er unterlag von Anfang an keiner direkten Kontrolle, die Zinssätze waren nicht reguliert und der Marktzugang unbeschränkt. Wegen der diskretionären Eingriffe der Bank von Japan auf den Interbankenmarkt über das Notierungssystem stieg die Nachfrage nach der freien Kreditbeschaffung über den kurzfristigen Anleihenhandel unter den Banken rasch an. Gleichzeitig hatten die Unternehmen im Verlauf des Hochwachstums Kapital akkumulieren können, das sie statt in Termineinlagen lieber einträglicher anlegten. Auch sank mit dem Einsetzen des Niedrigwachstums die Gewinnerwartung bei Investitionen in Sachkapital, die in die Geldanlage jedoch stieg. Der entscheidende Anstoß für die Expansion der *Gensaki*-Geschäfte aber war die Inflation von 1973, bei der besonders die Großbanken darunter zu leiden hatten, daß ihre besten Kunden ihre festverzinslichen Konten auflösten und rasch auf dem freien *Gensaki*-Markt Zuflucht suchten, um so die Wertverluste durch den Preisverfall auffangen zu können (Rōyama 1983:16).

Die Abschaffung des Notierungssystems auf dem Interbankenmarkt dezimierte auch den Einfluß der Bank von Japan auf die Arbitrage mit dem *Gensaki*-Markt. Andererseits aber eröffnete die Aktivierung des Offenmarktes nun endlich umfassende Möglichkeiten für die Bank von Japan, die monetären Bedingungen in der Volkswirtschaft zu lenken, ohne über die Banken gehen zu müssen.

1980 belief sich der Anteil des *Gensaki*-Handels am gesamten Kreditmarkt auf 55% (vgl. Schaubild 12). Weil auf dem *Gensaki*-Markt zu dieser Zeit hauptsächlich Staatsanleihen gehandelt wurden, übte der Offenmarktzins auch einen Einfluß auf die langfristigen Zinssätze aus (NGCG 1980:10:1). Ebenso stellten die *Gensaki*-Zinsen nun die Opportunitätskosten der Unternehmen für deren neue Investitionsprogramme dar. Da der *Gensaki*-Satz meist sehr hoch lag (s. Schaubild 14, S.95), machte diese neue Form der Geldanlage eine aktive Verfolgung neuer Investitionsvorhaben unwahrscheinlicher (Bronte 1980:71).

In den 80er Jahren mußte der *Gensaki*-Markt jedoch 'Federn lassen'. Neue konkurrierende Anlageformen boten sich den Unternehmen, der *Gensaki*-Handel wurde vergleichsweise umständlich und teuer.

Die Geschäftsbanken, die in steigendem Maße ihre Kunden an den deregulierten *Gensaki*-Markt und damit an die Effektenfirmen verloren, nahmen im April 1979 den Kampf um ihre Refinanzierungsbasis durch die Einführung von Depositenzertifikaten mit freien Zinsen, CD (*Certificate of deposit*, *jōto-sei teiki-yokin shōsho*, wörtl. "übertragbares Termingeld-Zertifikat") genannt, auf. Ein CD ist eine Geldanlage mit fester Laufzeit, die aber im Gegensatz zur Termineinlage übertragbar ist, d.h. innerhalb ihrer Laufzeit gehandelt werden kann. Die Depositenzertifikate ergänzen also die Termineinlagen, mit dem Vorteil, daß sie bei relativ hoher Verzinsung jederzeit liquide sind. Aus der Sicht der CD-Emittenten, den Banken, bieten die CD eine neue Möglichkeit, mit kurzfristigen Geldern einen langfristigen Kreditbedarf zu decken. Die Zinsen auf Depositenzertifikate sind frei beweglich, richten sich nach dem herrschenden Geldmarktsatz und können zusätzlich über Verhandlungen zwischen Bank und Kunde gesondert festgelegt werden (Rōyama 1983:17). Dadurch stellt die Einführung der CD einen ersten großen Schritt hin zur Liberalisierung der Haben- und Sollzinsen der Banken dar. Teilnehmer auf dem CD-Markt sind Unternehmen und Kreditinstitute, einschließlich der ausländischen Banken.

Dieser neue "Zinsservice" (BoJ 1985:10) der Banken an die Kunden, auch an Devisenausländer, konnte sich jedoch anfangs nur mühsam durchsetzen. Aufgrund starker Opposition einflußreicher Gruppen, wie z.B. den Banken für langfristige Kredite, die eine neue Konkurrenz zu ihren Bankschuldverschreibungen auf sich zukommen sahen, oder den Effektenfirmen, den Beherrschern des *Gensaki*-Marktes, die Anteilsverluste auf dem Geldmarkt befürchteten, hatte das Finanzministerium lange gezögert, bevor es im April 1979 die Genehmigung zur Verausgabung von Depositenzertifikaten erteilte (Bronte 1982:207). Letztlich wurde das neue Geldmarktinstrument zugelassen, weil das Ministerium hoffte, so die Aufnahmekapazitäten der Banken für neue Emissionen von Staatsanleihen erhöhen zu können (Rōyama 1983:17). Als Zugeständnis an die *Pressure Groups* aber wurden den Banken sowohl quantitative Beschränkungen als auch detaillierte Emissionsvorschriften auferlegt, durch die eine direkte Konkurrenz zum *Gensaki*-Markt verhindert werden sollte. Im Jahre 1979 war die Ausgabe von CD nur zu Anlagebeträgen von über 500 Millionen Yen und mit kurzer Laufzeit (3-6 Monate) möglich. Diese hohe Stückelung beschränkte den Handel zunächst auf den Interbankenmarkt. Die Ausgabegrenze für die Banken lag bei 10% des Eigenkapitals. In den 80er Jahren aber wurden diese Beschränkungen schrittweise abgebaut: am 1.1.1984 wurde die Mindeststückelung auf 300 Millionen Yen reduziert; die Ausgabegrenze lag 1983 bei 55%, 1985 bei 100% des Eigenkapitals der emittierenden Bank. Im April 1985 wurde die Mindestlaufzeit auf einen Monat heruntergesetzt, die Höchstlaufzeit aber wurde nicht vor Frühjahr 1986 auf ein Jahr angehoben (BoJ 1985:2, NGCG

1986:2:4).

Der CD-Markt stellt eine Verbindung der drei bisherigen Bereiche des Geldmarktes dar: er ermöglicht den kurzfristigen Liquiditätsausgleich unter den Banken (Rufmarkt), ist auch für die mittelfristige Kapitalbeschaffung geeignet (Diskontmarkt) und bietet unbeschränkten Marktzugang (*Gensaki*-Markt). Dabei sind der *Gensaki*- und der CD-Markt neue Finanzinstrumente, die Investoren aus dem Nichtbanken-Bereich mit dem Interbankenmarkt in Verbindung bringen, wobei die Geschäftsbanken nach wie vor als Intermediäre fungieren. Die Bank von Japan fördert die Transaktionen zwischen den vier Einzelmärkten, um so die Liberalisierung der Zinsen zu stimulieren. Über die Zinsarbitrage können dann die geldpolitischen Impulse, die auf den Rufmarkt wirken, auf die anderen Märkte übertragen werden.

Die Diversifizierung des Offenmarktes

Die durch die allmähliche Liberalisierung von *Gensaki*- und CD-Markt einsetzende Ausweitung des Offenmarktes von innen heraus wird seit 1984 durch einen zunehmenden Druck von außen beschleunigt. Vor dem Hintergrund der amerikanischen Forderung einer drastischen Yen-Aufwertung gegenüber dem Dollar, die die Handelsbilanzen beider Länder ausgeglichener gestalten sollte, wurde im November 1983, anläßlich eines Japan-Besuches des amerikanischen Präsidenten Ronald Reagan, das "Japanisch-Amerikanische Yen-Dollar-Komitee" (*Nichi-Bei en-doru iinkai*) eingerichtet. Im Mai 1984 veröffentlichte dieses Komitee einen Bericht, in dem verschiedene Vorschläge für die Deregulierung des Euro-Yen-Marktes gemacht wurden. Der Euro-Yen-Markt ist ein Markt für Yen-Anleihen oder Yen-Kredite und Handelsdevisen, die nicht umgetauscht, sondern in Yen bei ausländischen Banken von ausländischen Regierungen, Zentralbanken und Unternehmen gehalten werden. Da der Handel mit amerikanischen Euro-Dollar (Guthaben in Dollar, das von den Banken außerhalb der USA erworben und an andere Banken oder Letztschuldner weitergeleitet wird. Die Transaktionen beschränken sich nicht, wie die Bezeichnung vermuten ließe, auf Europa; der Hauptumschlagplatz solcher Fremdwährungsgeschäfte ist jedoch London.) uneingeschränkt frei möglich werden soll, forderte die amerikanische Regierung eine entsprechende Liberalisierung des Euro-Yen-Handels (Ushioda 1986:82).

Die Revision des Devisen- und Außenhandelskontrollgesetzes im Jahre 1980 war der Startschuß für den internationalen Kapitalverkehr. Kapitalinvestitionen aus dem Ausland, die zuvor bei den Unternehmen auf 25% des Gesellschaftsvermögens beschränkt gewesen waren, sind nun unbegrenzt möglich — wenn sie nicht "einen großen Einfluß auf die Wirtschaft und Sicherheit der Nation" (Bronte 1982: 184) ausüben. Läßt auch diese Formulierung genügend Kontrollmöglichkeiten für die Regierung offen, wird doch durch die grundlegende Erleichterung des Kapitalverkehrs die japanische Teilnahme an den internationalen Finanzmärkten aktiviert.

Jahr	Zinsliberalisierung/Aufhebung der Kontrollen		Diversifikation der	
	Interbankenmarkt	Offenmarkt	Interbankenmarkt	
1976				
1978	(6) 1. Phase: - Notierungssystem gelockert - Wechsel dürfen zu freiem Zins einen Monat nach Erwerb gehandelt werden (10) 2. Phase: - Einführung des 'Wochengeldes' mit freiem Zins - Liberalisierung der Zins-Zinsen auf Wechsel mit Laufzeit von einem Monat	(6) Beginn der Emission von 10-jährigen und mittelfristigen Staatsanleihen im Tenderverfahren		
1979	(4) 3. Phase: - Abschaffung des Notierungssystems - Einführung von Rufgeld mit Lauffrist von 2 - 6 Tagen (10) 4. Phase - Liberalisierung der Zinsen auf Wechsel mit Laufzeit von zwei Monaten			
1980	(5) 5. Phase - neue Berechnungsmethode für Wechselfälligkeiten: statt Frist bis Monatsende jetzt Anzahl der tatsächlich abgelaufenen Tage		(11) auch durchgängige Geldmarktanbieter dürfen auf dem Interbankenmarkt Gelder beschaffen; Zulassung von vier Effektenfirmen	
1981	(5) TB-Verkäufe von der Bank von Japan gelangen auf den Markt		(11) CD-Bestände dürfen als als Transaktionsposten in den Bankenbilanzen Eingang finden (12) Zulassung weiterer acht Effektenfirmen	

Schaubild 13: Die Liberalisierung des Geldmarktes seit 1976 (Zusammenstellung der

Geldbeschaffung/Liberalisierung der Zinsarbitrage	Sonstige
Offenmarkt	
offizielle Zulassung des Gensaki-Marktes	(1 - 10) schrittweise Zulassung der Banken zum Handel mit Staatsanleihen
(10) Erweiterung der Gensaki-Handelsquoten für die Geschäftsbanken von 5 Mrd. auf 20 Mrd. Yen	
(2) Völlige Aufhebung der Beschränkungen auf die Aufnahme inländischer Wertpapiere durch Devisenausländer (4) weitere Lockerung der Gensaki-Quoten für Geschäftsbanken (5) Einführung der CD; Liberalisierung der Gensaki; (5) Einführung der CD; Liberalisierung der Gensaki- Transaktionen durch Devisenausländer (6) Genehmigung von kurzfristigen Krediten in Fremdwährung ("Impact loans")	(10) Einführung des CD-Systems für Anleihen und Schuldverschreibungen
(3) Liberalisierung der Zinssätze auf Yen-Einlagen von Devisenausländern (8) völlige Liberalisierung des Gensaki-Handels durch Banken (12) Liberalisierung der Fremdwährungseinlagen durch Deviseninländer und der "Impact Loans"; Lockerung der Swap-Beschränkungen von Valuta in Yen durch authorisierte Devisenbanken	(1) Beginn der Verkäufe von mittelfristigen Staatsanleihen (1) Einführung des *chūkoku-fando* (Investmenttrust für mittelfristige Staatsanleihen) (12) Inkraftsetzung des neuen Devisen- und Außenhandelskontrollgesetzes
(5) Die Bank von Japan beginnt offiziell Marktverkäufe von FB	

Autorin)   SA = Staatsanleihen   (in Klammern) : Monat d. jew. Jahres

Jahr	Zinsliberalisierung/Aufhebung der Kontrollen		Diversifikation der	
	Interbankenmarkt	Offenmarkt	Interbankenmarkt	
1982				
1983				
1984		(6) Die Bank von Japan beginnt den flexiblen Handel mit SA in kleinen Stückelungen		
1985	(6) Einführung von Diskontwechseln mit einer Fälligkeit von 5 - 6 Monaten (7) Zulassung ungesicherter Transaktionen auf dem Rufmarkt (8) Einführung eines Rufgeldes mit Laufzeit von 2 - 3 Wochen	(1) Beginn von FB-Gensaki	(5) Zulassung des gleichzeitigen Eingehens von Gläubiger- und Schuldnerpositionen durch einen Marktteilnehmer (6) Einführung von Diskontwechseln mit einer Laufzeit von 5 - 6 Monaten (7) Einführung unbesicherter Tagesgelder	
1986	(8) erste Erweiterung der unbesichert aufnehmbaren Rufgelder			
1987	(7) zweite Erweiterung der unbesichert aufnehmbaren Rufgelder			

Schaubild 13: Die Liberalisierung des Geldmarktes seit 1976 (Forts.) (Zusammenstellung

Geldbeschaffung/Liberalisierung der Zinsarbitrage	Sonstige
Offenmarkt	
	(4) Inkraftsetzung des neuen Bankengesetzes
(4/12) Lockerung der Swap-Beschränkungen vor Fremdwährungen in Yen für die zum Devisenhandel zugelassenen Kreditinstitute	(4) Verkürzung der Handelssperrfrist von Staatsanleihen auf 100 Tage
(1) Herabsetzung der Mindeststückelung von CD (von 500 Mio. Yen auf 300 Mio. Yen) (4) Zulassung des Handels mit im Ausland emittierten CDs und CPs (6) weitere Verringerung der Swap-Begrenzungen; Liberalisierung der kurzfristigen Euroyen-Kredite ("Euroyen-Impact") an Deviseninländer (12) Aufhebung des Verbots auf Euroyen-CD-Emissionen	(4) Zulassung der Banken zum OTC-Handel in SA, Zulassung best. ausl. Banken zum SA-Aufnahmekonsortium; Lockerung der Richtlinien für die Emission unbesicherter Industrieanleihen (5) Zulassung des Handels in öffentlichen und Industrieanleihen durch Banken (6 - 10) schrittweise Zulassung der Banken zum Handel in öffentlichen Anleihen
(3) Einführung von MMCs (4) Herabsetzung der Mindeststückelung von CD (von 300 Mio. Yen auf 100 Mio. Yen) sowie ihrer Laufzeit (von 3 Monaten auf 1 Monat) (6) Einführung des Yen-BA-Marktes; Zulassung der Effektenfirmen auf den Sekundärmarkt für CDs	(1) Emission der ersten unbesicherten Industrieanleihe durch TDK (4) Zulassung von drei Rating-Häusern (10) Zulassung des separaten Handels der Optionen von Optionsanleihen; Einführung von Futures auf SA an der Börse Tōkyō; Lockerung der Mindestanforderungen für die Emission unbesicherter Anleihen
(2) Eröffnung des TB-Marktes (4) Zulassung von Effektenfirmen auf den BA-Sekundärmarkt	(4) Verkürzung der Handelssperrfrist von Staatsanleihen auf 40 Tage (10) Emissionen von SA mit 20-jähriger Laufzeit
(5) Erhöhung der Laufzeit von BA auf 1 Jahr und Herabsetzung der Mindestdenomination auf 5) Mill. Yen (8) Senkung der Mindestdenomination von TB und FB auf 50 Mill. Yen (11) Einführung von CP	(8) Verringerung der Handelssperrfrist von SA auf 10 Tage (9) Beginn des Zinstenders für 20-jährige SA (10) Beginn des Zinstenders für 10-jährige SA

der Autorin)   SA = Staatsanleihen   (in Klammern) : Monat d. jew. Jahres

Im Juni 1983 wurden kurzfristige Euro-Yen-Kredite an Devisenausländer liberalisiert, ein Jahr später auch die an Deviseninländer. Seit April 1984 ist japanischen Unternehmen die Emission von Yen-Anleihen an den Euro-Märkten gestattet, seit Dezember 1984 ist die Ausgabe von Euro-CDs mit einer Laufzeit von bis zu sechs Monaten möglich, die aber nur von Gebietsfremden erworben werden dürfen. Im April 1985 wurden die Beschränkungen auf mittel- und langfristige Euro-Yen-Gelder an Devisenausländer gelockert, für Gebietsansässige blieben sie noch bis April 1986 bestehen (BoJ 1985:20, NGCG 1986:5:29).

Im Juni 1984 wurde die Devisen-Swap-Kontrolle abgeschafft, d.h. es ist den Banken nun erlaubt, ausländische Währungen in unbeschränktem Umfange in Yen zu tauschen und Euro-Yen-Einlagen anzunehmen. Durch diesen Schritt wurde die Zinsarbitrage mit dem Ausland völlig liberalisiert. Die inländischen Geldmärkte für Yen und Valuta (Dollar-Rufmarkt, Euro-Yen-Markt etc.) sind damit in das internatinale Finanzgeschehen integriert (BoJ 1985:6).

Eine weitere Öffnung des Finanzbereiches stellt die Einführung des sog. *Shōgun*-Bond-Marktes im Jahre 1984 dar. *Shōgun*-Bonds sind durch Devisenausländer emittierte Schuldverschreibungen in Fremdwährung und stellen somit das Komplement zu den *Samurai*-Bonds dar, die es bereits seit 1970 gibt. *Samurai*-Bonds sind Auslandsanleihen in Yen, die mit Genehmigung des Finanzministeriums in Japan von internationalen Organisationen (Weltbank etc.), ausländischen Regierungen und Privatunternehmen mit höchster Bonität (erster privater Emittent war 1979 Sears-Roebuck) emittiert werden. Die Laufzeit beträgt 5-15 Jahre, doch sind diese Titel aufgrund ihres hohen Umschlages als Geldmarktpapiere anzusehen (Allen D. 1983: 25). Obwohl die verschiedenen Vorschriften für die *Samurai*-Anleihen ebenfalls im April 1984 gelockert oder aufgehoben wurden, erfolgte die Ausweitung des Euro-Yen-Marktes auf Kosten des *Samurai*-Marktes, auf dem höhere Gebühren erhoben werden und der zusätzlich benachteiligt ist, weil Devisenswaps auf dem Euro-Yen-Markt leichter durchzuführen sind.

Außer der Deregulierung der Finanzgeschäfte mit dem Ausland finden sich aber in dem Bericht des Yen-Dollar-Komitees auch eine Reihe konkreter Zusagen hinsichtlich der – vom Finanzministerium weniger gern gesehenen – Liberalisierung der inländischen Finanzmärkte, die bis 1986 umgesetzt werden sollten (s. Schaubild 13, S.84-87).

Im März 1985 wurde eine neue Form der Spareinlage, das Geldmarktzertifikat, eingeführt, das in Japan MMC (*Money Market Certificate, shijō-kinri rendō-yokin*, wörtl. "an den Marktzins angebundene Spareinlage") genannt wird. Diese Geldmarktfonds, die in den USA bereits weite Verbreitung gefunden haben, entsprechen formal Girokonten und können auch als solche benutzt werden, d.h. vom Zertifikatdepot können jederzeit Überweisungen und Abhebungen vorgenommen werden. Ein Geldmarktzertifikat in Japan hat eine Laufzeit von 1-6 Monaten, die Mindeststückelung beträgt 50 Millionen Yen. Die Zinsen für den individuellen Sparer werden von jedem emittierenden Kreditinstitut frei festgelegt, wobei die Obergrenze durch den durchschnittlichen wöchentlichen CD-Satz −0,75% vorgegeben ist (OE 1985:5). Die Banken nutzen die auf diese Art akkumulierten Gelder für ihre Transaktionen auf dem Geldmarkt. Für die Effektenfirmen gibt es eine genaue Entsprechung dieser Titel in Form der MMF (*Money Market Fund, tanki kinyū-shisan toshi-shintaku*, "Investmenttrust für die kurzfristige Geldbeschaffung").

Die Papiere, die aus diesen beiden Quellen auf dem Geldmarkt gekauft werden, sind CDs, sog. Handelspapiere, Schatzbriefe und Bankakzepte.

Seit der Revision des Bankengesetzes 1982 dürfen Banken und Effektenfirmen auch mit im Ausland emittierten Handelspapieren (*Commercial Paper, koomasharu peepaa*) handeln. Das CP ist ein in Amerika sehr beliebtes Mittel zur Beschaffung von kurzfristigen Krediten durch die Unternehmen, die sich durch die Ausgabe des Titels auf die gleiche Weise kurzfristig Geld beschaffen, wie sie es durch Anleihen langfristig tun. Ebenso wie das CD ist das CP eine handelbare Einlagenquittung, nur mit dem Unterschied, daß der Emittent eine Nichtbank ist. Im April 1984 wurden die Regulierungen auf diese Transaktionen in Japan gelockert, es blieben jedoch Vorschriften auf Mindestumfang und -stückelung, die erst im April 1985 verringert wurden (BoJ 1985:2). Im Gegensatz zu den USA aber ist in Japan das CP-Geschäft noch ebenso unterentwickelt wie der Markt für Schatzbriefe.

Schatzbriefe laufen in Japan unter der Bezeichnung TB (*Treasury Bill, seifu tanki-shōken*, "kurzfristige Regierungsanleihe") und haben wie das amerikanische Vorbild eine Fälligkeit von 60 Tagen. 1981 wurden Schatzbriefe erstmals von der Bank von Japan über die Geldmarktbroker verkauft, um saisonale Schwankungen zu absorbieren. Da sie aber nur gelegentlich von der Regierung begeben werden und die Verzinsung unter den Rufsatz gedrückt wird, um die Zinsbelastung möglichst niedrig zu halten, sind sie weniger ein geldpolitisches Regulativ als vielmehr eine Art kurzfristiger Kredit der Zentralbank an die Regierung (Rōyama 1986a:22). Da nach dem Fiskaljahr 1985 die ersten Rückzahlungen der nach der ersten Ölkrise emittierten Staatsanleihen (10 Jahre) fällig wurden, setzte jedoch die Ausweitung der staatlichen Refinanzierung durch Schatzbriefe – schneller als erwartet – im Februar 1986 ein. Der Einfluß der Bank von Japan auf den Offenmarkt mit Hilfe dieser Papiere war jedoch bis 1985 gering (Fukui 1986:26).

Im Juni 1985 wurde der Markt für Bankakzepte in Yen (BA, *Banker's Acceptance, ginkō hiki-uke tegata*) ohne Beschränkung als offener Markt mit freien Zinsen eröffnet. Ein Bankakzept ist ein auf eine Bank gezogener Wechsel für die besonders günstige Außenhandelsfinanzierung. Bankakzepte erster Adresse sind notenbankfähig. Diese Titel haben eine Laufzeit von unter sechs Monaten nach Verschiffung, die Mindesthöhe des Kredits beträgt 100 Millionen Yen (in der Bundesrepublik Deutschland: 180 Tage, 100 000 - 1 Million DM), als Händler treten Kreditinstitute und Geldmarktbroker auf.

Neben verschiedenen Liberalisierungsschritten bei den Bankenzinsen (s. 4.1.2.) ist ein weiteres Zugeständnis an das Yen-Dollar-Komitee die Einführung eines

Terminmarktes für Staatsanleihen, d.h. ein Markt für Zeitgeschäfte mit langfristigen Regierungstiteln, bei dem die Abnahme des Titels, also die Erfüllung des Vertrages, erst zu einem späteren Termin, aber zu dem am Tage des Vertragsabschlusses gültigen Zins ausgeführt wird, so daß die Staatsanleihen zu Geldmarktpapieren werden.

All diese Schritte zur Liberalisierung der Geldmärkte wurden jedoch nicht nur auf den Druck von außen hin vollzogen, sondern von der Bank von Japan stark gefördert. Was der Yen-Dollar-Report hinsichtlich der Geldmärkte versprach, wurde tatsächlich im Laufe des Jahres 1985 zum Großteil in die Tat umgesetzt. Die wirkliche Bedeutung der verschiedenen Instrumente auf dem Geldmarkt bleibt jedoch fraglich. Der Termingeschäftmarkt für Staatsanleihen brach aufgrund zahlreicher Kontrollen und Restriktionen nur wenige Tage nach seiner Eröffnung bereits wieder zusammen; die ausländischen Banken, eher gönnerhaft zugelassen, lehnten die Teilnahme ab. Aus dem gleichen Grund, den überzogenen Restriktionen, erwies sich auch der Markt für Bankakzepte zunächst als "Blindgänger" (Hanson 1986:57).

Dennoch dürfen nicht alle neuen Errungenschaften von 1985 als Fehlschläge bewertet werden. Eine Ausweitung des Schatzbriefhandels kündigt sich bereits an. Die Schwierigkeiten mit den Termingeschäften erklärt die Bank von Japan durch die Turbulenzen in den Wechselkursen zum Jahresende 1985 (s. 5.2.3., NGCG 1986:5:29). Die Festigung der neuen Instrumente scheint nach einer einjährigen Anlaufphase vollzogen zu sein. Das Jahr 1985 aber wird als einer der wichtigsten Marksteine in die Geschichte der japanischen Finanzmärkte eingehen.

4.1.1.2. Die Entwicklung des Kapitalmarktes

Der Kapitalmarkt gliedert sich auf in den Anleihen- und den Aktienmarkt, die sich jeweils in den Primär- und den Sekundärmarkt unterteilen (vgl. Schaubild 11, S.77). Die Teilnehmer auf dem Kapitalmarkt sind die Regierung, die Bank von Japan, die Kreditinstitute und die privaten Nichtbanken.

Mit dem Ölschock 1973/74 und dem Übergang zum Niedrigwachstum veränderten sich die meisten Faktoren, die zu den Einschränkungen des Kapitalmarktes in den 50er und 60er Jahren geführt hatten. Die Niedrigzinspolitik wurde obsolet, auch wenn sie noch ein paar Jahre beharrlich fortgeführt wurde; die Investitionsaufwendungen der Privatunternehmen waren rückläufig, im Privatsektor sammelten sich die Überschüsse (vgl. 4.1.3.). Ausschlaggebender Faktor für die Belebung des Kapitalmarktes aber war die massive Begebung von Staatsanleihen 1974/75. Um den Preis der Staatsverschuldung gering zu halten, blieben jedoch bis zu Beginn der 80er Jahre viele "regulative Anachronismen" (Allen D. 1983:23) auf dem Rentenmarkt bestehen.

Aufgrund des regulativen Rahmens, in dem sich der Kapitalmarkt in den 70er Jahren entwickelte, gab es nur eine begrenzte Zahl von Anleihen, die je nach

Emittent und Laufzeit in fünf Kategorien aufgeteilt sind:
1) Die langfristigen Staatsanleihen (*chōki-kokusai*) mit einer Lauffrist von 10 Jahren werden seit 1966 in Form von Inhaberschuldverschreibungen begeben, die sich zweimal jährlich verzinsen. Die Kupon-Verzinsung wird durch Finanzministerium, Zentralbank und Übernahmekonsortium festgelegt. Die Zinsen waren bis zum Ende der 70er Jahre starr und hatten keinen Bezug zum Marktpreis (Allen D. 1983:23). Mittelfristige Staatsanleihen (*chūki-kokusai*) (2-5 Jahre) wurden 1978 als ergänzende Finanzierungsquelle der Regierung eingeführt.
2) Kommunalanleihen (*chihō-sai*) werden von Präfekturen und Städten zur Finanzierung lokaler Projekte begeben. Sie werden entweder im freihändigen Verkauf angeboten oder von den lokalen Kreditinstituten, meist den Regionalbanken, direkt aufgenommen (Suzuki 1978:52). Mit zunehmender Verschuldung des öffentlichen Sektors im Laufe der 70er Jahre weitete sich diese Form der öffentlichen Finanzierung aus.
3) Öffentliche Anleihen (*kōsha-/ kōdan-/ kōko-sai*) werden von den staatlichen Finanzinstituten oder öffentlich-rechtlichen Unternehmen begeben. Mit Ausnahme einiger weniger Unternehmen sind Rückzahlung und Dividendenausschüttung von der Regierung garantiert (Nihon ginkō 1986:140). Auch diese Titel nehmen mit dem Niedrigwachstum an Umfang zu, die Halter rekrutieren sich aus allen Wirtschaftsbereichen.
4) Ebenso breitgestreut ist die Haltung von Bankschuldverschreibungen (*kinyū-sai*). Die Emission erfolgt monatlich nach eigenem Ermessen, doch gelten für die Zinsen bestimmte Richtlinien des Finanzministeriums. Die Begebung wird von den emittierenden Banken selbst arrangiert, meist im Subskriptionsverfahren (d.h. der Emittent macht Werbung für seine Titel und teilt sie den Nachfragern zu) (Suzuki 1978:51).
5) Industrieobligationen (*jigyō-sai*) wurden bis in die 70er Jahre äußerst zurückhaltend verausgabt, da ihre Verzinsung streng reguliert war. Die Emissionsarten sind unterschiedlich, können eine Laufzeit von 7-12, seit 1985 auch 15, Jahren haben oder als Wandelanleihen, d.h. während der Laufzeit in Aktien umtauschbare Titel, begeben werden (Nihon ginkō 1976:397, Nihon ginkō 1986:142).

Die gedrückte Verzinsung der Staatsanleihen machte zur Unterbringung der seit 1974 in großem Umfange emittierten Titel Veränderungen im Aufnahmeverfahren durch das "erzwungene" (Bronte 1982:188) Übernahmekonsortium (s. 3.1.2.) nötig. Das Handelsverbot für Banken wurde im Jahre 1978 gelockert und die Sperrfrist auf 100 Tage (vorher 1 Jahr) verringert. So entwickelte sich nun ein Sekundärmarkt für Staatsanleihen, und die Zinsarbitrage zwischen den kurz- und langfristigen Finanzmärkten setzte ein. Im Jahre 1978 wurden die mittelfristigen Staatsanleihen eingeführt, die zum Tenderverfahren (öffentliche Ausschreibung, Verkauf an den

Meistbietenden) angeboten wurden, mit dem Erfolg, daß 60% der unattraktiven Titel ungezeichnet blieben. Nach der Liberalisierung der Devisenkontrollen im Jahre 1980 leiteten die Großbanken ihre ungewollten Staatsanleihen direkt an die potenten Investoren am Arabischen Golf weiter (Bronte 1982:204). Erst mit dem neuen Bankengesetz von 1982 dürfen Regierungsanleihen frei über den Schalter (OTC) gehandelt werden.

Als Konsequenz des nach wie vor kontrollierten Emissionsverfahren für Industrieanleihen blieb der Sekundärmarkt für die privaten Wertpapiere bis in die späten 70er Jahre klein. Gleichzeitig aber erlaubte die Regierung eine stetige Liberalisierung dieses Marktes, die zusammen mit der Ausweitung des *Gensaki*-Marktes in den 80er Jahren doch zur Entwicklung eines aktiven Handels führte. Die alten Kontrollen und Regulierungen waren nun immer schwerer aufrechtzuerhalten, die Emissions- und Handelspraktiken reformierten sich von allein – wahrscheinlich schneller, als es vielen im Finanzministerium recht war (Bronte 1982:187).

Die Entwicklung des Aktienmarktes vollzog sich ähnlich spät und genauso rasch. Nach der Aktienkrise von 1965 lag die Börse von Tōkyō zunächst brach, bis sie in der Phase der Überschußliquidität 1971/72 zum Boom ansetzen konnte, um in den 80er Jahren nach New York zur zweitgrößten Börse der Welt zu werden (Bronte 1982:169). In den 70er Jahren wurden die – theoretisch – völlig freien Kurse durch private Verhandlungen "verbessert" (Patrick 1973:131), es wurde manipuliert und auf Insider-Informationen hin gekauft. Die 'Mitgliedschaft' an der Börse war höchst exklusiv, ausländische Emittenten und Broker fanden keinen Zugang. Es gab keine Markttransparenz, eine Offenlegung des Börsengeschäftes war nicht üblich, und das Finanzministerium nahm hinsichtlich etwaiger Regulierungen eine *laisser-faire* Haltung ein (Bronte 1982:169).

Mit der Öffnung der Finanzmärkte in den 80er Jahren veränderte sich jedoch das Bild an der Börse in Tōkyō. Die Geschäfte sind nun durchsichtiger, die Teilnahme ist auch für weniger gut Informierte ohne garantierten Verlust möglich. Auch ist das Anlegerziel nicht mehr wie früher die reine Spekulation, sondern der Markt bildet sich mit fortschreitender Liberalisierung zum Investitionsplatz, auch für den kleinen Anleger, heraus.

Das Kontrollgefüge der 70er Jahre hat die Entwicklung des Wertpapiergeschäftes aus systemimmanenten Umstrukturierungen heraus nicht behindern können. Die Entwicklung eines aktiven, freien Sekundärmarktes aber führte über die Verknüpfung mit dem Offenmarkt zu einer Zinsarbitrage zwischen Geld- und Kapitalmarkt, die das Nebeneinander von regulierten und freien Zinsen zum offensichtlichen Problem werden ließen.

4.1.2. Zinsliberalisierung

Eng verknüpft mit der Deregulierung der Finanzmärkte ist die Liberalisierung der Zinsstruktur, die bereits mit den ersten Schritten zur Internationalisierung des Yen 1970/71 einsetzte (*Samurai*-Bonds, japanische Broker im Ausland). Die Zinsregulierungen fielen in den späten 70er Jahren eine nach der anderen, die einzelnen Zinssätze trieben sich in ihrer Liberalisierung gegenseitig voran (Takase 1985:78), wie z.B. die Verzinsung der Staatsanleihen, die den Zins auf Termineinlagen, den Inbegriff eines starren Zinses, letzten Endes doch in Bewegung brachte.

Die ersten konkreten Zinsliberalisierungsmaßnahmen auf dem Geldmarkt waren die Abschaffung des Notierungssystems (s. 4.1.1.1.) 1978/79 sowie die Zulassung der CD mit völlig freiem Zins 1979. Die Einrichtung des CD-Marktes beschleunigte die Zinsarbitrage zwischen Offen- und Interbankenmarkt. Der *Gensaki*-Markt andererseits befreite sowohl die langfristigen Sekundärmärkte als auch den Diskontmarkt.

In der Phase der Zinsliberalisierung auf dem Geldmarkt (vgl. Schaubild 13, S.85) in den Jahren 1980-1982 wurden als Antwort auf die rapide Ausweitung des Offenmarktes weitere Maßnahmen zur Beschleunigung der Zinsarbitrage umgesetzt, wie z.B. die Lockerung der Swap-Grenzen oder die Zulassung der Effektenfirmen auf den Rufmarkt (Fukui 1986:15). Die dritte Phase vom Jahre 1983 machte die Zinsarbitrage auf dem Geldmarkt perfekt. Das Resultat der Liberalisierung zeigt sich im Kurvenverlauf der Zinsen (s. Schaubild 14, S.95): vor der Zinsliberalisierung bewegten sich die Interbanksätze nur selten vor einer Veränderung des Leitzinses, sie waren wegen des Notierungssytems träge, auch wenn sie immer noch die beweglichsten Zinsen im System blieben. Seit Ende der 70er Jahre sind die Geldmarktzinsen nicht mehr direkt an den Leitzins gekettet, ebenso können jetzt auch die Offenmarkt- von den Interbanksätzen divergieren (z.B.zu Beginn der 80er Jahre).

Auch die Bestimmumg der Kreditzinsen änderte sich im Zuge dieser Liberalisierungswellen. Das *Prime-rate*-System, also die Ausrichtung der Sollzinsen an den Vorzugskrediten der preisangebenden Bank (vgl. 3.1.1.), blieb zwar bestehen, doch traten mit dem Rückgang der Kreditnachfrage durch die privaten Unternehmen nun zwei neue grundlegende Faktoren der Kreditzinsbestimmung in den Vordergrund: die Kosten der Mittelbeschaffung für das Unternehmen sowie die Situation von Angebot und Nachfrage nach Kreditgeldern (BoJ 1983:9). Auffällig ist weiterhin, daß sowohl Nominal- als auch Effektivzins für kurzfristige Kredite, die sich schon zu Beginn der 70er Jahre eng an den Leitzins anlehnten, bis Anfang der 80er Jahre noch stärker mit dem Leitzins korrelierten (vgl. Schaubild 6, S.37). Diese gleichgerichtete Bewegung war auf institutionelle Faktoren zurückzuführen, die aber in den 80er Jahren mehr und mehr in den Hintergrund traten. Während die Höhe der Zentralbankkredite zurückging, stieg die Verschuldung der Großbanken auf dem Geldmarkt an, so daß die Banken weniger empfindlich auf die institutionellen Zinsen reagierten als vielmehr auf die freien Geldmarktsätze (Takeda 1985: 71, 105). Auf diese Weise untergruben die verschiedenen Entwicklungen der 70er Jahre das kurzfristige *Prime-rate*-System.

Auch die Zinsbildung für langfristige Kredite löste sich von den starren Mustern des Hochwachstums. Von dem Zuwachs der Staatsanleihen, deren Handel und der Herausbildung eines Sekundärmarktes für diese Titel blieb der langfristige Sollzins nicht unberührt. Mit wachsender Staatsverschuldung in den 80er Jahren und dem zunehmenden Einfluß der ausländischen Zinssätze (s. 5.2.4.) stieg das Zinsniveau im langfristigen Bereich insgesamt an. Hieraus erklärt sich, daß, auf den ersten Blick unverständlicherweise, das allgemeine Zinsniveau (liberalisierte Geldmarktsätze und langfristige Sollzinsen nach der zweiten Ölkrise anstieg, während der Leitzins auf einem durchschnittlich niedrigen Niveau blieb, d.h., daß sich die Differenz zwischen dem allgemeinen Zinsniveau und dem Leitzins ausweitete (s. Schaubild 14, S.95).

Für die Unternehmen bedeutete diese Entwicklung eine Verteuerung in ihrer langfristigen Geldbeschaffung. Aus diesem Grund wurde die alte Handhabe der *Roll-over*-Kredite zur Umgehung der Regulierungen der Niedrigzinspolitik nun fortgesetzt mit dem neuen Ziel, die Kosten zu senken. Dies erklärt, warum die unter der kurzfristigen *Prime rate* vergebenen Kredite von 41% im Jahre 1978 auf 69% im Fiskaljahr 1984 anstiegen (BoJ 1985:19).

Während die langfristige *Prime-rate*, ebenso wie die kurzfristige, als Mittel der Banken zur Kreditlenkung durch zunehmend flexible Anwendung, intensiveren Kreditwettbewerb und gestärkte Unternehmerposition und damit -verhandlungskraft an Stärke verlor, bildete sich ein neues Verfahren zur Bestimmung der langfristigen Sollzinsen heraus, die sog. Spread Method (*supureddo-hōshiki*). Der Zinssatz wird durch Addieren einer bestimmten Marge zu dem geltenden kurzfristigen Kreditzins ermittelt. Bis in die 80er Jahre hatte diese Methode nur bei Überziehungskrediten Anwendung gefunden (BoJ 1985:19). Durch den vermehrten Rückgriff auf dieses Berechnungsschema verwischten sich die Grenzen zwischen kurz- und langfristigen Zinsen weiterhin. Im Jahre 1985 wurde das *Prime-rate*-System ganz abgeschafft.

Die Entwicklung der Sollzinsen macht deutlich, daß durch die — gezwungenermaßen — flexiblere Verzinsung der Staatsanleihen das Kreditzinsgefüge aufgebrochen ist, wobei sich der langfristige Kreditzins auffallend nach dem Preis der Regierungstitel richtet, während der kurzfristige Zins weit darunter liegt und in der Hauptsache auf dem *Gensaki*-Markt ausgemacht wird. Der jedoch ermöglicht durch seine direkte Verbindung zum Anleihenmarkt die Arbitrage zwischen kurz- und langfristigem Zinsniveau und schließt so den Kreis der gegenseitigen Beeinflussung.

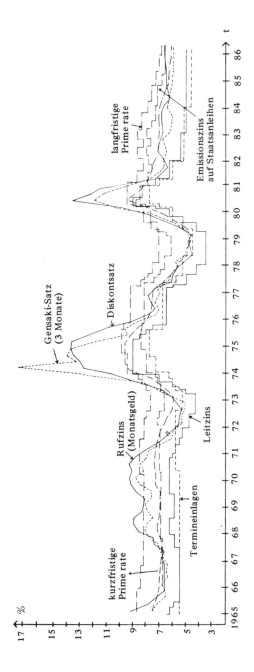

Schaubild 14: Die Zinsstruktur in der Periode des Niedrigwachstums (Quellen: NGCG 1980/10:4-5, NGTG 1970-1986)

Die Interdependenzen des im Liberalisierungsprozeß befindlichen Zinsgefüges sind in Schaubild 15 schematisiert. Es wird ersichtlich, daß es in den 80er Jahren nur noch drei Zinssätze gibt, die direkt gelenkt sind, und diese drei unterliegen jeweils unterschiedlicher Jurisdiktion. Während die vom Finanzminsterium gelenkten Bankschuldverschreibungen mit fortschreitendem Niedrigwachstum an Bedeutung verlieren, befinden sich die Bank von Japan und das Postministerium in einer ständigen Auseinandersetzung um die von ihnen festgelegten Einlagenzinsen – vor dem Hintergrund, daß die Bank von Japan die Spareinlagen liberalisieren will, das Finanzministerium aber nicht, weil es allgemeine Rentabilitätseinbußen für die Geschäftsbanken fürchtet.

Da die Sparer im Niedrigwachstum mit weniger starken Einkommenszuwächsen ein ausgeprägtes Zinsbewußtsein entwickelten und die Spareinlagen bei den Banken nun überhaupt keinen realen Zinsgewinn mehr einbrachten, zogen die Einleger ihre Gelder von den Banken ab und suchten sich höherverzinsliche Anlageformen. Die nächstliegende und auch risikolose Alternative bot die Post, die eine bessere Verzinsung bei gleicher Laufzeit garantierte. Durch den massiven Abzug der Depositen kam es zum Ende der 70er Jahre zu einer Bankenkrise, die erneut eine Senkung der Einlagenzinsen durch das Finanzministerium hervorrief (Mori Shichiro 1982:6,8). Die Banken verloren so noch mehr Marktanteile. Im Oktober 1985 wurde – auch auf Druck von außen durch das Yen-Dollar-Komitee – die Liberalisierung der Einlagenzinsen in Angriff genommen. Zinsen auf Großeinlagen von über einer Milliarde Yen sind nun völlig frei – an die Abmachungen des Komitees hielt man sich also, dem durchschnittlichen Einleger und auch den Banken war damit aber sicherlich nicht geholfen. Einer Senkung der Freisumme auf 500 Millionen Yen im April 1986 sollten im Jahre 1987 weitere Maßnahmen folgen (NGCG 1986:5:46).

Der Disput zwischen Post- und Finanzbehörde ist mittlerweile weniger ökonomischer als eher politischer Natur: das Postministerium besteht auf seinem hohen Zins, weil es möglichst viele Sparer anlocken will, um so seinen Einfluß auf die Regierung ausweiten zu können (da über die Post das 'Zweite Budget' finanziert wird). Zudem hat der Postminister im Parlament eine starke Lobby, die ihn gegen eine Beschneidung seiner Einflußsphäre unterstützt.

Die Bank von Japan, gleichsam der halb-lachende, halb-weinende Dritte, hat 1980 einen ersten Ausweg aus diesem Dilemma gefunden. Bei der Aufhebung der Zinsbeschränkungen auf Yen-Depositen von Devisenausländern zogen die Großbanken sofort mit und erhöhten ihre Verzinsung von früher 5,5% auf die jetzt erlaubten 13% (dem *Gensaki*-Satz entsprechend), der Umfang der Yen-Konten stieg sofort erheblich an. Diese Maßnahme brachte den merkwürdigen Effekt mit sich, daß die Zinsen auf Yen-Konten von Japanern nach wie vor streng reguliert sind, die auf gleiche Einlagen von Ausländern aber mit frei beweglichem Zins berechnet werden (Bronte 1982:148).

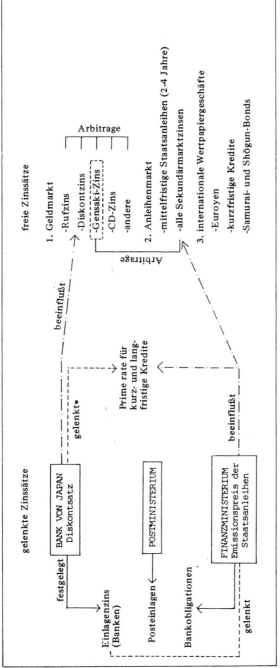

Schaubild 15: Die Dualstruktur im Zinsgefüge des Niedrigwachstums

Die geldpolitische Bedeutung dieser, angeblich zum Schutz der schwächeren Kreditinstitute, regulierten Einlagenzinsen liegt darin, daß die Bewegungsfreiheit des Leitzinses, an den die Einlagenzinsen direkt gekoppelt sind, stark eingeschränkt ist. Selbst wenn die Kreditzinsen seit 1985 nicht mehr über das *Prime-rate*-System an die Bewegungen des Leitzinses angebunden sind, hat eine Leitzinsveränderung in Japan deshalb nach wie vor weitreichendere Auswirkungen als in anderen Ländern. Auch ist in der Starre der Einlagenzinsen und dem dadurch limitierten Diskontsatz der Zentralbank eine weitere Erklärung für das Phänomen zu sehen, daß sich das gesamte Zinsniveau zu Beginn der 80er Jahre nach oben verschiebt, ohne daß der Leitzins diese Bewegung mitmacht. Die Dualstruktur der Zinsen des Hochwachstums schließlich, als große Schwankungen in den kurzfristigen Zinssätzen relativ starren, auf niedriges Niveau gedrückten Zinsen gegenüberstanden, geht auf eine Dualstruktur von freien und regulierten Zinsen über.

Durch die Internationalisierung der Geldmärkte und die dadurch erhöhte Zinsarbitrage mit dem Ausland wird das japanische Zinsniveau in zunehmender Weise von der ausländischen Zinsentwicklung beeinflußt. Die von 1970 bis in die 80er Jahre hinein durchgängig hohen Zinsen in den USA, die die führende Rolle auf dem internationalen Zinsparkett spielen, führten zu einem – seit 1980 erlaubten – massiven Kapitalabfluß (s. 5.2.4.). Die weltweite Konjunktur und psychologische Momente erhalten jetzt in der japanischen Zinsbestimmung ein immer größeres Gewicht.

Die Befreiung der Finanzmärkte und ihrer Zinsen von dem strikten Kontrollregime des Hochwachstums ist zunächst durch innere Antriebskräfte, dann auch durch den Druck von außen vorangetrieben worden. Der Widerstand gegen die Liberalisierung im Inland, geschürt durch kleine Banken wie die Spar- und Kreditkassen, aber auch durch die Banken für langfristige Kredite, die um ihre Existenzgrundlage fürchteten, kann den "historischen Trend" (Suzuki Yoshio in einem Interview mit S. Bronte; Bronte 1980:45) hin zur Liberalisierung nicht aufhalten, wenn auch für einige Jahre verzögern. Ebenso spiegelt der Liberalisierungsprozeß nicht nur Regierungsabsichten wider. Die Abschaffung der Niedrigzinspolitik wird mit noch weniger Nachdruck betrieben als ihre Einführung zu Beginn der 50er Jahre. Auch im Jahre 1985 finden sich noch letzte Überreste der staatlichen Zinspolitik in den Spareinlagen; der Prozeß der Zinsliberalisierung ist noch lange nicht abgeschlossen.

4.1.3. Die Veränderungen in der Geldflußstruktur

Der Übergang zum Niedrigwachstum brachte neue wirtschaftliche Herausforderungen mit sich, die auch mit Veränderungen in der grundlegenden Finanzstruktur einhergingen. Probleme wie Umwelt, Energie, Rohstoffe, die zunehmenden Außenhandelsüberschüsse und die Lockerung der verschiedenen Kontrollen führten zu einer Verschiebung der makroökonomischen Nachfragestruktur. Der Wachstumsmotor der privaten Anlageinvestitionen wurde gegen die Antriebskräfte von öffentlichen Investitionen und Exporten ausgetauscht. Von den drei Grundfaktoren des Geldflusses im Hochwachstum — Überschüsse bei den privaten Haushalten, anhaltender Kapitalmangel im Unternehmenssektor und ein geringes Staatsdefizit — blieb nur das hohe Niveau der privaten Geldanlage übrig, und auch hier zeigten sich neue Tendenzen, hin zu längerfristigen Spareinlagen.

Die massive Begebung von Staatsanleihen nach der ersten Ölkrise trieb die Verschuldung des öffentlichen Sektors in die Höhe, während mit nachlassender privater Kreditnachfrage die Defizite im Untenehmenssektor rückläufig waren. Zu Beginn des Jahres 1978 verzeichnete der Unternehmensbereich zum ersten Mal nach über 20 Jahren wieder Überschüsse auf den nationalen Geldflußkonten. Das bedeutete, daß dieser Sektor innerhalb von nur fünf Jahren vom größten Empfänger externer Mittel zum Gläubiger auf den Finanzmärkten geworden war (AMM 1978:9/10:8). Die Defizite des öffentlichen Sektors dagegen, dessen Verschuldung im Hochwachstum durchschnittlich unter einem Anteil von 7% am Bruttosozialprodukt gelegen hatte, stieg auf 40% zu Beginn der 80er Jahre und auf 47% zum Ende des Fiskaljahres 1985 (Takase 1985:78, NGCG 1986:3:11).

Die Methode der Aufnahme durch ein Übernahmekonsortium, die die Staatsanleihen bis zu 80% der Neuemission den Großbanken zuleitete, führte dazu, daß die Gelder der Banken von der Regierung aufgesogen wurden, es kam zum sog. *Crowding-out* des privaten Unternehmenssektors (d.h. die der Volkswirtschaft insgesamt für Investitionen zur Verfügung stehenden Gelder werden für die Staatsausgaben vereinnahmt, so daß, selbst bei erhöhten Spareinlagen, keine Gelder für den Privatsektor übrigbleiben). Obwohl die Überschuldung der Unternehmen zum Ende der 70er Jahre völlig verschwand, blieb trotzdem das Phänomen der indirekten Finanzierung bestehen, allerdings mit anderem Empfänger: die Spareinlagen der privaten Haushalte finanzierten jetzt nicht mehr die Privatinvestitionen, sondern die Staatsverschuldung (Hernádi 1986:151).

Die schnelle Entwicklung des Sekundärmarktes stellt den privaten Sektor gleichzeitig vor eine breitere Auswahl an Geldanlageformen. Wurden im Hochwachstum eventuelle Überschüsse der Großunternehmen nur deshalb zuweilen in Regierungsanleihen investiert, um den Banken diese Überschüsse nicht zu zeigen und so die Ausgleichskonten zu umgehen (Kure 1973:31), so bieten sich insbesondere in den freiverzinslichen Anlagen (2-4 Jahre) konkrete Anreize auch für den individuellen Anleger. Mit dem Erreichen eines allgemein höheren Lebensstandards nach 20 Jahren Wirtschaftswachstum gewinnt der private Wohnungsbau seit den 70er Jahren zunehmend an Gewicht, so daß sich auch innerhalb der Kreditvergabe der Banken eine Umschichtung abzuzeichnen beginnt (Rōyama 1986b:208). Auch die Zunahme der Postspareinlagen gibt der Änderung der Geldflußstruktur einen weiteren Impuls. Hat sich der absolute Wert der indirekten Finanzierung bis in die 80er Jahre hinein nur wenig verändert, so hat sie doch auch von dieser Seite eine inhaltliche Wandlung erfahren: die Loslösung der Unternehmen von den Banken und die Zunahme privater Spareinlagen bei Bausparkassen und Post führten zu einem Rollentausch der Finanzintermediäre; die Großbanken als alleiniger Dreh- und Angelpunkt des Geldflusses bekamen nun Mitstreiter in den Nichtbanken-Intermediären. Die neue Geldflußstruktur läßt sich in folgendem Schema festhalten:

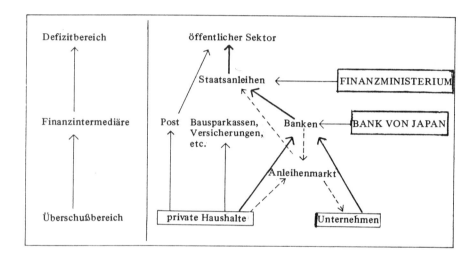

Schaubild 16: Der Geldfluß in der Periode des Niedrigwachstums

Erst in den 80er Jahren zeichnet sich ein Trend hin zur direkten Finanzierung ab, der Anleihenmarkt gewinnt für die Unternehmensfinanzierung an Bedeutung, der Aktienmarkt dehnt sich aus, die Geldflußstruktur wandelt sich weiter.

4.1.4. Die Banken im Liberalisierungsprozeß

Mit der Annahme des Art.8-Status im IMF und des Art.11-Status im GATT sowie dem Eintritt in die OECD im Jahre 1964 setzte eine erste leichte Devisen- und Handelsliberalisierung in Japan ein. Vor dem Hintergrund der rapiden Veränderungen in der Weltwirtschaft in der zweiten Hälfte der 60er Jahre durch die Kennedy-Runde und dem daraus resultierenden erweiterten Welthandel sowie der Zunahme öffentlicher Entwicklungshilfe wurden auch die Privatunternehmen inter- und multinationaler. Im Zuge dieser Entwicklung kamen immer mehr ausländische Banken nach Japan, und die Geschäfte der japanischen Banken wurden internationaler. Der Nixon-Schock 1971 (s. 5.2.1.), die Pfund-Krise 1972 und der Übergang zu flexiblen Wechselkursen 1973 beeinträchtigten jedoch das neue internationale Bankgeschäft (Mitsui 1975:176-178). Hinzu kamen die Veränderungen der Geldflußstruktur im Inland, die nicht zyklischer, sondern struktureller Art waren. Die Geschäftsbanken verloren ihr Standbein, die Großunternehmen, und sahen sich vor der neuen Aufgabe, Unternehmensüberschüsse in den öffentlichen Sektor umlenken zu müssen. Die Finanzierung des öffentlichen Bereiches aber war weit weniger einträglich als die Kreditvergabe an den Privatsektor (Komiya et al. 1978:36). Gleichzeitig diversifizierten sich die Anlagemöglichkeiten, und die Banken verloren ihre Einleger an die Nichtbanken-Finanzintermediäre.

Besonders hart traf diese Entwicklung die Großbanken. Die Umstrukturierungen der 70er Jahre hatten das Unternehmensmanagement nicht unberührt gelassen. Mit dem umfassenden Rationalisierungsprozeß ging auch die Loslösung aus dem Abhängigkeitsverhältnis zu den Großbanken einher. Der Investitionsdrang war merklich eingedämmt, und die Großunternehmen wandten sich seit Beginn der 80er Jahre zunehmend der Aktienausgabe zu, die Kreditnachfrage sank beträchtlich. Das alte System, in dem die Hauptbank die Zentrale für eine Unternehmensgruppe darstellte, kam ins Wanken, da sich der Kreis der Kreditnehmer verschob: es waren nun nicht mehr (hoch-)wachstumsstrategisch protegierte Großunternehmen, sondern Klein- und Mittelbetriebe in Wachstumsbereichen und die großen Handelshäuser (*sōgō-shōsha*), die den Kundenkreis der Großbanken ausmachten (Cargill 1985: 138). Das System der Unternehmens- (*Keiretsu*-)Finanzierung wurde aber deshalb nicht abgeschafft, es veränderte sich lediglich inhaltlich. Die affiliierten Unternehmen finanzieren sich jetzt eher gegenseitig als bei ihrer Bank. Der Einfluß aber, den die Banken nach wie vor auf diese Gruppen haben, ist nun gar nicht mehr quantifizierbar, er wirkt noch mehr über die Aktienhaltung und die personellen Faktoren (vgl. 3.1.4.).

Dennoch sahen sich die Privatbanken jetzt vor das Problem der sog. Disintermediation (*disuintaamidieeshon*) gestellt. Gemeint ist mit diesem Begriff die schwindende Rolle der Geschäftsbanken als Finanzintermediäre bei zunehmender Teilnahme der Unternehmen auf den Geldmärkten, entweder direkt oder über die Effektenfirmen. Einerseits legten die Sparer ihre Gelder vermehrt in Treuhandeinlagen und Wertpapieren an, die dann über die Investmentgesellschaften oder Effektenfirmen auf den Geldmarkt gelangten, andererseits bot der liberalisierte Kapitalmarkt attraktivere Formen der Geldaufnahme. Die alte Gleichung, daß Großbank gleich Kapitalmarkt ist, galt nicht mehr. Zwar sind die Banken durch das neue Bankengesetz seit 1982 mit Einschränkungen auf dem Wertpapiermarkt zugelassen, aber sie dürfen inländische Anleihen nicht verwalten. Einige Großbanken kaufen sich deshalb in Investmenthäuser und Treuhandbanken ein und versuchen so, die Sparer bei sich zu halten (s. Schaubild 17). Die Bank Sumitomo kaufte eine Schweizer Bank zwecks Verwaltung der japanischen Anleihen auf, während die anderen Banken sich darauf verlegten, als Filialen im Ausland Effektenfirmen zu gründen (Hanson 1986:55).

So verwischen sich nicht nur die Grenzen zwischen kurz- und langfristigen Krediten, sondern auch die ehedem so klare Abgrenzung der Geschäftsbereiche; die Aktionsradien von Effektenfirmen und Großbanken überschneiden sich mehr und mehr.

Die staatlichen Finanzinstitute mit ihrem starr festgelegten Aufgabenfeld konnten am wenigsten flexibel auf die veränderten Bedingungen reagieren. Die für sie eingeplanten Gelder wurden ab der zweiten Hälfte der 70er Jahre kaum noch nachgefragt. Regionalbanken sowie Kreditkassen und -genossenschaften dagegen suchten und fanden in aufstrebenden mittelständischen Unternehmen einen neuen Kundenkreis. In der Mitte gefangen waren die Spar- und Darlehenskassen, denen die Einleger ebenso davonliefen wie ihre traditionellen Kreditnehmer, die Kleinunternehmen (Bronte 1982:51).

Waren auch die Wirkungen der Liberalisierung auf die einzelnen Banken unterschiedlich, so wurden sie doch alle in gleicher Weise zu einer Veränderung ihrer Management-Praktiken gezwungen. Die Hinwendung der Unternehmen zu vermehrter Aktienausgabe machte die verstärkte Beachtung der kurzfristigen Gewinnmaximierungsziele der Anteilseigner durch die Unternehmensführung notwendig (Tatsumi 1983:78). Ebenso sahen sich die Banken vor die Tatsache gestellt, daß durch die Loslösung der Kunden eine langfristige Gewinnmaximierung allein den neuen Zeichen der Zeit nicht mehr gerecht werden konnte.

Der Tiefpunkt der Bankenkrise war im Jahr 1979 erreicht. Die Antwort der Banken auf die Auswirkungen von Deregulierung und Liberalisierung auf ihre Erträge lag neben der aggressiven Ausweitung des Geschäftsbereiches vor allem in der Anwendung technologischer Innovationen und in gesteigerten Serviceleistungen.

Insbesondere die Großbanken versuchten, ihre Marktverluste durch eine Kostensenkung in ihren täglichen Geschäften aufzufangen. Die Automatisierung und Nutzung von Computern (*konpyuutaa-ka*) machte in den 80er Jahren rasche Fortschritte. Die schnelle Verbreitung von Geldautomaten in den 70er Jahren war der Startschuß für das Angebot einer ganzen Reihe von Serviceleistungen. Ebenfalls schon in den 70er Jahren waren die Filialen der Banken im ganzen Land über ein *On-line*-System miteinander verbunden. Im Jahre 1985 wurden die Verhandlungen über die Einführung des INS-Systems (*Integrated Network System, kōko jōhotsūshin shisutemu*), das das elektronische Bankengeschäft über ein Computer-Kommunikations-Netzwerk aus Glasfaser zwischen den Banken, aber auch – dem deutschen BTx entsprechend – zwischen Banken und Geschäfts- und Privathäusern möglich macht, abgeschlossen. Die Einführung dieses Systems wird weitere grundlegende Veränderung des Bankengeschäftes verursachen, die nun auch die Post in den "Regulatorenkampf" (Cargill 1985:148) zwischen Finanzministerium und Bank von Japan einbezieht (Suzuki 1983:52).

Aber die Banken kämpfen nicht nur mit Computern. Bereits seit 1972 bieten sie eine Art Girokonto an (*sōgō-kōza*), das die Funktion eines normalen Kontos mit

Schaubild 17: Ganzseitige Anzeige einer Wertpapierfirma für die Geldanlage in Treuhandfonds in einer Tageszeitung
(Quelle: Nihon Keizai Shinbun, 16.7.1986, S.14)

"Zu niedrige Zinsen? – Treuhandinvestment: Die Anlage für Ihren Bonus!"

Daiwa-Investment bietet lukrative Anlageformen in In- und Ausland.
(Werbepsychologischer Hintergrund: Wenn er seinen Bonus in Treuhandtitel anlegt, kann sich heute selbst der Durchschnittsjapaner noch das teure *Sashimi*- (Fisch-) Gericht leisten.)

denen eines Sparkontos verbindet und jederzeit überzogen werden darf. Die Deckung erfolgt allein durch die Überprüfung der sozialen Verhältnisse des Kontoinhabers bei Eröffnung des Kontos, die dann alle zwei bis drei Jahre erneut überprüft werden (Yokota 1978:100). Diese Einrichtung soll in erster Linie einen Beitrag zur Ausweitung der Konsumentenkredite darstellen, deren Angebot im Vergleich zu den USA noch in den 80er Jahren stark unterentwickelt ist. Seit 1981 dürfen die Großbanken als Gegenstück zu dem Ratensparsystem der Post ein sog. festgelegtes Termingeld (*kijutsu shitei teiki-yokin*) anbieten, bei dem mit einer Kündigungsfrist von einem Monat und einer Laufzeit von 1-3 Jahren die Zinseszinsen mit verrechnet werden (Bronte 1982:16).

Erst seit den späten 70er Jahren schließlich bieten die Banken Dienstleistungen an, die unter dem Begriff der "Kommerzialisierung" (*depaato-ka*, wörtl. "Umwandlung in Kaufhäuser") zusammengefaßt sind, wie z.B. die Einführung von Daueraufträgen, Gehaltsüberweisungen, direkten Banküberweisungen u.ä. (Mitsui 1975:166). Die Ausweitung dieses an sich nicht einträglichen Bankengeschäftes ist ein weiteres Indiz für den Druck, unter den die Banken im Liberalisierungsprozeß geraten sind.

Zusammenfassend lassen sich sechs Faktoren festhalten, die zu den starken Marktanteilsverlusten der Geschäftsbanken in der zweiten Hälfte der 70er Jahre beitrugen:
1) Mit der effizienteren Gestaltung des Geldverkehrs sind die Depositienbanken durch die ihnen auferlegten Beschränkungen in der Geldschöpfung benachteiligt.
2) Die Nachfrage nach den langfristigen Anlagekonten der Treuhandbanken, Lebensversicherungen oder der Post steigt seit den 70er Jahren beträchtlich, die Geschäftsbanken dürfen aber nur Termineinlagen bis zu zwei, seit 1983 drei, Jahren anbieten.
3) Mit steigendem Lebensstandard der Bevölkerung gewinnen einkommenselastische Lebensversicherungen und die Bausparkassen zunehmend an Gewicht.
4) Die Post bietet verschiedene Vorteile (höhere Zinsen, Steuerbefreiung, mehr Filialen), die die Posteinlage gegenüber der Spareinlage bei der Bank attraktiver macht.
5) Die Gelder zur Finanzierung privater Anlageinvestitionen werden nun aus nicht-zinsregulierten Geldmarktinstrumenten wie den CD geschöpft.
6) Eine Erhöhung der Habenzinsen wird mit rückläufiger Kreditnachfrage und zunehmender Diversifizierung des Geldbeschaffungsangebotes immer schwieriger, auch nehmen die Großbanken nicht mehr die Stellung von Angebotsmonopolisten ein.

Die Geschäftsbanken suchten ihr Heil in der Offensive und wandten sich mit neuen Serviceleistungen an die Sparer. Durch ein effizientes Management mit dem Ziel einer Senkung der Personalkosten zur Steigerung der Kapitaleffizienz kam es zu einer Veränderung ihrer Gewinnstrukturen (Suzuki 1983:37). Von der schweren Bankenkrise zum Ende der 70er Jahre konnten sich die Großbanken und die großen Regionalbanken auf diese Weise am besten erholen und nehmen weiterhin die führende Position im Bankensystem ein, wenn auch mit geringerem Abstand zu den anderen Finanzinstituten.

Der Übergang von einem "Finanz-Entwicklungsland" (*kinyū kōshin-koku*) (Ishikawa 1985:183) der 60er Jahre zu einem liberalisierten, effizienteren Bankensystem der 80er Jahre beeinflußte auch die Wirkungsmechanismen geldpolitischer Impulse. Das Hauptbank-System der Finanzierung von Unternehmensgruppen als Kanal der direkten Kreditallokation von Zentralbankgeld in wachstumsstrategische Sektoren funktionierte nicht mehr, die gerade Linie Regierung – Banken – Industrie wurde durchtrennt. Die Bank von Japan wandte sich nun neuen Regulierungsmechanismen zu.

4.2. DIE NEUE GELDPOLITIK

Der Ölschock von 1973/74 beendete das 20jährige Hochwachstum. Sucht man nach Gründen dafür, daß gerade Japan so stark von der Ölkrise getroffen wurde, so findet man zunächst eine starke Abhängigkeit von fremden Rohstoffen im allgemeinen und von Rohöl im besonderen. Die Schuld an der aus der Krise erwachsenden zweistelligen Inflationsrate und dem daraus resultierenden wirtschaftlichen Zusammenbruch wird jedoch dem geldpolitischen Fehler der Überschußliquidität in den Jahren 1971/72 angelastet.

Mit der weltweiten Krise gewannen die Neo-Quantitätstheoretiker, wie in allen führenden Industrieländern, in Japan an Boden, und neben dem seit der Weltwirtschaftskrise in den 30er Jahren dominanten John Maynard Keynes betrat Milton Friedman die wirtschaftspolitische Bühne. Die Zentralbanken gingen auf eine bewußte Steuerung der Geldmenge über.

4.2.1. Das Geldmengenziel

Zur Ankurbelung der Wirtschaft nach der Izanagi-Rezession 1969/70 ergriffen die Finanzbehörden umfassende stimulierende Maßnahmen, die in erster Linie den Effekt zeitigten, daß sich die in Umlauf befindliche Geldmenge erheblich ausweitete. Die Ölkrise hatte daher um so verheerendere Auswirkungen (s. 5.2.1. und 5.2.3.). Die Bank von Japan konstatierte, daß sie ehedem zu viele Ziele auf einmal verfolgte (Vollbeschäftigung und Wirtschaftswachstum und Geldwertstabilität und das externe Gleichgewicht) und keines davon erreichen konnte. Im Juli 1974 gab sie erstmalig öffentlich ihre Absicht bekannt, von nun an eine konkrete Geldmengenpolitik zu betreiben und nur noch dem einen Ziel der Preisstabilität nachzugehen. Wurden auch zu dieser Zeit die Implikationen des Schrittes in ihrem vollen Umfange kaum gesehen und erfuhr der Schritt anfangs nur wenig öffentliches Interesse, so wurden die Konsequenzen des geldpolitischen Richtungswechsels in den folgenden Jahren um so deutlicher, als die Inflationsrate rasch und merklich zurückging, der Yen stieg und die zweite Ölkrise wesentlich leichter gemeistert werden konnte.

Die Bank von Japan stand bei dem Einstieg in ihre neue Geldpolitik zunächst vor der grundlegenden Frage, welche Geldmengenaggregate die von ihr zu lenkende Geldmenge umfassen sollte. Zur näheren Bestimmung wird die Geldmenge M je nach den Passiva, die sie umfaßt, in drei Gruppen aufgeteilt:

1) Das Geldvolumen M_1 umfaßt den Bargeldumlauf ohne die Kassenbestände der Kreditinstitute sowie die Sichteinlagen inländischer privater Nichtbanken.
2) Die Geldmenge M_2 setzt sich zusammen aus M_1 zuzüglich der Termineinlagen mit einer Laufzeit von bis zu vier Jahren, den sog. Quasigeldbeständen.
3) Für die Geldmenge M_3 werden zu der Menge M_2 noch die Spareinlagen mit gesetzlicher Kündigungsfrist bei den Banken und anderen Nichtbanken-Finanzinstituten (Post, Bausparkasse etc.) hinzugezählt. Diese Geldmenge reagiert auf Umschichtungen am unempfindlichsten.

Die Zusammensetzung der einzelnen Aggregate kann im Detail von Land zu Land divergieren, die hier gewählte Darstellung gilt sowohl für die Bundesrepublik Deutschland als auch für Japan (vgl. Ishikawa 1985:68).

Bei der Verfolgung ihrer monetaristischen Geldpolitik muß eine Zentralbank das Geldvolumen kontrollieren, das die engste Beziehung zum potentiellen Volkseinkommen und den Staatsausgaben in der Zukunft aufweist. Da die Geldmenge M_1 keine Kontrolle über das laufende Volkseinkommen zuläßt, während M_2 einen stärkeren Bezug zur zukünftigen Geldentwicklung hat, M_3 jedoch zu träge ist, wählte die Bank von Japan die Größe M_2 als den Indikator für ihr Geldmengenangebot aus (Suzuki 1985:5). Diese Wahl war sowohl theoretisch als auch empirisch begründet: sie stützte sich einerseits auf eine Studie der Untersuchungsabteilung der Bank von Japan (*Nihon ginkō chōsa-kyoku*) aus dem Jahre 1975, in der eine enge statistische Korrelation zwischen M_2 und den realen gesamtwirtschaftlichen Aktivitäten nachgewiesen wurde. Andererseits machen Japaner bis heute von Schecks und Sichteinlagen nur wenig Gebrauch, sondern greifen eher auf Bargeld und auf Überweisungen von Spareinlagen und längerfristigen Einlageformen zurück, die zwar in M_2, nicht aber in M_1 enthalten sind (ICEPS 1984:4). Infolgedessen entspricht das Geldvolumen M_2 in Japan am ehesten dem theoretischen Idealkonzept der zu steuernden Geldmenge.

Die Bedeutung einer Veränderung der Geldmenge für die Volkswirtschaft wird nur deutlich, wenn man analysiert, welche ökonomischen Einheiten Geld halten und warum. Im investitionsinduzierten Hochwachstum war diese Frage für die Bank von Japan uninteressant, was zählte, waren Veränderungen in der Unternehmensfinanzierung und deren Gründe. Die Bank von Japan kümmerte sich also in erster Linie um die Kreditversorgung des Unternehmenssektors, nicht aber um die Geldmenge M_2. Diese Kreditversorgung erfolgte durch Zentralbankkredite und damit einhergehende diskretionäre Maßnahmen, die hohe Ausschläge in der Wachstumsrate der Geldmenge hervorriefen — bei Zahlungsbilanzkrisen bis zu -15%, bei monetären Verflüssigungen bis zu +25%. Mit einer zeitlichen Verzögerung von einigen Quartalen zeigten sich diese Fluktuationen in der Wachstumsrate des nominalen und realen Bruttosozialprodukts. Schaubild 18 zeigt, daß die Bewegungen von Geldmenge und Sozialprodukt im Hochwachstum die Neo-Quantitätstheorie bestärken.

Schaubild 18: Die Geldmenge M_2 und das Bruttosozialprodukt (real und nominal), 1956-1985, in prozentualem Anstieg gegenüber dem gleichen Quartal des Vorjahres
(Quelle: Suzuki 1985:2)

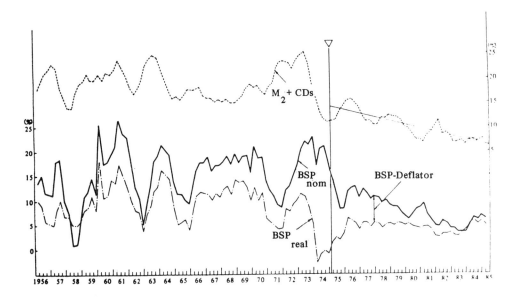

Im Juli 1974 verkündete die Bank von Japan ihr erstes Geldmengenziel, das bei einer jährlichen Wachstumsrate von 10-13% lag (AMM 1977:9/10:13). Die Geldbasis zeigte in den folgenden zehn Jahren nur noch geringe Fluktuationen von ± 2,5% auf, gleichzeitig aber fiel die Wachstumsrate der Geldmenge insgesamt von jährlich durchschnittlich 15% vor 1975 auf 7,8% in den 80er Jahren. Entsprechend verringerte sich — wie in der Theorie vorgesehen — die Wachstumsrate des nominalen

Volkseinkommens, das reale Bruttosozialprodukt aber wurde nicht berührt. Dies erklärt sich aus der sinkenden Inflationsrate, d.h. es wurde nur der BSP-Deflator, der Preisindex des Bruttosozialproduktes, von der sinkenden Wachstumsrate der Geldmenge beeinflußt.

Seit Juli 1978 gibt die Bank von Japan alle drei Monate ihre Vorhersage des Geldmengenwachstums für das folgende Quartal gegenüber dem entsprechenden Quartal des Vorjahres bekannt, die der Indikator für die zu erwartende Politik der Zentralbank ist. Im Gegensatz zu anderen Ländern aber ist diese Ankündigung nicht multiples Ziel für verschiedene Variablen, sondern die Bank von Japan gibt nur die erwartete Wachstumsrate für die eine Variable, M_2, an (seit der Einführung der Depositienzertifikate 1979: M_2 +CDs). Außerdem wird nur die erwartete Rate, nicht aber ein definitives Ziel angegeben (ICEPS 1984:4). Die Bank von Japan hält eine Zielankündigung, wie sie besonders in den USA mit starker Betonung üblich ist, nicht nur für unnötig, sondern für schädlich, da sie politischen Druck möglich macht (Suzuki 1985:6). Die japanische Öffentlichkeit ist jedoch durch die Vorhersage in gleichem Maße informiert, wie sie es durch eine konkrete Zielankündigung wäre, so daß der Unterschied allein in der 'Rhetorik' zu liegen scheint.

Seit die Bank von Japan ihre Vorhersagen bekanntgibt, ist sie nie um mehr als einen Prozentpunkt von der angestrebten Wachstumsrate abgewichen. Dies hat ganz erheblich zu der Glaubwürdigkeit der Bank von Japan und zum Vertrauen in die Effizienz der Geldpolitik seitens der Öffentlichkeit beigetragen. Wie die Lektüre des Monatsberichtes der Bank von Japan (NGCG) über einen längeren Zeitraum hinweg deutlich macht, ist das Geldmengenziel so konstant gleichbleibend, daß die neue Ankündigung der Wachstumsrate mittlerweile schon zur Nebensächlichkeit geworden ist; eine Veränderung des Diskontsatzes findet wesentlich stärkere Beachtung.

Das Hauptziel, das mit der neuen Geldpolitik angestrebt wird, ist die Geldwertstabilität. Wie die folgenden Schemata aufzeigen, liegt der Umorientierung der Bank von Japan nicht nur eine Änderung in der Endzielsetzung zugrunde, sondern auch eine der Zwischenziele und Variablen. Während im Hochwachstum (Schaubild 19a) vier Endziele verfolgt wurden, gibt es im Niedrigwachstum nur noch ein geldpolitisches Endziel (Schaubild 19b): unter dem System der freien Wechselkurse wird das externe Gleichgewicht durch die Bewegung der Wechselkurse hergestellt, die Zahlungsbilanz kann aus dem geldpolitischen Zielkatalog gestrichen werden (auch wenn die Zentralbank den Bewegungen des Wechselkurses gegenüber nicht gleichgültig sein kann und Eingriffe währungspolitischer Art durchaus nötig werden können).

Der Neo-Quantitätstheorie folgend, ist man überzeugt, daß mit dem Erreichen des einen Zieles der stabilen Preise die anderen Zielpunkte von allein folgen. Das Zwischenziel ist die Geldmenge M_2 +CDs, die von der Zentralbank gelenkt wird und die Stelle der ehemaligen Kreditzunahmegrenzen auf die Kredite der Finanzinstitute an die Nichtbanken einnimmt (Fukui 1986:17). Die Lenkung des Zwischenziels erfolgt durch entsprechende Eingriffe in die Geldmärkte. Orientierungsgröße für diese Eingriffe ist der Rufzins, der als geldpolitischer Indikator gleichzeitig auch einer der Zielpunkte der Zentralbankkontrolle ist (Teranishi 1982:576).

Schaubild 19a: Die geldpolitische Zielsetzung in der Periode des Hochwachstums

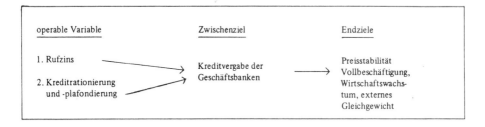

Schaubild 19b: Die geldpolitische Zielsetzung seit 1974

4.2.2. Der geldpolitische Transmissionsmechanismus — Umbewertung des Instrumentariums der Geldpolitik

Die grundlegende Änderung des geldpolitischen Zwischenziels macht eine entsprechende Umorientierung in den Maßnahmen nötig, die zu diesem Ziel führen sollen. Begleitet wird der Umdenkungsprozeß von den durch Liberalisierung und Internationalisierung hervorgerufenen Reformen der Finanzstruktur — das Schlagwort der "Finanzrevolution" (*kinyū-kakumei*) scheint nicht zu hoch gegriffen.

In den 50er und 60er Jahren waren die Zentralbankkredite die Hauptquelle der Geldbasis; die Bank von Japan kontrollierte ihren Umfang über die Festlegung von Kredithöchstbeträgen. Die Höhe dieser Kredite war endogen bestimmt, die Nachfrage nach Krediten ließ sich in der Funktion von Leitzins, 'Markt'-zinsen und anderen, nicht-geldpolitischen Variablen ausdrücken (Toida 1982:23). Hauptdeterminante der Geldbasis war die Höhe der Devisenreserven: bei Leistungsbilanzüberschüssen verfolgte die Bank von Japan eine monetäre Verflüssigung, folglich stieg die Kreditvergabe durch die Banken an und entsprechend das Geldangebot – bei Leistungsbilanzdefiziten galt der umgekehrte Mechanismus (vgl.5.1.6.). Mit dem Übergang auf flexible Wechselkurse im Jahre 1973 und dem Bedeutungsverlust der Zentralbankkredite als Versorgungskanal für die Geldmenge in den 70er Jahren wurden die Kredite der Bank von Japan an die Regierung, d.h. die Höhe der gehandelten Staatsanleihen, zur Hauptquelle der Zentralbankgeldschöpfung. Ein stetiges Geldmengenwachstum wird jetzt erzielt durch (a) die Absorption irregulärer Zu- und Abflüsse auf den Regierungskonten bei der Zentralbank, und (b) komplementär hierzu durch den Ausgleich saisonaler Schwankungen in der Bargeld- und Kreditnachfrage durch den Privatsektor. Langfristig wird die Geldbasis also durch den Ankauf von Staatsanleihen durch die Bank von Japan gestellt, kurzfristige Feinregulierungen werden über Offenmarktoperationen, Rediskontierungen, *Gensaki*-Handel oder eine direkte Kreditvergabe an die Großbanken (d.h. Kreditpolitik) vorgenommen (AMM 1983:7/8:13,16).

Die politische Haltung der Zentralbank ging im Zuge dieser Entwicklung von dem ehedem passiven Reagieren auf Veränderungen in der Nachfrage nach Zentralbankgeld auf eine aktive Offenmarktpolitik über. Zur Herbeiführung einer Phase monetärer Kontraktion verkauft die Bank von Japan Staatsanleihen und zieht so die von den Banken gehaltenen Reserven ein. Die Banken wenden sich an den Rufmarkt und fragen Zentralbankkredite nach, die dann mit kreditpolitischen Mitteln gelenkt werden (Fujino 1978:188). Entscheidend für die Wirkung der geldpolitischen Schritte ist dabei ein funktionsfähiger Zinsmechanismus, damit der Eingriff auf einen Teil des Geldmarktes auf die anderen Märkte übertragen werden und so die realwirtschaftliche Ebene erreichen kann.

Der Transmissionsmechanismus eines geldpolitischen Impulses im Niedrigwachstum läuft über ein ganzes Wirkungsgeflecht interdependenter Faktoren (s. Schaubild 20). Die Wirkungsweise soll hier durch das Beispiel der Herbeiführung einer monetären Restriktion erläutert werden (NGCG 1984:11:20-23):

Die Bank von Japan kauft auf dem Interbankenmarkt Wechsel an, das Zinsniveau steigt, das Kreditverhalten der Geschäftsbanken wird eingedämmt. Die Sollzinsen steigen, die Grenzkosten der Kreditbeschaffung bzw. die Opportunitätskosten der Geldanlage ebenso. Das Ansteigen des Rufmarktzinses induziert einen Rückgang des Kreditgrenzgewinnes für die Banken. Die Geldmenge wird also von der Angebotsseite her beschränkt (Wirkungsstrang 2).

Stränge 3 und 4 beschränken die Geldmenge gleichzeitig auch von der Seite der Geschäftsbankenkredite. Durch den allgemeinen Anstieg der Zinsen steigen neben den Kreditbeschaffungskosten der Unternehmen auch deren Kosten bei der Emission von Anleihen. Infolgedessen wird das Investitionsverhalten vorsichtiger, die Kreditnachfrage geht zurück, die Unternehmen legen ihre überschüssigen Gelder lieber auf Märkten mit freien Zinsen an. Dort aber können sie von der Zentralbank absorbiert werden.

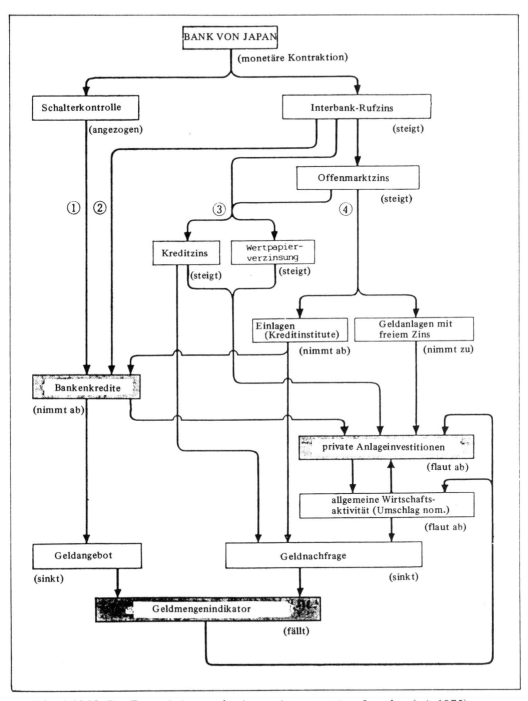

Schaubild 20: Der Transmissionsmechanismus eines monetären Impulses (seit 1975)
(Quelle: NGCG 1984/1121)

Auf diese Weise entsteht in einer Phase monetärer Kontraktion eine Lücke zwischen den Einlagen bei den Banken (bei rückgängiger Kreditvergabe nehmen die Ausgleichskonten ab) und freiverzinslichen Anlageformen: die Kredite der Geschäftsbanken gehen zurück, die Investitionen sind eingedämmt, dafür weitet sich der Offenmarkt aus. Der Anstieg des allgemeinen Zinsniveaus hat also das Ausgabeverhalten der Unternehmen, d.h. die Nachfrageseite, direkt beeinflussen können.

Während Kanal 2 auch im Hochwachstum bereits seine Gültigkeit hatte, entwickelten sich die Mechanismen 3 und 4 erst mit der Liberalisierung der Geldmärkte seit Ende der 70er Jahre heraus. Wirkungsstrang 1 schließlich wird mit fortschreitender Deregulierung in zunehmendem Maße bedeutungslos. Die Schalterkontrolle, deren Relevanz im Hochwachstum vieldiskutiert, aber nichtsdestoweniger ausschlaggebend war, wurde nicht etwa abgeschafft, weil sie nicht marktkonform war, sondern sie wurde im Gegenteil in den 70er Jahren langfristig betrieben, ohne aber noch die Effizienz der früheren Jahre zu haben. Die Voranschläge, die die Geschäftsbanken vierteljährlich bei der Zentralbank einreichen, werden meist ohne Korrektur angenommen und die den Kunden zugeteilte Quote meist gar nicht voll ausgeschöpft. Die Gründe für diese 'Normalisierung' in der Kreditpolitik liegen in der Diversifizierung der Geldbeschaffungsformen der Unternehmen, der nachlassenden direkten Abhängigkeit der Banken von der Bank von Japan, der Ausweitung deregulierter Geldmärkte, der Entwicklung eines Kapitalmarktes und nicht zuletzt in dem allgemeinen Abflauen der Kreditnachfrage mit dem Übergang ins Niedrigwachstum.

Zu grundlegenden Veränderungen im übrigen Instrumentarium kam es nicht, jedoch veränderte sich das jeweilige Gewicht der anderen Instrumente stark. Die Diskontpolitik arbeitet nach wie vor über ihren Ankündigungseffekt, reale Kosteneffekte ruft sie nicht hervor. Die Kreditpolitik setzt in Wirkungsstrang 2 von Schaubild 20 bei der Kreditvergabe der Zentralbank an die Großbanken ein. Hier bleibt das Verhalten der Bank von Japan passiv, sie reagiert lediglich auf die Nachfrage nach Zentralbankgeld. Die Mindestreservepolitik bleibt ein ergänzendes Instrument, gewann jedoch an Bedeutung: besonders während der beiden Ölkrisen konnte eine maßgebliche Anhebung der Mindestreservesätze die kontraktiven Impulse der Bank von Japan deutlich verstärken (vgl. auch Schaubild 21, S.117).

Die Offenmarktpolitik schließlich wurde anstelle der Kreditpolitik zum Kernstück des geldpolitischen Instrumentariums. Hier agiert die Bank von Japan aktiv, um das Ziel des konstanten Geldmengenwachstums einhalten zu können. So wird verständlich, warum der Liberalisierung des Geldmarktes eine solch entscheidende Bedeutung zukommt und warum die Bank von Japan die Zinsarbitrage unter den Teilmärkten aktiv vorantrieb.

Die Darstellung des Transmissionsmechanismus geldpolitischer Impulse zeigte auf, daß sich ein Übergang von der Geldmengensteuerung allein über die Angebotsseite hin zu einer stärkeren Betonung des Nachfrageweges abzeichnet, da das Zinsniveau — vor dem Hintergrund eines wachsenden Zinsbewußtseins der Bevölkerung und der Lenkung der Zinsen durch die Marktkräfte — das Ausgabeverhalten der privaten Nichtbanken in zunehmender Weise beeinflußt. Die schwindende Rolle der Schalterkontrolle ist bezeichnend für die Veränderung in der gesamten Geldpolitik: die Bank von Japan wirkt nun kaum noch mit mehr oder weniger marktkonformen Maßnahmen über den direkten Eingriff in das Kreditverhalten der Banken, sondern sie wirkt über gezielte, punktuelle Eingriffe auf dem Geldmarkt. Das "Finanz-Entwicklungsland" (Ishikawa 1985:183) hat sich auch im geldpolitischen Bereich entwickelt.

4.3. BEWERTUNG: DIE LIBERALISIERUNG DES FINANZSYSTEMS

Der japanische Finanzmarkt entwickelte sich zwischen 1976 und 1985 rapide. Wie Schaubild 13 (S.84-87) verdeutlichte, setzte zum Ende der 70er Jahre zunächst ein starker Liberalisierungsprozeß auf dem Interbankenmarkt ein, vor allem im Bereich der Zinsen. Die Veränderungen in der Geldbeschaffung folgten erst mit der enormen Ausweitung des Offenmarktes in den 80er Jahren. Daraus folgt, daß der Interbankenmarkt als Motor der Zinsliberalisierung gleichsam mit dem Treibstoff der Anlagendiversifizierung des Offenmarktes angetrieben wurde. Die starke und rapide Ausweitung des Offenmarktes ist dadurch zu erklären, daß dieser Markt bis in die 70er Jahre der am wenigsten entwickelte Teil des Geldmarktes war und deshalb mehr aufholen konnte und mußte. Die Geldbeschaffung auf dem Interbankenmarkt war bereits relativ frei, und mit der Liberalisierung der Zinsen auf diesem Markt bis zum Jahre 1980 scheint der Entwicklungsprozeß hier abgeschlossen zu sein, zumal die Möglichkeit der Einführung neuer Anlageformen auf dem Interbankenmarkt vom Charakter des Marktes her begrenzt ist.

Die Offenmarktzinsen sind von Natur aus frei — wodurch sich die wenigen Einträge in dieser Spalte in Schaubild 13 erklären —, da es sich hier um neue Instrumente handelt, die es zu Zeiten massiver Zinskontrollen noch gar nicht gab (CD, CP, MMC, BA etc.).

Gestützt wurde die Entwicklung des Finanzmarktes durch zwei Faktoren. Die massive Begebung von Staatsanleihen seit 1974 machte die Herausbildung eines Handelsplatzes für diese Titel nicht nur möglich, sondern unabdinglich. Gleichzeitig wurde durch die steigende Staatsverschuldung der Privatsektor aus dem Rennen um die Bankkredite geworfen und wandte sich nun zum einen verstärkt an den Rentenmarkt und zum anderen an das Ausland. Die Internationalisierung der japanischen Finanzwelt ist der zweite Faktor, der die Ausweitung der Kreditmärkte vorantrieb.

Dieser Entwicklung liegt eine einschneidende Veränderung in der Geldflußstruktur zugrunde. Der öffentliche Sektor wird zum Schuldner der Nation, während der Unternehmenssektor seit 1978 zusammen mit den privaten Haushalten den Überschußsektor ausmacht. Diese neuen und auch die alten Gläubiger entwickeln ein immer ausgeprägteres Zinsbewußtsein, das einerseits durch die Zinsliberalisierung wachgerufen wurde, sie andererseits aber ebenso vorantreibt.

Energiekrise, Wirtschaftskrise, Stagflation (s. 5.2.2.) und Staatsverschuldung dehnten den Siegeszug der Neo-Quantitätstheoretiker bis nach Japan aus. Im Jahre 1974 gab die Bank von Japan die Umorientierung ihrer Geldpolitik bekannt, seitdem zählt nur noch die Geldmenge auf dem Weg zur Preisstabilität. Entsprechend veränderte sich auch das geldpolitische Instrumentarium: zur Lenkung der Geldmenge innerhalb des gewählten Zielkorridors bedarf es einer aktiven Offenmarktpolitik. Die Geldversorgung, zuvor in der Hauptsache über Zentralbankkredite an die Privatbanken vorgenommen, stützt sich nun auf die Finanzierung der Staatsschulden, d.h. auf den Handel mit Staatsanleihen. Die japanische Zentralbank geht zudem aufgrund der Loslösung der Unternehmen von den Banken sowie der Loslösung der Banken von der Abhängigkeit von Zentralbankkrediten ihrer direkten Kontrollmacht über das Kreditverhalten der einzelnen Wirtschaftssubjekte verlustig. Aus der passiven Reaktion auf die Kreditnachfrage der Wirtschaft werden aktive Eingriffe in das Geldmarktgeschehen.

Vorraussetzung für diese neue geldpolitische Linie ist ein Zinsmechanismus, der den Kräften von Angebot und Nachfrage folgt und die Weiterleitung der Wirkung der Zentralbankeingriffe ermöglicht. So schließt sich an dieser Stelle der interdependente Liberalisierungskreis, der in beide Richtungen wirkt: die Liberalisierung der Geldmärkte, die zu einer Liberalisierung der Zinsen führt, bewirkt, daß die Staatsanleihen, nun frei verzinslich, auf einem neuen Sekundärmarkt gehandelt werden, der den Kern eines sich rasch entwickelnden Kapitalmarktes darstellt, der wiederum durch seine Arbitrage mit dem Offenmarkt eine neue Geldpolitik möglich und nötig macht. Diese bewegt den gesamten Kreislauf in die andere Richtung, da sie auf einer Liberalisierung der Geldmärkte basiert, die nur möglich ist durch eine Liberalisierung der Zinsen, die in gleicher Weise forciert wird durch die massive Begebung von Staatsanleihen und die Herausbildung des Kapitalmarktes.

Um die Effizienz der Geldpolitik von 1975-1985 bewerten zu können, muß eine Unterscheidung zwischen den zwei Begriffsinhalten dieser Effizienz gemacht werden: zum einen ist die Kontrolle des Zwischenziels M_2+CDs durch direkte Eingriffe, zum anderen aber die Kontrolle dieses Zwischenziels im Hinblick auf das Endziel, die Preisstabilität, zu evaluieren: Für beide Aspekte ergibt sich, wie unter Punkt 5.2. aufzuzeigen sein wird, daß die Bank von Japan im letzten Jahrzehnt sehr effizient hat wirken können. Zwei Probleme in der Entwicklung der letzten Jahre könnten dieser Effizienz in Zukunft jedoch entgegenwirken.

Zum einen stellt sich die Frage nach der 'gesunden Bankenführung', die die Finanzbehörden nicht erst seit der Einsetzung des neuen Bankgesetzes 1982 propagieren. Die schwache Basis der Geschäftsbanken, hervorgerufen durch künstlich gedrückte Einlagenzinsen und dem so hervorgerufenen Depositenabfluß, bindet die geldpolitische Durchschlagskraft. Bislang verhielt es sich so, daß die Bank von Japan in Zeiten monetärer Verflüssigung, d.h. weiter fallender Zinsen auf

Spareinlagen, mit Krediten und individuellen Schutzmaßnahmen aushalf und so der Entwicklung eines gesunden Bankenmanagements eher entgegenwirkte (vgl. Rōyama 1986b:174). Mit fortschreitender Liberalisierung aber wird sich eine solche 'Erste-Hilfe' bald als nutzlos erweisen.

Das andere Problemfeld ist und bleibt die Post, die über die Verzerrungen im Finanzsystem auch auf die neue Geldpolitik einwirkt: da die Postspareinlagen zur Geldmenge M_3 zählen, werden sie bei der Festlegung des Geldmantels durch die Bank von Japan nicht erfaßt, obwohl sie ca. 30% aller Einlagen der privaten Nichtbanken ausmachen. Diese Feststellung stützt allerdings weniger eine Kritik am Berechnungsschema — die Menge M_3 umfaßt zu viele langfristig gebundene Gelder, als daß sie als Maßstab realwirtschaftlicher Bewegungen dienen könnte — als daß sie die Frage aufwirft, wie lange die Depositenzinsen der Banken noch gedrückt bleiben. Je weiter die Postspareinlagen steigen, desto größere Effizienzverluste für die Geldpolitik sind zu erwarten.

Das Finanzministerium tut sich weiterhin schwer mit der Liberalisierung der Einlagenzinsen; ob der Kontrollmechanismus im sich beständig ändernden Finanzsystem überhaupt noch wirken kann, muß fraglich bleiben. Der Liberalisierungsprozeß ist noch keineswegs abgeschlossen.

5. DIE MONETÄRE KONJUNKTURPOLITIK VON 1950 BIS 1985

In 35 Jahren Wirtschaftswachstum nach dem Zweiten Weltkrieg durchlief Japan sieben große Konjunkturzyklen (s. Schaubild 21, S.117). Die Untersuchung der einzelnen Konjunkturphasen dieser Zeit hat zum Ziel, die Rolle der Geldpolitik zu verdeutlichen sowie Gleichheiten, Ähnlichkeiten und Unterschiede in der Behandlung dieser sieben Zyklen sichtbar zu machen. Diese geschieht anhand der Darstellung der realwirtschaftlichen Faktoren sowie der Maßnahmen, die zur Herbeiführung der monetären Restriktionen ergriffen wurden.

5.1. DIE PHASEN MONETÄRER RESTRIKTION IN DER PERIODE DES HOCHWACHSTUMS

5.1.1. 1953/54: "Investitionsrezession"

Mit dem sog. Korea(-Krieg)-Boom (*Chōsen-sensō buumu*), der im Juni 1950 einsetzte, wurde die Grenze zwischen der Wiederaufbauphase der unmittelbaren Nachkriegszeit und der Phase des neuen Wirtschaftswachstums überschritten.

Als sich die Wirtschaft durch die steigende Nachfrage nach japanischen Exportgütern zu regen begann, antworteten die Finanzbehörden aus Furcht vor einer erneuten Inflation zunächst mit einer Einschränkung der Zentralbankkredite. Die zunehmende sog. Sonderbedarfs-Nachfrage (*tokuju*) der amerikanischen Truppen aber führte bald zu einer positiven Haltung der Regierung, die ab Herbst 1950 die privaten Investitionen in die Exportgüterindustrie durch besondere Zuweisungen und großzügige Importkreditpolitik förderte. Im Rechnungsjahr 1950 stiegen die Anlageinvestitionen um 30%, von denen mehr als die Hälfte durch Bankkredite finanziert wurden, davon übernahmen allein die Großbanken 70% (EPA 1951: 81-86).

Von der ersten Hälfte des Jahres 1951 an lief die Sonderbedarfs-Produktion auf Hochtouren, die Exporte stiegen um 51% im Vergleich zum Vorjahr (Nihon ginkō 1980:10). Die unter der Dodge-Deflation angehäuften Lagerinvestitionen wurden rasch abgebaut, die Produktion stand unter dem Motto "was hergestellt wird, verkauft sich auch" (*tsukureba ureru*) (Asakura/Nishiyama 1974:790). Getragen wurde der Korea-Boom aber nicht nur durch den steilen Anstieg der Anlageinvestitionen und die intensive Nutzung der Produktionskapazitäten allein, sondern auch von einem enormen Anstieg der inländischen Nachfrage (Patrick 1962:15): der export-induzierte Boom ging mit dem ersten inländischen 'Konsum-Boom' einher.

Zaghafte Versuche, dem ausufernden Kreditvolumen Herr zu werden, hatten im September 1951 nur wenig Erfolg gezeitigt. Die Erhöhung des Diskontsatzes und der Strafzinsen – eher eine aus der Kriegszeit übernommene Maßnahme denn ein den veränderten Umständen angepaßter Schritt – war durch die umfangreiche Ausgabe von Regierungsgeldern überkompensiert worden (Nakamura T. 1985:284).

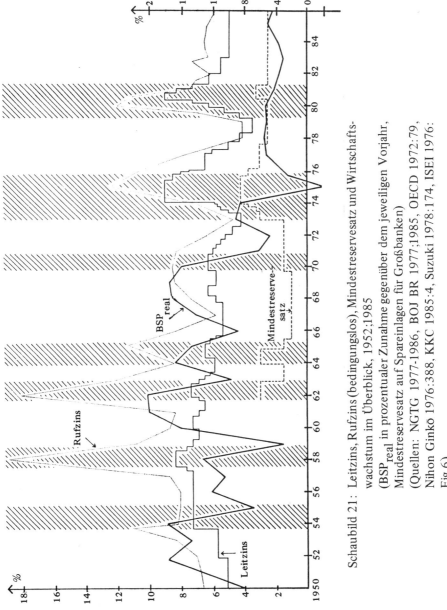

Schaubild 21: Leitzins, Rufzins (bedingungslos), Mindestreservesatz und Wirtschaftswachstum im Überblick, 1952;1985
(BSP_{real} in prozentualer Zunahme gegenüber dem jeweiligen Vorjahr, Mindestreservesatz auf Spareinlagen für Großbanken)
(Quellen: NGTG 1977-1986, BOJ BR 1977;1985, OECD 1972:79, Nihon Ginkō 1976:388, KKC 1985:4, Suzuki 1978:174, ISEI 1976: Fig.6)

Nachdem die USA aber im Herbst 1951 den Kauf von Kriegsmaterial eingestellt hatten, kam es 1952 zu einer Flaute, die durch die weltweite Rezession nach dem Waffenstillstand in Korea noch verstärkt wurde.

Der Korea-Boom traf Japan mitten auf dem Weg zu einer stabilen Wirtschaftspolitik. Eine gesunde Grundlage für die wirtschaftliche Entwicklung, wie sie in der Bundesrepublik Deutschland durch die Währungsreform und die grundlegende Neubewertung des Industriekapitals erfolgt war, war in Japan noch nicht geschaffen. Vom Exportfieber gepackt, verschob man die Strukturverbesserungen auf später; die gesunde Basis der Dodge-Politik zerbrach schnell (Nihon ginkō 1980:10).

Die Flaute von 1952 währte jedoch nicht lange. Da die ersten geldpolitischen Restriktionen keinerlei Kosteneffekt hervorrufen konnten und die Unternehmen weiterhin optimistisch auf den Wirtschaftsaufschwung vertrauten, kam es 1953 fast in direktem Anschluß an den Korea-Boom zum sog. Investitionsboom, bei dem Rationalisierungsmaßnahmen insbesondere in der Schwerindustrie vorgenommen wurden (Nakamura T. 1986:217). Gebettet auf ein dickes Devisenpolster, stiegen die Investitionen um 21%, der private Konsum um 20%. Da diese Steigerung aber einherging mit einem Produktionszuwachs von unter 8%, gleichzeitig jedoch bei stagnierenden Exporten die Importe um 21% anzogen, fiel der während des Korea-Booms angehäufte Devisenbestand rapide, und der Leistungsbilanzüberschuß von 225 Millionen US-Dollar im Jahre 1952 verwandelte sich in ein Defizit von 205 Millionen US-Dollar (Keran 1970:180). Gleichzeitig stiegen wegen hoher Betriebskosten die Preise 1953 mit 5% stärker als in anderen Ländern.

So entschied man sich im Herbst 1953 zum ersten Mal für eine aktive deflationäre Geldpolitik, die eigentlich durch eine Senkung der Staatsausgaben um 2,5%, dem sog. "100-Millionen-Yen Budget" (*ichi-oku en yosan*), gestützt werden sollte (EPA 1954:89). Da sich die Staatsausgaben stattdessen aber um 17% ausweiteten, war die Geldpolitik schon gleich bei ihrer Feuertaufe auf sich allein gestellt.

Nachdem der Gouverneur der Bank von Japan, Ichimada Hisato, im August 1953 zu einer umfassenden Kreditbeschränkung aufgerufen hatte, wurden im September die Zentralbankkredite an die Großbanken gekürzt. Am 1.Oktober wurde die Bemessungsgrundlage für die Strafzinssätze angehoben, d.h. die Kreditsumme, die mit dem ersten Strafzins berechnet wurde, verringerte sich. Zwar stiegen dadurch die Kosten für Zentralbankkredite deutlich an, doch da der zweite Strafsatz immer noch unter dem Rufzins blieb und zusätzlich ein Nachtragshaushalt für Liquidität sorgte, konnte diese Maßnahme die Volkswirtschaft nicht vollständig durchdringen (Nihon ginkō 1980:14). Die Nichtinanspruchnahme diskontpolitischer Maßnahmen begründete Gouverneur Ichimada damit, daß wegen der geringen Spareinlagen Subventionen an das Bankwesen nötig seien. Aufgrund der Niedrigzinspolitik und dem daraus resultierenden nicht funktionsfähigen Zinsmechanismus dürfe und könne eine Veränderung des Leitzinses über einen Warneffekt nicht hinausgehen (Tanaka 1980:150).

Im Januar, März und April 1954 wurden die Kreditlinien nochmals drastisch gesenkt, so daß der zweite Strafzins jetzt zum wirklichen Kostenfaktor wurde. Gleichzeitig stiegen die qualitativen Anforderungen an die diskontierfähigen Wechsel. Mit verstärktem Rückgriff auf die Schalterkontrolle kam nun auch das diskretionäre Element in der Kreditsteuerung zur Geltung (Suzuki 1978:174). Von April bis September 1954 verringerten sich die Bankkredite, insbesondere die Kredite, die als Betriebskapital Verwendung finden sollten, erheblich. Der Zuwachs der Spareinlagen, der im Korea-Boom eingesetzt hatte, flachte ab, und auch die Emission von Industrieobligationen war rückläufig, da die Banken kein Geld mehr hatten, sie aufzunehmen. Damit häuften sich aber auch unbeglichene Wechsel und Konkursanmeldungen (EPA 1955:106-109).

In der zweiten Hälfte des Fiskaljahres 1954 stiegen die Exporte wieder an: Europa befand sich im Aufwind und aktivierte den Welthandel wieder. Entsprechend zeigten auch die Kreditvergabe der Banken und die Depositen (in Form von Ausgleichsforderungen) wieder aufstrebende Tendenz (Nihon ginkō 1980:15). Nach dem Tiefpunkt im Sommer 1954 taten eine gute Ernte sowie eine Rekordernte im Jahre 1955 ein Übriges, Exporte und Produktion anzukurbeln (EPA 1956:1). Die Großhandelspreise fielen, so daß Japan sich dem internationalen Preisniveau angleichen konnte, die Devisenbilanz wurde durch den Anstieg der Exporte bei gleichzeitigem Nachlassen der Importe wieder positiv (vgl. Schaubild 22, S.120). Selbst das *Overloan* verschwand kurzfristig, und die restriktiven geldpolitischen Maßnahmen konnten im Juni 1954 aufgehoben werden (EPA 1955: 11-14).

Während der "Investitions-Rezession" fand keines der orthodoxen Instrumente Verwendung. Der Mindestreservesatz war noch nicht eingeführt, und der Diskontsatz steckte noch in den Kinderschuhen. Die Restriktion zielte also nicht direkt darauf ab, die Unternehmenskredite durch erhöhte Kosten zu bremsen, sondern den Kreditzugang an die Unternehmen direkt zu kontrollieren. Auf diese Weise konnte verhindert werden, daß die Exportgüterpreise durch einen Anstieg der Produktionskosten noch höher kletterten (Patrick 1962:170). Die Maßnahmen der Bank von Japan hatten so zudem den psychologischen Effekt, die Inflationsfurcht dämpfen zu können (Nihon ginkō 1981a:86).

Die Schalterkontrolle, obwohl in den vom Planungsamt (*Keizai kikaku-chō*), also von Regierungsseite, herausgegebenen Jahresberichten selbst in einer detaillierten Analyse des Maßnahmenkataloges zu dieser Zeit nicht erwähnt, wurde 1953/ 54 bereits erprobt (BoJ 1964:63). Diese Diskrepanz zwischen offiziellen Veröffentlichungen und tatsächlichem Handeln bestärkt die Annahme, daß es sich hier nicht um ein bewußt ausgearbeitetes Konzept handelte, sondern um ein Verhaltensmuster, das erst in der weiteren Entwicklung seine konkrete Form annahm.

Das erklärte Ziel der restriktiven Politik von 1953/54 war es, die Defizite in den Teilbilanzen zu reduzieren durch eine Senkung sowohl der Preise als auch des Konsums im Inland bei einer gleichzeitigen Steigerung der Exporte (Patrick 1962: 171). Der auf den Investitionsboom von 1953 folgende Abschwung wurde also ganz

Schaubild 22: Die jährliche Wachstumsrate von Import- und Exportwerten,
1952-1962 (in Prozent)
(Quelle: Patrick 1965:575)

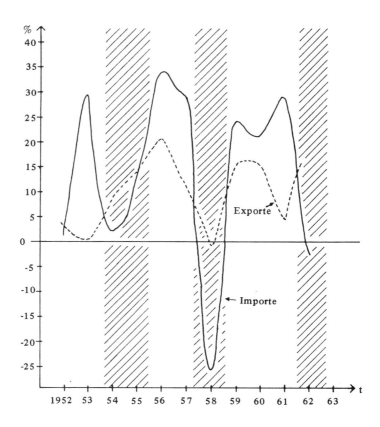

bewußt zum Zwecke des Teilbilanzenausgleichs von der Bank von Japan herbeigeführt. Bereits im Sommer 1954 waren erste Strukturverbesserungen zu erkennen, und bis zur Jahreswende fielen die Importe um 30%, wogegen die Exporte im Vergleich zum Vorjahr um 28,1% anstiegen (vgl. Schaubild 22). Von den ersten kontraktiven Maßnahmen bis zum Erreichen dieses Ziels vergingen mehr als 18 Monate. Bedenkt man jedoch, daß wirklich effektive Schritte erst im März 1954 unternommen wurden, so zeigte die Restriktion bereits innerhalb eines Jahres ihre Wirkung.

5.1.2. 1957/58: "Jimmu-Rezession"

Die Phase der Prosperität im Jahre 1955, auch "Quantitäts-Boom" (*suryō-keiki*) genannt, mit einer "phantastischen Konsumausweitung" (Fujita 1970:165) bei stabilen Preisen ermöglichte eine schnelle Erholung des Geldwesens von der vorausgegangenen Restriktion. In dieser Phase monetärer Entspannung veränderte die Bank von Japan das Hochzinssystem und hob den Diskontsatz auf ein relevantes Niveau an (vgl. 3.2.1.).

Aus der positiven Stimmung von 1955 heraus setzte das Land im Jahre 1956 zu einem neuen Höhenflug, dem Jimmu-Boom, an, dessen Anstieg in der Exportrate von 20%, dem höchsten Anstieg weltweit zu dieser Zeit, immer noch zurückblieb hinter einer Importsteigerung von 41%, die notwendig wurde durch ein Investitionswachstum von 80% (EPA 1957:1). Es versteht sich von selbst, daß das *Overloan* nun wieder in alter Stärke seinen Platz einnahm und zur ersten Vorraussetzung für die Realisierung des privaten Investitionseifers wurde. Die qualitative Zusammensetzung der Bankkredite zeigte insofern eine Veränderung auf, als zunehmend mehr Anlageinvestitionen mit umgewälzten kurzfristigen Krediten (*Roll-over* Krediten) finanziert werden mußten. Auch in der Konsumgüterindustrie wurden nun die Investitionsaktivitäten verstärkt, die Lagerinvestitionen schwollen mit dem Aufschwung stark an, das reale Bruttosozialprodukt wuchs im Fiskaljahr 1956 um 12% (vgl. Schaubild 25, S.127). Bei stabilen Preisen stiegen Unternehmensgewinne, Löhne und Gehälter sowie die Zahl der Beschäftigten.

Ab Mai 1956 refinanzierten sich die Großbanken verstärkt bei der Bank von Japan, doch schon im Juni waren alle zur Verfügung stehenden Wechsel diskontiert. Durch eine Anhebung des (nun einstufigen) Strafzinses im August 1956 wurde der Geldmarkt zum Profitmarkt für die liquiden Banken: der Rufzins kletterte in für die Großbanken schwindelerregende Höhen (s. Schaubild 21, S.117) (EPA 1957:192). Da die Kreditnachfrage unverändert hoch blieb und die Großbanken eifrig bemüht waren, ihre Kundenbeziehungen aufrechtzuerhalten, hoben sie ihre Sollzinsen jedoch nicht an.

Die Engpässe in der Rohstoffversorgung, besonders für die Schlüsselindustrien wie Eisen und Stahl, Energie und Transportwesen, ließen die Großhandelspreise ab der Jahresmitte steigen (Jiji 1958:175). Aber erst als die Handelsbilanz durch das starke Übergewicht der Importe, noch verstärkt durch eine steigende Inlandsnachfrage, wirklich in den defizitären Bereich abrutschte, machte die Bank von Japan mit einer Leitzinsanhebung um 0,365% im März 1957 einen ersten Restriktionsversuch. Gleichzeitig verabschiedete die Regierung ein expansives Budget — gegen den Rat von Planungsamt und Zentralbank, die das Umkippen der Leistungsbilanz in naher Zukunft voraussahen (Patrick 1962:19). Als die Krise im Sommer dann offensichtlich wurde, mußte die Geldpolitik mehr noch als bei der Restriktion von 1953/54 allein gegen die wirtschaftliche Überhitzung ankämpfen.

Im Mai 1957 wurde zweimal kurz hintereinander der Diskontsatz angehoben, erheblich zwar (auf 8,4%), jedoch ohne viel mehr als einen Warneffekt zu verursachen. Das neue Zinssystem erwies sich als wenig effektiv: der Strafzins lag – so war es festgelegt worden – immer einen Prozentpunkt über dem Leitzins und war damit eine "sehr freundliche Strafe" (Teranishi 1982:591), da er trotz der Leitzinserhöhung immer noch unter den ehemaligen zweiten Strafzins zu liegen kam. Da aber die Hochzins-Grenzsumme bereits zu Beginn der Restriktion gesenkt worden war, wäre eine weitere Senkung gegen den 'guten Ton' gewesen (Suzuki 1978:175). Das Resultat des Übergangs zu der neuen Diskontpolitik war also, daß die Zinsen auf Grenzkredite (d.h. zusätzlich aufgenommene Kredite) bei der Zentralbank nicht hoch genug waren. Dies heißt nicht, daß das neue System wertlos war, sondern legt lediglich die Grundprobleme des Hochwachstums offen, die in der Niedrigzinspolitik einerseits und in dem politischen Umfeld andererseits lagen, das eine Leitzinserhöhung von über 1,1% nicht zuließ. Die starke Überschußnachfrage nach Zentralbankkrediten jedenfalls konnte über den Zinssatz nicht reguliert werden, ein System zur Kreditrationierung aber gab es noch nicht (vgl. 3.2.2.), und so blieb nur die extralegale Schalterkontrolle zur Lenkung des Kreditverhaltens der Banken.

Zunächst wurden unter der Bezeichnung "Allgemeine Gegenmaßnahmen" (sōgō-taisaku) im Juni 1957 die Zentralbankkredite rationiert, aber auch Außenhandel und fiskalpolitische Projekte ganz allgemein eingeschränkt (was nicht viel bedeuten muß). Man riet den Großbanken, "durch eine verstärkte Zusammenarbeit die Effizienz des frei beweglichen Geldmarktzinses noch zu erhöhen" (TKSS 82) – in der Übersetzung aus der 'Schalterkontrollen-Sprache' bedeutet das so viel wie: die Zentralbankkredite werden weiter rationiert, man hintergehe die Anordnungen nicht und wende sich stattdessen an den Geldmarkt. Als sich im August ein übermäßiger Anstieg der Lagerinvestitionen abzeichnete, wurde den Banken nahegelegt, sicherzustellen, daß die zur Importfinanzierung ausgegebenen Kredite nicht für die Lagerhaltungsfinanzierung verwendet würden. Diese Weisungen der Bank von Japan widersprachen den Vorstellungen der Großbanken jedoch diametral, so daß nun zum ersten Mal das Phänomen der Versteckten Kredite (fukumi-kashidashi, vgl. 3.2.3. S.63) auftrat. Durch die starke Beschneidung der Zentralbankkredite (s. Schaubild 25, S.127) stieg der Rufzins Mitte des Jahres 1957 auf 20,81% an. Obwohl die Großbanken ihren Kreditzins schließlich doch anhoben, erlitten sie ganz erhebliche Verluste. Die Versteckten Kredite hoben den Gesamtkreditumfang über den des Vorjahres, doch brauchten die Unternehmen diese Gelder jetzt nicht mehr zur Finanzierung ihrer Investitionen, sondern um Lagerkosten und Steuerabgaben damit zu begleichen. Durch das auf Lager liegende Überschußangebot jedoch fielen die Preise (s. Schaubild 23), und die Unternehmen paßten sich in ihren Produktionsentscheidungen letztendlich auch der Geldknappheit an (EPA 1958: 219-222).

Die Deflation von 1957/58 wurde maßgeblich unterstützt durch eine weltweite Rezession; die Importe sanken deshalb schnell, und die Handelsbilanz konnte wieder ausgeglichen werden. Erste Zeichen der Entspannung zeigten sich in einer Verflüssigung des Geldmarktes und der Meldung der Versteckten Kredite im Frühjahr 1958 (EPA 1958:225). Nach einer dreimaligen Senkung des Leitzinses im Sommer (s. Schaubild 21, S.117) nahm auch die Aufnahme von Geldern zur Schuldendeckung durch die Unternehmen ab, und die Wirtschaft hatte sich bereits zum Jahresende von den Wirkungen der Rezession erholt.

Auch wenn die Restriktion von 1957/58 aufgrund der expansiven Regierungshaltung nicht präventiv herbeigeführt wurde, so wirkte sie doch ungeheuer rasch: schon ein bis zwei Monate nach der die monetäre Kontraktion offiziell initiierenden Leitzinsanhebung zeigten sich erste Reaktionen, und ein Jahr später waren die Produktion um 10%, die Importe aber um 40% gedrosselt. Im Gegensatz zu 1953 wurde die restriktive Phase durch ein konventionelles Instrument, die Diskontpolitik, eingeleitet. Der erste Propagandaeffekt dieser Maßnahme wurde dann gestützt durch eine aggressive und offensichtlich effiziente Kreditplafondierung. Der durchschlagende und schnelle Erfolg dieser Politik lag vor allem darin begründet, daß die Bank von Japan nun bereits auf ein komplexes, aber abgerundeteres Wirkungsgeflecht zurückgreifen konnte und nicht wie noch vier Jahre zuvor eine

Schaubild 23: Der Großhandels- und Verbraucherpreisindex 1956-65, Tōkyō
(in prozentualer Zunahme gegenüber dem jeweiligen Vorjahr)
(Quelle: BoJ 1971:38)

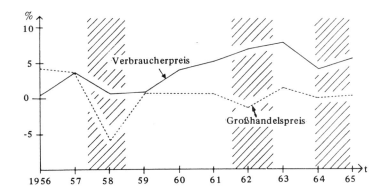

"Ansammlung unzusammenhängender Einzelschritte" (Mikitani 1973:277) vornahm.

Im Vergleich zu den anderen in dieser Zeit von einem Abschwung betroffenen Ländern war die Restriktion in Japan relativ mild. Durch das ausgeprägte *Overloan* wurde das erste Ziel, die Eindämmung der Investitionen, schnell erreicht. Gleichzeitig aber schlug sich die Kontraktion nicht auf das Beschäftigungsniveau nieder, so daß mit der expansiven Geldpolitik von 1959 der Weg frei war für einen direkten neuen Aufschwung.

5.1.3. 1961/62: "Iwato-Rezession"

Von 1959 bis 1961 erlebte Japan ein "Wachstum jenseits aller Vorstellungen" (EPA 1960:17), mit einem realen Wirtschaftswachstum von 19,6% im Jahre 1960 und 21,5% im Jahre 1961 (Yao 1970:28). Es wurde begleitet von einer stabilen Devisenbilanz und anfangs auch stabilen Preisen, so daß es bis 1961 nicht zu Überhitzungserscheinungen kam, bei gleichzeitigem Beschäftigungszuwachs im Gefolge eines gewaltigen Produktionsanstiegs. Hier wurden alle drei wirtschaftspolitischen Ziele des 'Magischen Dreiecks' – Vollbeschäftigung, Preisstabilität und externes Gleichgewicht –, die gemeinhin als unvereinbar gelten, erfüllt. Gestützt wurde diese Entwicklung im Fiskaljahr 1959 durch den Einfluß des nordamerikanischen Eisen- und Stahl-Streiks, der die Exporte aus diesem Bereich, aber auch die Ausfuhren von Autos, Schiffen, Fernsehgeräten, Nähmaschinen und anderen elektrischen Haushaltsgeräten in die Höhe trieb (Asakura/Nishiyama 1974:806).

Der Iwato-Boom zeigte eine Reihe von makro- und mikroökonomischen Besonderheiten. Während die Schlüsselindustrien nur vergleichsweise wenig expandierten, vollzog sich das Wachstum nun breitgestreuter über alle Sektoren. Die Großbankenkredite für Anlageinvestitionen blieben dabei jedoch im Verhältnis zu der enormen Wachstumsrate gering: im Vergleich zum Jimmu-Boom stieg ihr Gesamtkreditvolumen nur um 30% (zwischen 1958 und 1959: 60%) (EPA 1960:162). Auffallend stark war in dieser Zeit die Unternehmensfinanzierung durch Anleihen und Aktien (vgl. Schaubild 8, S.44). Die Effektenfirmen arbeiteten das erste Mal extensiv mit den – noch nicht zum Geldmarkt zugelassenen – *Gensaki*, während unter den Kreditinstituten insbesondere die Banken für das langfristige Kreditgeschäft expandierten (Teranishi 1982:478). Die dominanten Großbanken mußten nun erste Einbußen hinnehmen.

Bereits im Juli 1959 wurde den Banken durch das 'Kontrollfenster' eine zurückhaltendere Kreditvergabe 'dringend angeraten'. Der Geldmarkt spannte sich an, auch war das *Overloan* ausgeprägter denn je. Im September wurde das schon 1957 gesetzlich verankerte Mindestreservesystem eingeführt, jedoch nur mit geringem Sollsatz (s. Schaubild 21, S.117). Nach den Erfahrungen der Rezession nach dem Jimmu-Boom schien es der Bank von Japan jetzt geraten, eine milde Politik des knappen Geldes schon im frühen Stadium zu verfolgen, um einen anhal-

Schaubild 24: Die parallele Reaktion von privaten Anlageinvestitionen und Importen
auf die Restriktionen von 1957/58 und 1961/62
(in jährlichen prozentualen Zuwachsraten)
(Quellen: Patrick 1965:575, BoJ 1971:38)

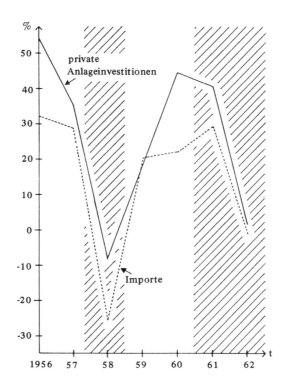

tenden Aufschwung sicherzustellen (Suzuki 1978:249). Aus diesem Grunde wurde im Dezember 1959 der Leitzins um 0,365% angehoben. Da die Zahlungsbilanz sich aber unverändert freundlich verhielt, ist hier zum ersten Mal eine eindeutig präventive Maßnahme zu erkennen, auch wenn sie nicht so streng war, daß sie die positive Stimmung und den Investitionseifer im geringsten hätte beeinträchtigen können. Sie zeigte jedoch insofern eine Wirkung, daß die steigenden Großhandelspreise (vgl. Schaubild 23, S.123) und auch die Lagerinvestitionen zumindest kurzfristig eingefroren werden konnten, so daß im August 1986 und im Januar 1961 der Leitzins gesenkt wurde (EPA 1960:171-172).

Diese Leitzinssenkung kann aber nicht allein auf geldpolitische Erwägungen zurückgeführt werden: mit dem Einkommensverdopplungsplan (*Shotoku-baizō keikaku*) von Premierminister Ikeda Hayato kam es 1960 zu einem drastischen wirtschaftspolitischen Kurswechsel. Zur Erreichung der in diesem Plan angestrebten Wachstumsrate von jährlich 9% für die folgende Dekade stellte die Regierung nun großzügig Gelder zur Verfügung und war an der Leitzinssenkung vom Januar 1961 sicherlich nicht unbeteiligt.

Der Ikeda-Plan beruhte auf der Annahme, daß die Gesamtinvestitionen einer Volkswirtschaft direkt in das Volkseinkommen übergehen, so daß gar nicht 'überinvestiert' werden kann, denn der Output aus den Investitionen wird automatisch einen Nachfrager finden. Solange der Investitionszuwachs mit einem parallelen Anstieg der Kreditmenge einhergeht, wird die Wirtschaft wachsen (Shinjo 1970: 7). Auch wenn die Ziele des Einkommensverdopplungsplans nie wirklich erreicht werden konnten, so erweckte die verlockende Aussicht doch hohe Erwartungen auf allen Wirtschaftsebenen, die die ohnehin schon florierende Konjunktur letztendlich doch zum Überkochen brachte (vgl. Schaubild 24, S.125).

Zwischen 1958 und 1962 wuchs die Geldmenge doppelt so schnell wie in den vier Jahren zuvor. Produktion und Beschäftigung expandierten im selben Maße, die Verbraucherpreise jedoch stiegen um das Fünffache (s. Schaubild 23, S.123), während sich der absolute Importwert bei gleichbleibendem Exportwert im Vergleich zu 1955 verdoppelte (Keran 1970:183). Die expansive Ikeda-Politik führte also kurzfristig weniger zu dem beabsichtigten realen Wirtschaftswachstum, als vielmehr zu Inflation und Zahlungsbilanzproblemen. Dieser Preisanstieg bedeutete das Ende der Preisstabilität, die die japanische Wirtschaft seit 1954 gekennzeichnet hatte.

Als die Kapitalnachfrage im Rechnungsjahr 1960 mit der Boom-Stimmung des Einkommensverdopplungsplans und zunehmenden Rationalisierungsinvestitionen wegen mangelnder Arbeitskräfte rapide anstieg, waren die Großbanken bald gezwungen, den Geldmarkt zu beleihen. Mit dem Eintritt ins Fiskaljahr 1961 wurden als Antwort auf ein Absinken der Devisenbilanz die Zentralbankkredite kontrolliert und rationiert. Mit der Leitzinsanhebung im Juli 1961 wurde die restriktive Haltung der Bank von Japan offiziell, durch eine zweite Erhöhung im September und einem parallelen Anstieg der Mindestreservesätze stieg die Verschuldung der Banken schnell. Erste Auswirkungen von Ankündigungs- und Liquiditätseffekt der Kreditpolitik zeigten sich in einem baldigen Rückgang des Kreditvolumens und einer Börsenbaisse, gleichzeitig aber nahmen die Interbankenkredite zu, denn die Unternehmen wollten ihre begonnenen Investitionen nicht abbrechen und auch ihre Produktion in positiver Erwartungshaltung nicht drosseln. Weiterhin verzögerte sich die Wirkung der geldpolitischen Maßnahmen wegen der Solvenz der Unternehmen, die mit dem Aufschwung seit 1958 viele Depositen — auch zwangsweise als Ausgleichsforderungen — angelegt hatten (EPA 1962:158-159).

Ab Oktober 1961 aber, also ein Quartal nach der Leitzinsanhebung, waren die Aufträge an die Maschinenindustrie rückläufig, die Lagerhaltung wuchs zusehends.

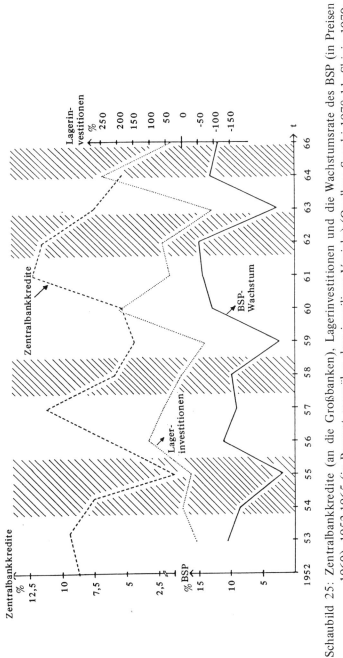

Schaubild 25: Zentralbankkredite (an die Großbanken), Lagerinvestitionen und die Wachstumsrate des BSP (in Preisen 1960), 1952-1965 (in Prozent gegenüber dem jeweiligen Vorjahr) (Quellen: Suzuki 1978:11, Shinjo 1970: 21, Shishido 1968:350)

Die Anspannung des Geldmarktes wirkte sich schließlich doch auf die Liquidität der Unternehmen aus. Es kam wieder verstärkt zu Versteckten Krediten (EPA 1962:11), d.h. die Schalterkontrolle muß verschärft worden sein. Erst 1962 jedoch schlugen sich die monetären Maßnahmen auch in einem tatsächlichen Produktionsrückgang nieder, Output und Umsatz stagnierten, während Depositen und Zentralbankkredite weiter zurückgingen (s. Schaubild 25). Im Sommer war das Leistungsbilanzdefizit behoben, und mit der viermaligen Senkung des Leitzinses sowie der Senkung des Mindestreservesatzes im Finanzjahr 1963 wurde die Politik des knappen Geldes aufgehoben, auch verflüssigte sich mit einer Ausweitung der Geldbasis, d.h. der Lockerung des Zugangs zu Zentralbankkrediten, im Jahresverlauf 1963 der Geldmarkt wieder (s. Schaubild 21, S.117).

Mehr noch als in den beiden vorangegangenen kontraktiven Phasen war die Geldpolitik der Bremsklotz der rasanten wirtschaftlichen Klettertour im Iwato-Boom, und wiederum wurde die Rezession induziert durch Maßnahmen, die auf eine Zahlungsbilanzkrise antworteten. Ein hervorstechendes Merkmal dieser Boomphase ist, daß sich die Großunternehmen im Laufe der wirtschaftlichen Entwicklung zunehmend konsolidieren konnten und nicht mehr wie früher schon auf die geringsten konjunkturpolitischen Schwankungen reagierten, während die Klein- und Mittelbetriebe im Zuge des Ikeda-Plans staatlicherseits gestützt wurden und damit ebensowenig auf kleine monetäre Schritte antworteten.

Das Jahr 1961 ist ein klassisches Beispiel für eine nicht-präventive Geldpolitik (Suzuki 1978:275). Niedrigzinspolitik und ein ambitionierter Premierminister Ikeda verschoben die Reaktion auf erste Überhitzungsanzeichen um ein halbes Jahr. Obwohl – gezwungenermaßen – zu spät, agierte die Bank von Japan doch effizient: bereits nach 14 Monaten war das Ziel, die Wiederherstellung des externen Gleichgewichtes, erreicht.

5.1.4.: Rezession ohne Boom

Mit der Senkung des Mindestreservesatzes und des Leitzinses bot sich im November 1962 eine gute Gelegenheit, die "Neuen Maßnahmen zur monetären Regulierung" einzuführen, die zu einer Gewichtsverlagerung von der Kredit- zur Offenmarktpolitik führen sollten (vgl. 3.2.5.). Jedoch unterschieden sich die nun durchgeführten Maßnahmen von den früheren nur insofern, als die notenbankfähigen Wechsel jetzt nicht mehr nur kurz-, sondern auch längerfristig waren.

Das Jahr 1963 zeigte zunächst eine Erholung und Anpassung an die neue Wirtschaftslage nach der Iwato-Rezession. Zusammen mit einem Produktionsanstieg von 20% und einer Steigerung der Importe um 38% hielt sich die Exportrate mit einem Anstieg von 18% nicht unbedingt schlecht, wenn sie auch im Vergleich zum Vorjahr rückläufig war (EPA 1964:1).

Die schnelle Erholung führte zunächst zu einem Zuwachs der Bankkredite, doch hinkte der Produktionsanstieg hinter dieser Geldmengenausweitung her. Von

Januar bis Juli 1963 lockerte die Bank von Japan sukzessive ihre Kreditbeschränkungen, die Schalterkontrolle wurde abgesetzt.

Zur Jahresmitte zeichnete sich jedoch ab, daß im aufblühenden Welthandel die anderen Industrieländer das Rennen machten, da Japan mit einer Exportelastizität von nur 1,4 (im Vergleich: 1953-1962=2,3; s. auch 5.3.) wenig Flexibilität im Außenhandel zeigte (EPA 1964:2). Das Übergewicht der Importe rief bereits im Herbst erneute Sorgen um die Zahlungsbilanz hervor, auch taten sich wieder Negativindikatoren im Unternehmensbereich auf. In Erwartung einer erneuten Geldrestriktion nahmen die Unternehmen nun verstärkt langfristige Kredite auf, und der Geldmarkt spannte sich entsprechend an. Mit der Anhebung der Mindestreservesätze im Dezember leitete die Bank von Japan dann tatsächlich eine neue Phase der monetären Restriktion ein (s. Schaubild 21, S.117) (EPA 1964:226,229). Im März 1964 wurde aufgrund anhaltender Kreditnachfrage und einem weiteren Absinken der Handelsbilanz der Diskontsatz auf 6,57% angehoben, und in seinem Kielwasser trat zur Stützung der Kreditrationierung auch die Schalterkontrolle wieder in Aktion. Damit wurde das erste Ziel des Neuen Systems von 1962 direkt wieder untergraben: die Wertpapieroperationen konnten nichts bewirken, die Kreditplafondierung ließ eine Gesundung des Bankenwesens nicht zu (Kure 1973:145). Immerhin aber war sie effektiv, denn der auf diese Weise induzierte Rückgang der Geldbasis zeigte auf Anhieb durchschlagende Wirkung bei der ohnehin noch angeschlagenen Wirtschaft – die Restriktion setzte ein, bevor die Unternehmen erneut in ein hochtouriges Investitionsprogramm eingebunden waren.

Obwohl für das Jahr 1964 positiv zu verzeichnen war, daß mit – wenn auch träge – wachsenden Exporten das Handelsbilanzdefizit nicht sehr hoch war, und auch das Bruttosozialprodukt positive Tendenzen aufwies, manifestierte sich das interne Ungleichgewicht dieser Zeit jedoch im Absinken der Unternehmensumsätze, in zahlreichen Konkursanmeldungen von Klein- und Mittelbetrieben und dem fast völligen Zusammenbruch des ohnehin noch unterentwickelten Aktienmarktes (EPA 1965:1-2). Als die Struktur der Zahlungsbilanz zum Jahresende wieder zufriedenstellend war, wurde die Kontraktion deshalb durch die Senkung der Mindestreservesätze und einer Senkung des Leitzinses im Januar und April 1965 schnell wieder aufgehoben.

Erstmalig kam es aber nun nicht zu einem direkten Wiederaufschwung, wie es bei der Aufhebung der anderen restriktiven Phasen der Fall gewesen war. Die Ursachen für diese Flaute sind vielfältig. Neben den schon früher gemachten Erfahrungen, daß eine Restriktion eine Rezession induziert und daß mit dem Abbau der Lagerinvestitionen durch die Restriktion die aggregierte Nachfrage sinkt, kam es nun zu einem Ungleichgewicht in der Preis-Kosten-Struktur, das zu Gewinneinbußen der Unternehmen führte. Der durch den Einkommensverdopplungsplan ausgelöste Konsumboom hatte ebenfalls sein Ende gefunden, gleichzeitig aber war die Stagnation das natürliche Resultat der zu Beginn der 60er Jahre getätigten "Überschuß-Investitionen" (Asakura/Nishiyama 1974:809). In diesem Sinne waren

1964 die Auswirkungen der Iwato-Rezession noch spürbar.

Die Depression von 1965 war durch drei grundlegende Faktoren gekennzeichnet. In den ersten sechs Monaten nach der Aufhebung der Kontraktion traten übermäßig viele Konkurse, auch bei den Großunternehmen, auf. So kam es auch zu der Börsenflaute, die so gravierend war, daß die Bank von Japan durch sog. Sonderzuwendungen (*tokuyū*) die größten Effektenfirmen vor dem Zusammenbruch retten mußte. Zweitens durchdrang die ausgedehnte monetäre Verflüssigung schnell den Finanzmarkt, so daß die Kreditaufnahme auf dem Geldmarkt sich als günstiger erwies als die Geldbeschaffung bei der Zentralbank. Die erst seit 1962 in Angriff genommenen Wertpapieroperationen der Bank von Japan mußten im Juli kurzfristig eingestellt werden (Gotō 1971:27). Des weiteren fielen mit nachlassender Kreditnachfrage auch die Sollzinsen der Banken, doch war auffällig, daß im Gegensatz zu der stagnierenden Kreditvergabe an die Großunternehmen, deren erwartete Gewinnquote auf einem extrem niedrigen Niveau angelangt war, die Kredite an Klein- und Mittelbetriebe beständig zunahmen (Saito 1972:4).

Um die große deflatorische Lücke, die sich zwischen Produktionskapazitäten und Nachfrage auftat, zu schließen, wurde die Steigerung der effektiven Nachfrage nun zur vordringlichen wirtschaftspolitischen Aufgabe. Da die monetäre Verflüssigung offensichtlich in dieser Phase zum ersten Mal in der Nachkriegszeit allein nicht in der Lage war, die Volkswirtschaft anzukurbeln, mußte nun die Fiskalpolitik eingreifen — das Jahr 1965 wurde zu einem Wendepunkt in der japanischen Wirtschaftspolitik. Im Juni noch hatte die Regierung aus Furcht vor rückläufigen Steuereinnahmen im Sinne des ausgeglichenen Budgets beschlossen, die Staatsausgaben um 10% zu kürzen. Als aber die Wirtschaft bis zum Herbst keine Anzeichen der Wiederbelebung zeigte, ging man auf stimulierende, expansive Maßnahmen über, indem man die 10%ige Streichung aufhob, 200 Millionen Yen öffentlichen Investitionen zufließen ließ und sich schließlich doch dafür entschied, auf die Ausgabe langfristiger Staatsanleihen zur Haushaltsfinanzierung überzugehen (EPA 1966:2). Diese "epochalen Maßnahmen" (Ohno 1970: 189) waren das Ende auch des letzten Erbes der Dodge-Politik von 1949.

5.1.5. 1969/70: "Izanagi-Rezession"

Die zweite Hälfte der 60er Jahre stand ganz unter dem Zeichen des Izanagi-Booms, der auch verschiedene externe Widrigkeiten problemlos umschiffen konnte. Er war mit vier Jahren der längste Boom der Hochwachstumsphase und zeigte bei einem durchschnittlichen jährlichen Anstieg der Exporte und der Investitionen um jeweils ca. 20% zwischen 1966 und 1970 eine reale Wachstumsrate von durchschnittlich über 10% p.a. auf (Uchino 1983:155).

Der Boom nahm seinen Anfang mit dem Aufschwungsjahr 1966. Die (wenn auch geringe) Emission von Staatsanleihen und die damit ermöglichten umfangreicheren Staatsausgaben wirkten — da neu — sofort. Das expansive Budget für das

Fiskaljahr 1966 ging einher mit einer jetzt wirksam werdenden, noch im Vorjahr vollzogenen Steuersenkung, so daß sich eine durch den Multiplikatoreffekt verstärkte Wirkung auf die private Nachfrage ergab. Nicht nur wurde die private Investitionsneigung — durch die starke Verflüssigung auch bei Klein- und Mittelbetrieben — angespornt, sondern vor allem auch der private Konsum (EPA 1968: 6,11).

Antriebsmotor in der ersten Jahreshälfte aber waren die durch den Vietnam-Krieg induzierten hohen Exporte. In der zweiten Jahreshälfte wurden sie durch einen "Investitionsrausch" (EPA 1968:9) überholt, von dem im Vergleich zu früher ein viel größerer Bereich ergriffen wurde, wie z.B. die Unterhaltungselektronik und die Dienstleistungsbetriebe. Insbesondere Unternehmen mit einem Eigenkapital von weniger als 100 Millionen Yen konnten mit einem Investitionsanstieg von 53% im Vergleich zum Vorjahr aufwarten, der in erster Linie durch einen zunehmenden Arbeitskräftemangel hervorgerufen wurde (EPA 1968:11). Als Folge dieses Investitionseifers fielen die Reservebestände der Großbanken schnell, der nicht zu befriedigenden Kreditnachfrage wurde in steigendem Maße auch durch die Begebung von Industrieobligationen und den Wertpapierhandel nachgekommen (EPA 1968:33).

Mit den starken Exporten und den so motivierten Investitionen stiegen entsprechend auch die Importe zum Jahresende stark an. Da sich die USA und Europa nun in einer Stagnation befanden, fielen die Exporte wieder, die Importpreise stiegen und die Handelsbilanz zeigte bald ein Defizit. Erstmals in der Nachkriegszeit kam es nun zu einem sg. *Policy-Mix*, d.h der parallelen Nutzung fiskal- und geldpolitischer Maßnahmen zur Herbeiführung eines wirtschaftspolitischen Zieles. Während die Regierung im Juli 1967 ihre Staatsanleihen-Ausgabe beschnitt und im September öffentliche Projekte auf einen späteren Zeitpunkt verschob, setzte die Bank von Japan im Juli die Schalterkontrolle wieder ein, hob im September den Leitzins an und senkte gleichzeitig die Kreditlinie (BoJ 1971:31, 32). Diese gleichgerichteten Maßnahmen zeitigten in der Finanzwelt schnelle Wirkung, denn bald stiegen der Rufzins, die Sollzinsen der Banken sowie die Verzinsung der Regierungstitel.

Ein tiefer Einschnitt in die Produktion oder die privaten Investitionstätigkeiten aber war nicht zu verzeichnen. Stattdessen tat sich zum Ende des Jahres 1967 ein internationales Währungsproblem nach dem anderen auf: auf eine massive Pfundabwertung folgte eine Diskontsatzerhöhung in den USA; danach nahmen die amerikanischen Maßnahmen zum Schutze des Dollars zu, woraufhin ein Goldrausch einsetzte. Die Bank von Japan nutzte diese Gelegenheit der Verwirrung auch der nationalen Finanzwelt für einen weiteren Versuch, mit einer Leitzinserhöhung von 0,365% und der nochmaligen Verschärfung der Schalterkontrolle im Januar 1968 die industriellen Aktivitäten weiter abzukühlen (BoJ 1971:32).

Doch die Wirtschaft ließ dies alles recht unbeeindruckt. Nach einem leichten Abebben von Produktion und Außenhandel zu Beginn des Jahres 1968 verbesserte sich die Handelsbilanz erheblich und zeigte bereits im Sommer wieder Überschüsse auf. Die Senkung des Leitzinses im August führte zu einer raschen Expansion der Bankkredite, obwohl Mindesreservesätze und Schalterkontrolle unverändert blieben (s. Schaubild 21, S.117) (EPA 1969:78).

Drei Faktoren trugen zu dem jetzt folgenden Aufschwung bei. Ein USA-Boom, Rüstungsexporte im Zuge des Vietnamkriegs sowie der indirekte Effekt eines insgesamt ansteigenden Welthandels steigerten die japanischen Exporte und die Handelsbilanzüberschüsse. Ferner kamen jetzt die Früchte des Ikeda-Plans mit seinen gezielten Modernisierungs- und Rationalisierungsprogrammen in Form einer gesteigerten internationalen Wettbewerbsfähigkeit japanischer Exportprodukte zum Tragen. Dazu kam schließlich ein lebhafter Konsum-Boom, der die wirtschaftliche Expansion auch von innen heraus antrieb (EPA 1969:3, Uchino 1983:155). Das Neue dieser Boom-Phase war das Nebeneinander von wirtschaftlichem Aufschwung und Leistungsbilanzüberschüssen, was einerseits diese günstigen externen und internen Gegebenheiten widerspiegelt, andererseits aber auch Zeugnis ablegt von der allgemeinen Erstarkung der japanischen Wirtschaft: die Unternehmensgewinne stiegen an, auch Klein- und Mittelbetriebe zeigten eine spürbare Vorwärtsbewegung, der private Konsum und auch der Wohnungsbau zeigten zweistellige Wachstumsraten (EPA 1969:2).

Gleichzeitig aber taten sich auch neue Aspekte und Probleme auf. Mit anhaltendem Wachstum bezog das Land allmählich eine feste und damit auch verantwortungsvollere Stellung in der Weltwirtschaft. Auch trat neben das ökonomische Ungleichgewicht (der Primärsektor hinkte der Entwicklung hinterher) ein soziales Ungleichgewicht; Kritik am Hochwachstum wurde laut. Zudem wuchsen nicht nur Investitionen und Produktion, sondern auch Löhne und Gehälter und vor allem die Preise.

Genau dieser Preisanstieg war es auch, der im September 1969 Anlaß gab für ausgesprochen präventive Restriktionsmaßnahmen durch die Bank von Japan. Von März bis September waren die Großhandelspreise um 4,5% p.a. gestiegen. Die Verbraucherpreise folgten schnell, die Inflationserwartung stieg merklich. Dabei zeigte die Wirtschaft eindeutige Überhitzungsanzeichen: mit anschwellenden Investitionen war der starken Kreditnachfrage aller Sektoren kaum noch nachzukommen, die Geldmenge weitete sich erheblich aus (Suzuki 1978:319). Nicht als Reaktion auf ein externes Ungleichgewicht, sondern erstmals zur Dämpfung eines Preisanstiegs hob die Bank von Japan im September gleichzeitig Leitzins und Mindesreservesätze an. Zuvor aber hatte schon die Schalterkontrolle gewirkt, die neben der allgemeinen Verknappung auf dem Geldmarkt den deutlichen Anstieg des Rufzinses im Jahre 1968 erklärt (s.Schaubild 21, S.117). Im Laufe des Jahres 1969 wurde die Kreditplafondierung dermaßen angezogen, daß man von einer "30%-Restriktion" (*san-wari hikishime*) (Kure 1973:159) sprach.

Da diese Kontraktion jedoch präventiv war, verlief sie insgesamt milder als die vorhergehenden Phasen der monetären Restriktion. Es wurde aber auch ein anderes Ziel verfolgt als früher: da die Lagerhaltung 1969 extrem niedrig war, ließ sich eine

'Lagerrezession' nicht herbeiführen. Die Politik des knappen Geldes sollte zunächst auch gar nicht auf das Angebot wirken, d.h. die Herbeiführung eines wirklichen Abschwungs wurde nicht anvisiert, sondern lediglich das Dämpfen der exzessiven Investitionen und somit eine Verringerung des Angebotsvolumens in der Zukunft (Suzuki 1978:320).

Die Anhebung des Zinsniveaus und die Schalterkontrolle konnten rasch auf den monetären Bereich wirken. Die Kreditzinsen der Banken stiegen, ihr Kreditverhalten wurde zurückhaltender, und bald nahmen viele Unternehmen eine Revision ihrer Investitionsvorhaben vor (BoJ 1971:34). Tatsächlich zeichnete sich ab Anfang 1970 ein Abwärtstrend in den realen wirtschaftlichen Aktivitäten ab: mit abnehmendem Anstieg der Zentralbankkredite und somit der Geldmenge sank die Wachstumsrate der Investitionen im Wohnungsbau von 17,9% im Jahre 1969 auf 5,8% im Jahre 1970, die der realen Anlageinvestitionen von 24,6% auf 14,1% (Suzuki 1978:321). Da sich auch der Anstieg der Preise ab Mai deutlich verlangsamt hatte, wurde mit einer Leitzinssenkung im Oktober 1970 die monetäre Restriktion aufgehoben. Die Schalterkontrolle wurde zwar als Positions-Kontrolle (s. S.62) bis 1973 fortgeführt, aber zum Jahresende 1970 ebenfalls gelockert.

Beim Verlauf dieser Restriktion waren die externen Faktoren, auch wegen der seit 1964 allmählich einsetzenden Handelsliberalisierung, wichtiger als früher. In den USA setzte Ende der 60er Jahre mit dem auf den Vietnamkrieg zurückzuführenden langen Aufschwung (9 Jahre Boom) eine starke Inflation ein, die bald in die ganze Welt exportiert wurde; in verschiedenen Ländern stiegen 1970 trotz eines Abschwungs die Inlands- und auch die Exportpreise an. Einerseits erhöhte sich damit wegen der erstarkten Konkurrenzfähigkeit japanischer Exportgüter der Leistungsbilanzüberschuß, und Japan sah sich zusehends protektionistischen Maßnahmen im Ausland gegenüber, andererseits stiegen durch den Inflationsimport Großhandels- und insbesondere Verbraucherpreise (Mikitani 1972:280).

Die Exporte fielen merklich, die optimistische Erwartungshaltung der Unternehmen sank ab Herbst 1970, die Investitionen gingen stark zurück, die Wachstumsrate des Bruttosozialproduktes blieb erstmals seit langer Zeit unter 10%, der lange Aufschwung war beendet — aber die Preise stiegen.

Die Rezession von 1969/70 läßt sich in drei Phasen aufteilen (vgl. KKC 1971: 82-83). Von Herbst 1969, dem Einsetzen der restriktiven Geldpolitik, bis zum Frühjahr 1970 durchzog die monetäre Verknappung allmählich die Unternehmensfinanzierung, konnte aber auf die realen Wirtschaftsaktivitäten noch keine Wirkung ausüben, die schnelle Expansion setzte sich fort. Von Frühjahr bis Sommer 1970 stiegen Löhne und Investitionen weiterhin, die Boom-Stimmung war ungebrochen. Wegen der Weltausstellung, der EXPO '70, von März bis September in Ōsaka stieg zwar die Zahl der Beschäftigten, aber die Exporte gingen zurück, während die Lagerhaltung anstieg. Der Grundton der Konjunktur zeigte erste Veränderungen. Da die Bevölkerung nach anhaltendem Konsum-Boom nun vor allem mit dauerhaften Konsumgütern (Auto, Kühlschrank, TV etc.) gut versorgt war, fiel der private

Konsum erheblich. In der dritten Phase, vom Herbst 1970 bis zum Frühjahr 1971, flauten die wirtschaftlichen Aktivitäten schnell ab, alle Indikatoren fielen rasch, die Rezession griff um sich. Leitzinssenkungen im Januar und April 1971 leiteten eine neue Phase der monetären Verflüssigung ein. Bei steigenden Staatsausgaben zeigten auch die Exporte bald wieder Aufwärtstendenzen, wenn auch nur sektoral, so daß es vor Jahresende nicht zu einem Aufschwung kam.

Aus der *ex-post* Analyse ergibt sich für die Rezession der Jahre 1969/70 ein Preisanstieg, der in erster Linie durch weltwirtschaftliche Faktoren hervorgerufen wurde, bei gleichzeitiger Beendigung eines Investitionszyklus. Zwischen 1965 und 1970 stieg der Anteil der privaten Analgeinvestitionen am Bruttosozialprodukt von 20,8 auf 37,6% (in Preisen von 1965; OECD 1971:17). Infolgedessen war die restriktive Geldpoltik entscheidend für den konjunkturellen Umschwung und wirkte verstärkend auf die Auswirkungen zugrundeliegender depressiver Elemente. Das starke Abfallen aller Indikatoren ab Mitte 1970 aber war ausgeprägter, als sich die Finanzbehörden dies vorgestellt hatten, und zeigte viele Ähnlichkeiten zu der Rezession von 1964/65 auf.

Wie schon früher trug auch dieses Mal die Geldpolitik die alleinige Last der Konjunkturdämpfung. Zwar wurde die Emission von Staatsanleihen gesenkt, auch wurden geringfügig restriktive fiskalpolitische Maßnahmen ergriffen, doch sah sich das Finanzministerium vor das Problem gestellt, daß es zu Beginn des Fiskaljahres 1969, als die Kontraktion nötig wurde, die Steuereinnahmen des Vorjahres noch ausgeben mußte. Die durch die Regierung getätigten Investitionen stiegen also insgesamt an, und wie früher wurden durch die Fiskalpolitik prozyklische Effekte ausgeübt, nocht verstärkt durch die Verflüssigung des Geldmarktes wegen der hohen Devisenüberschüsse (OECD 1971:12, Saito 1972:1). Dennoch wirkte die restriktive Geldpolitik, erstmals aus rein inländischen Gründen eingesetzt, schnell auf die Finanzwelt und konnte nach 13 Monaten wieder aufgehoben werden.

Der letzte und zugleich längste Boom des Hochwachstums ging einher mit einem vorher nicht dagewesenen Preisanstieg, der die Bank von Japan vor das Problem einer Widersprüchlichkeit innerhalb der geldpolitischen Zielsetzung stellte: wirtschaftlicher Rückgang bei nicht zu bremsenden Leistungsbilanzüberschüssen und einem starken Preisanstieg — diese Kombination stellte das Wachstumsmuster des Hochwachstums auf den Kopf.

5.1.6. Vergleichende Analyse und Wertung

Aus Schaubild 26 (S.136-137) geht hervor, daß zwischen den Jahren 1950 und 1965 eine restriktive Geldpolitik immer als Antwort auf ein Defizit in der Leistungsbilanz eingesetzt wurde. Die monetären Verknappungen, die somit zum Hauptziel hatten, die Teilbilanzen der Zahlungsbilanz auszugleichen, führten alle sehr rasch zu einer Rezession, in der das externe Gleichgewicht wieder hergestellt werden konnte. Die jeweils folgende schnelle Erholung ergab sich allein aus der Lockerung der Kontraktion heraus, erst im Jahre 1965 wurden fiskalpolitische Eingriffe zur Freisetzung wirtschaftlicher Antriebskräfte nötig.

So war die Zahlungsbilanz in den 50er Jahren der Faktor, der die Wachstumsrate bremste. Der hohe Bedarf an Importen, insbesondere von Lebensmitteln, Rohstoffen und anderen Materialien für den Produktionsprozeß, erklärt sich neben dem bekannten japanischen Rohstoffmangel vor allem dadurch, daß sich in der wachsenden Volkswirtschaft eine Gewichtsverlagerung innerhalb der aggregierten Nachfrage vom Konsum zu den Investitionen vollzog, die die Importe in die Höhe trieben. Dementsprechend variierte die Importabhängigkeit zyklisch und zeigte im Konjunkturverlauf große Schwankungen auf (s. auch Schaubild 22, S.120). Durch verschiedene politische und monetäre Maßnahmen versuchte die Regierung, zum Ausgleich die Exporte zu fördern, doch überstiegen während des gesamten Hochwachstums die Fluktuationen der Importe die der Exporte. Somit dominierten die Importe die Leistungsbilanz, und man kann bei den fünf Konjunkturzyklen zwischen 1950 und 1970 auch von "Importzyklen" (Keran 1970:219) sprechen.

Die restriktiven Maßnahmen zielten auf eine Veränderung der in Umlauf befindlichen Geldmenge über die Regulierung der Zentralbankkredite ab. Der Wachstumsmechanismus nahm dabei folgende Form an: ein Zuwachs der Geldbasis induzierte ein höheres Volkseinkommen bei gleichzeitigem Anstieg der Importe, der zu einem Absinken der Devisenbilanz führte. Die geldpoltische Antwort darauf war eine Verringerung der Geldbasis, so daß Importe und Volkseinkommen sanken, während die Devisenreserven durch wachsende Exporte (wegen eines inländischen Nachfragerückgangs) wieder zunahmen. Wurde dann die Restriktion gelockert, stiegen Importe und Volkseinkommen schnell wieder an.

Die restriktiven Phasen zwischen 1950 und 1965 folgten diesem Wachstumsmuster. In Wahl und Gewichtung der einzelnen Instrumente zur Herbeiführung der erwünschten Kontraktion sind, wie aus Schaubild 26 ersichtlich, sowohl Unterschiede als auch auffällige Gemeinsamkeiten erkennbar.

Im ersten Zyklus bis zum Jahre 1955 wurde mit einer Vielzahl kleinerer Restriktionsmaßnahmen in Form von *trial-and-error*-Schritten gearbeitet, mit dem angeblichen Ziel, die Wirkung der Maßnahmen möglichst über die gesamte Wirtschaft zu streuen (Keran 1970:178). Dagegen wies die Restriktion von 1957/58 schon kohärentere Form auf. Zum ersten Mal bediente man sich jetzt des Ankündigungseffektes der Leitzinserhöhung, der die Dauer der Kontraktion erheblich verkürzte. Auch wurde nun offiziell die Schalterkontrolle betrieben, die man 1953/54 noch nicht als solche identifiziert hatte.

Die Schritte der Jahre 1961/62 entsprachen denen von 1957/58, ergänzt durch die Mindestreservepolitik. Zwar stellte sich die Verbesserung der Teilbilanzen jetzt auch ebenso schnell wieder ein, zumal eine aktive Weltwirtschaft die Exportausweitung ermöglichte, doch ging die dann einsetzende Phase der Angleichung wesentlich langsamer vor sich. Dies ist zum einen darauf zurückzuführen, daß die Subventionen für Klein- und Mittelbetriebe im Rahmen des Ikeda-Plans die geldpolitischen

	Oktober 1953-Juni 1954	Mai 1957- Juni 1958
Auslösendes Moment	Handels- und Devisenbilanzdefizit	Handels- und Devisenbilanzdefizit
Dauer insgesamt	21 (15) Monate	13 Monate
Erste ergriffene Maßnahme	Kreditrationierung	Leitzinserhöhung
Diskontpolitik Datum und Umfang der Erhöhung Erhöhung insgesamt um	(Januar-April 1954: qualitative Anforderungen an Refinanzierungspapiere erhöht)	2o. März 57: von 7,3 auf 7,67% 8. Mai 57: auf 8,40% 1,1%
Kreditrationierung Window Guidance	1. Oktober 1953: Hochzinssystem angezogen: 1. Rate = +0,73% 2. Rate = +1,46% ab Januar 54 drastische Senkung der Kreditlinien = 2. Satz wird zum Kostenfaktor August 1953: Aufruf zur Kreditbeschränkung, stützt das Strafzinssystem	Hochzinssystem wird einphasig, neuer Satz: +1,09% 19. Juni 57: "Sōgōtaisaku" = 1. Kreditrationierung erstmalig in offiziellen Jahresberichten im Zuge der Importfinanzierung erwähnt angezogen Mai 1957
Mindestreservepolitik		
Offenmarktpolitik		
Sonstiges	−qualitative und quantitative Importfinanzierungsbeschränkung −Einführung des Importgarantiesystems*	Mai 1957: −Zinsrevision −Einschränkung der Devisenkredite −Regierung zieht ihre Deviseneinlagen von den ausl. Banken ab −Importwechsellombardierung eingeschränkt um 20% −MITI zieht das Importgarantiesystem an −Spareinlagenzins und Zins der Banken für langfr. Kredite steigt

Schaubild 26: Die restriktiven geldpolitischen Maßnahmen zwischen 1950 und 1965 im Vergleich

Juli 1961-Oktober 1962	Dezember 1963-Dezember 1964
Devisenbilanzdefizit	Handelsbilanzdefizit
16 Monate	12 Monate
Leitzinserhöhung	Mindestreservesatzerhöhung
22. Juli 61: von 6,57 auf 6,94% 29. September 61: auf 7,30% 0,73%	18. März 64: von 5,84 auf 6,57% 0,73%
Hochzinssystem wird zweiphasig, Sept. 61: 1. Rate = +1,46% 2. Rate = +2,14% durchgängig Obergrenzenkontrolle −April/Mai: erste Ankündigungen −Regierung beschließt 10% Kürzung der privaten Anlageinvestitionen −1. Mai 62: Guidance mit Kontrolle und Lenkung selektiver Kredite	10. Januar 64: Strafzinssystem, 1. Rate = 0,365% 2. Rate = 3,65% jetzt auf vierteljährlicher Berechnungsgrundlage 13. April 64: weitere Kreditbeschränkungen angekündigt
(eingeführt 1959), erste Erhöhung: 29. September: erste Erhöhung Oktober: TE = 0,75 bzw. 1,0% SE = 2,25 bzw. 3,0%**	16. Dezember: von 0,75 auf 1,5% bzw. von 1,5 auf 3,0%
	versuchsweise, aber ineffizient
−Exportwechselausgabe eingeschränkt −15. September 61: Staatsausgaben aufgeschoben −16. September 61: MITI erhöht Importgarantiesummen* −4. Oktober 61: allg. Zinserhöhung auf Bankkredite	−Importwechsel verteuert

*Importgarantie = fixer Prozentsatz, der vom Importeur bei einer Auslandsbank eingezahlt werden muß, zur Erschwerung fiktiver oder spekulativer Importaufträge; wird durch Anhebung des Satzes und dadurch induzierter Drosselung von Importen zum geldpolitischen Instrument. Das MITI kann die Bank anweisen, die deponierten Gelder an die Zentralbank weiterzuleiten.

**TE = Termineinlagen, SE = Spareinlagen
Der Mindestreservesatz ändert sich mit der Einlagenhöhe (unter/über Y200 Mio)

Quellen: ECB, EPB, EPA, 1953-65; Patrick 1962; OECD 72; Adams/Hoshii 72; TKSS 1957, 58; BOJ 1964, 71, 73, 76: Schulze-Kimmle 68: Suzuki 78: Shinjo 70

Maßnahmen verwässerten, und zum anderen darauf, daß in überschwenglicher 'Einkommensverdopplungs-Stimmung' auch 1961 weiterhin investiert wurde und ein Investitionsboom dieses Ausmaßes nicht ohne weiteres zurückzuschrauben war (Allen G.C. 1965:57).

Die Banken reagierten auf die Politik der Bank von Japan sehr schnell, denn schon mit der ersten offiziellen Kontraktionsankündigung, d.h. der Anhebung des Diskontsatzes, verringerte sich ihr Kreditvolumen. Da der Geldmarkt sich aber schon vor den ersten meßbaren Schritten anspannte, darf man annehmen, daß bereits vor Juni 1956 oder Juli 1961 kontraktive Maßnahmen in Form der nicht bestimmbaren Schalterkontrolle gewirkt haben müssen.

Die Untersuchungen über das Jahr 1964 sind in ihren Aussagen widersprüchlich. Während Yao (1970:48) es als "Jahr der Expansion unter monetärer Kontraktion" bewertet, äußert sich das Planungsamt über die allgemeine wirtschaftliche Verfassung zurückhaltend und wenig stringent. Die Bank von Japan (BoJ 1971) läßt eine Betrachtung dieses Jahres ganz aus.

Bei der Bewertung der ersten offiziellen Maßnahme, der Anhebung der Mindestreserven im Dezember 1963, ist Vorsicht geboten, denn einen Ankündigungseffekt kann man zu dieser Zeit dem jungen und bis dahin wenig erprobten Instrument kaum zusprechen. Zwischen der Anhebung der Reservepflicht und der Leitzinserhöhung am 1.März 1964 wirkte vielmehr ein Kreditrationierungsprogramm der Bank von Japan, das erst im April offiziell durch die Schalterkontrolle gestützt wurde.

Es scheint jedoch fraglich, inwieweit schon vorher durch das 'Kontrollfenster' geschaut wurde und ob nicht eher ein Vorhang vorgezogen wurde, weil man kurz vor dem Übergang in den Art.8-Status des IWF nicht auf internationalem Parkett direkt mit einem solchen geldpolitischen Instrument im Koffer auftreten mochte.

Gab es nach dem Abschwung der Jahre 1953/54 noch 33 Monate der Entspannung und nach 1958 gar 39 Monate, so waren es 1963 gerade 13 Monate, die zwischen zwei Phasen restriktiver Geldpolitik lagen. Obwohl die Produktion im Jahre 1962 nicht in großem Maße abgesunken war, reichte diese Zeit offensichtlich nicht für eine wirtschaftliche Erholung aus. So ergab sich für die Jahre 1964/65 eine Rezession mit neuer Problemstellung, und die Fiskalpolitik mußte zur Ankurbelung der Wirtschaft der Geldpolitik erstmals unter die Arme greifen.

Die leichte Kontraktion von 1967/68 zeigte nur geringe Auswirkungen. Es kristallisierte sich jedoch immer deutlicher eine umfassende Veränderung der Industriestruktur heraus (zunehmende Technologieimporte, Steigerung der internationalen Konkurrenzfähigkeit, Entwicklung des Tertiärsektors), der Wechsel vom Hochwachstums- zum Wohlfahrtsstaat kündigte sich an. So ging nun auch der Ressourcenengpaß von Devisen und Anlageinvestitionen auf Faktoren wie Energie, Arbeit und Umwelt über.

Die Fiskalpolitik bekam mit dem jetzt erforderlichen Umdenken in der Wirtschaftspolitik eine wichtigere Rolle. Es ging nun nicht mehr darum, ein hohes Wachstum zu induzieren, sondern vielmehr die Faktoren zu stärken, die zu der neuen

Prosperität geführt hatten, um so die Beibehaltung einer hohen Wachstumsrate zu ermöglichen. Gleichzeitig aber mußten nun die Früchte des Wirtschaftswachstums dazu verwendet werden, die Kosten eben dieses Wachstums — ein soziales, ökonomisches und ökologisches Ungleichgewicht — zu beseitigen (EPA 1969:213).

Eine empirische Untersuchung der Jahre 1955-1965 von Kaizuka Keimei (1967) zeigt, daß die Bank von Japan — entgegen anderslautender Erklärungen — nicht eine Kombination multipler geldpolitischer Ziele verfolgte, sondern nur ein einziges, nämlich das des externen Gleichgewichtes, d.h. des Ausgleiches der Leistungsbilanz, während Preisstabilität und aggregierte Nachfrage zum einen Nebenprodukt dieser Politik waren und zum anderen auch autonom Bestand hatten.

Seit 1968 aber gab die Zahlungsbilanz keinen Engpaß mehr vor, und die Bank von Japan mußte sich an anderen ökonomischen Faktoren, aus dem gegebenen Anlaß des Inflationsimportes an der Geldwertstabilität, orientieren. Die Entwicklung, die sich hier bereits andeutete, nahm mit den Veränderungen im internationalen Währungssystem zwischen 1971 und 1973 konkrete Formen an. Die Izanagi-Rezession ist in diesem Sinne als erster Indikator einer umfassenden Richtungsänderung der japanischen Wirtschaft anzusehen — sie unterschied sich, wenn auch nicht im Instrumentarium, so doch in der geldpolitischen Grundhaltung, stark von den vorausgegangenen drei Rezessionen, unterlag aber immer noch dem strukturellen und institutionellen Rahmen der Hochwachstumspolitik.

Das Instrumentarium der Bank von Japan, das in diesem Rahmen wirkte, war in seiner Anpassung an die gegebenen Besonderheiten der japanischen Finanzstruktur zu einem effektiven Wirkungsgeflecht zusammengewachsen. Was die Kreditpolitik als allgemein anerkanntem Hauptwerkzeug angeht, teilen sich die Meinungen über die Gewichtung der Einzelinstrumente. Während der Diskontpolitik und ihrem Ankündigungseffekt oft genug die Hauptrolle zugeschrieben wird, zeigte doch die Untersuchung, daß sie alleine nicht wirksam sein konnte, da sie keinen Kosteneffekt hervorrief, zumal die Änderungen im Zinsniveau eher minimal waren (vgl. Schaubild 26). Das Hauptgewicht der tatsächlichen Kontraktion lag deshalb auf Kreditrationierung und Kreditplafondierung. Während die Mindestreservesätze für eine durchschlagende Wirkung zu gering waren, veränderte die Offenmarktpolitik die Steuerungsmöglichkeiten der Bank von Japan zwischen 1962 und 1970 im Vergleich zu den 50er Jahren kaum.

Die in Schaubild 26 unter "Sonstiges" aufgeführten Maßnahmen runden das Bild der Kontraktionsinstrumente ab. Es wird deutlich, daß hier zwar auch andere Stellen, wie z.B. das MITI (*Tsūsanshō*, Ministerium für Handel und Industrie) die restriktiven Schritte stützten, der eigentliche Impuls zur Einleitung der Rezession aber von geldpolitischer Seite kam.

Wie die Schaubilder 21-25 unterstreichen, wirkte die Geldpolitik im Hochwachstum auf die verschiedenen ökonomischen Größen mit durchschlagendem Erfolg. Die stark ausgeprägte Schuldner-Gläubiger-Beziehung zwischen den Großbanken und der Bank von Japan auf der einen und den Unternehmen und den Banken auf der anderen Seite bildeten die Grundlage für diese Effizienz. Durch die strenge Devisenkontrolle schirmte die Bank von Japan das System gegen exogene Einflüsse ab, so daß ein internationaler Kapitalzu- oder -abfluß bis in die 70er Jahre in die geldpolitische Planung nicht mit einberechnet werden mußte. Der Kosteneffekt der Geldmarktstruktur an sich erleichterte die Aufgabe der Bank von Japan ebenso wie die Tatsache, daß sie sich nicht um die Stabilisierung eines Kapitalmarktes zu kümmern hatte. Der große Investitionseifer der Unternehmen minderte – zumindest bis 1963 – die Schwierigkeiten der Angleichung und des Wiederaufschwungs nach einer Rezession, so daß die Geldpolitik die Wirtschaft allein durch eine großzügigere Geldversorgung stimulieren konnte.

Mit dem Izanagi-Boom veränderten sich sowohl die Industriestruktur als auch das Konsumverhalten der Bevölkerung grundlegend. Starke Umschichtungen in der Zusammensetzung der Importe wurden begleitet von einer rasanten Ausweitung der Freizeit- und Konsumgüterindustrie. Erste Schritte zur Handelsliberalisierung deuteten sich an, auch zeigten sich Veränderungen im Preisniveau, wie sie in diesem Ausmaß in den 18 Jahren zuvor nicht zu sehen waren. Dies war die Zeit, in der das Ausland auf Japan, den "emerging superstate" (Kahn 1970), das Wunderland, die "Number One" (Vogel 1980) in ehrfurcht- und angsterfüllter Bewunderung aufmerksam zu werden begann.

5.2. DIE GELDPOLITIK IN DER PERIODE DES NIEDRIGWACHSTUMS

5.2.1. 1973/74: Erste Ölkrise

In Reaktion auf die Ende 1970 einsetzende starke Rezession ging die Bank von Japan zu einer Lockerung der Geldpolitik über: zwischen Oktober 1970 und Mai 1971 wurde der Leitzins dreimal gesenkt und fiel mit 3,9% auf ein Rekordtief in der Nachkriegszeit. Außerdem wurde die Schalterkontrolle stark gelockert. Die Banken reagierten schnell, der Geldmarkt verflüssigte sich, der Rufzins fiel. Mitte des Jahres 1971 schien der Abschwung überwunden, der private Konsum lebte auf, die Lagerhaltung sank entsprechend, und in der Hoffnung auf einen neuen Aufschwung bekam auch die private Investitionsneigung wieder Aufwind. Aufträge und Bestellungen aus dem Ausland häuften sich, die Inlandsproduktion zeigte starke Zuwächse (NGCG 1972:5:2-3).

Es kam jedoch anders, als die Unternehmen es sich vorgestellt hatten. Der 'Nixon-Schock' erschütterte das Land am 15.8.1971, dem 25. Jahrestag der Kapitulation nach dem Zweiten Weltkrieg – wie schnell herausgestrichen wurde –, freilich mit weniger umfassenden Konsequenzen. Präsident Nixons "Neues Wirtschaftsprogramm" zielte auf einen Inflationsstop und die Bekämpfung des amerikanischen Leistungsbilanzdefizits ab und war die Reaktion auf eine veränderte amerikanische und globale Wirtschaftslage. Die Amerikaner hoben hervor, daß die Zeit für eine wirtschaftliche Zusammenarbeit gekommen sei und sie nicht länger bereit seien, die

Lasten der Weltwirtschaft allein auf ihren Schultern zu tragen (Shimano 1979:50). Der Plan sah ein Einfrieren der inländischen Löhne und Gehälter sowie Preise für 90 Tage vor, forderte die Aufwertung der ausländischen Währungen gegenüber dem Dollar und beendete die Gold-Dollar-Konvertibilität mit sofortiger Wirkung. Außerdem wurde auf alle Importe ein 10%iger Zuschlag erhoben (Uchino 1983:184).

Kurz darauf, am 19. Dezember 1971, wurde dieser Schock noch verstärkt durch die Konferenz im Smithsonian Institute, Washington, auf der der Yen um 16,88% auf 308 Yen=1 US-Dollar aufgewertet wurde. Der Effekt war vor allem psychologischer Art: das Land war so sehr auf den fixen Yen/Dollar-Kurs von 360/1 versteift, den Joseph Dodge 22 Jahre zuvor bestimmt hatte, daß die Aufwertung jetzt jeglichen Unternehmergeist löschte und eine – makroökonomisch wenig plausible, ja unnötige – Untergangsstimmung hervorrief. Nach einer Schockphase von zwei Monaten fingen sich die Exporte, zumindest auf Dollarbasis, wieder, und durch den hohen Yen kam es zu einem ersten Zufluß langfristigen Kapitals aus dem Ausland, so daß die Devisenreserven anstiegen und die Leistungsbilanz Überschüsse aufwies. Das reale Exportvolumen verringerte sich jedoch, die deflationäre Stimmung zog ihre Kreise. Lagerbestände wurden abgebaut und Investitionsvorhaben zurückgestellt (NGCG 1972:5:16-17).

Zur Ankurbelung wurden sowohl Geld- als auch Fiskalpolitik in die expansive Richtung gelenkt. Im Juli 1972 gab Premierminister Tanaka Kakuei seine eigene Version des Einkommensverdopplungsplans von Ikeda Hayato aus: den "Plan zum Wiederaufbau des japanischen Archipels" (*Nihon-rettō kaizō ron*). Ein Wirtschaftswachstum von jährlich 10% bis 1985 sollte möglich gemacht werden durch extensive staatliche Investitionen. Neben der Aufhebung des regionalen Ungleichgewichtes durch die Dekonzentration der Industrie an der Pazifikküste sollte landesweit eine *Shinkansen*- (Schnellzug-)Verbindung geschaffen sowie das Autobahnnetz um 10 000 km und das Pipeline-Netz um 7500 km ausgeweitet werden (bis 1972 gab es insgesamt nur 700 km *Shinkansen*-Linie und Autobahn zusammen) (Nakamura 1985:225-226).

Gleichzeitig ging die Bank von Japan als Antwort auf die schwere Stagflation, die zu Jahresende einsetzte, auf eine umfassende Politik der monetären Verflüssigung über. (Stagflation ist ein in den 70er Jahren die Welt ergreifendes Phänomen, bei dem im Gegensatz zur herkömmlichen Theorie eine Stagnation oder sogar ein Negativwachstum begleitet wird von Unterbeschäftigung und gleichzeitigen hohen Preissteigerungsraten.) Neben der mehrmaligen Senkung des Leitzinses lockerte die Bank von Japan schrittweise Kreditgrenzsummen-Regulierung und Schalterkontrolle. Die Kreditnachfrage aber blieb flach, so daß sich zum Jahreswechsel eine ausgesprochene Verflüssigung des Finanzmarktes einstellte (Ishikawa 1985:96). Das erste Mal seit 1956 verschwand nun das *Overloan*, jetzt aber für immer. Die Großbanken senkten ihre Sollzinsen und wandten sich verstärkt an Klein- und Mittelbetriebe, um ihre überschüssige Liquidität anbringen zu können. Die Unternehmensfinanzierung wurde auf diese Weise stark verbilligt, und es kam zu ersten Überschüssen im Unternehmenssektor. Da aber die Erwartungshaltung aufgrund weltweiter Negativindikatoren trüb blieb, fanden diese Überschüsse nicht in Investitionen, sondern auf dem Aktienmarkt oder in spekulativen Landkäufen ihre Verwendung. So stieg der Landpreis 1972 im Vergleich zum Vorjahr um 30%, und der Aktienindex verdoppelte sich (Ishikawa 1985:104, Gotō 1971:28).

Nutznießer der Überschußliquidität war zunächst noch die Bevölkerung. Die Bankkredite gingen jetzt vor allem an die Konsumgüterindustrie, während die Bedeutung der Großunternehmen mehr und mehr abnahm. Die Gelder flossen also weniger in den Unternehmenssektor als vielmehr in die privaten Haushalte zurück. Die Termineinlagen bei den Banken schwollen an, und das Baugewerbe zeigte als einziger Sektor neben der Konsumgüterindustrie einen starken Aufschwung (Suzuki 1978:233). In Fortsetzung des sich schon im Izanagi-Boom abzeichnenden Trends fragten die Haushalte immer mehr Luxusgüter nach, in den Großstädten rückten jetzt Information, Bildung und Forschung in den Mittelpunkt. Der "Nylon-Boom" (Kamiya 1971:39) erfaßte jetzt auch Japan, die Freizeitindustrie holte auf.

Das Konsumverhalten der privaten Verbraucher und der Wohnungsbau waren die Antriebsmotoren eines im Jahresverlauf allmählich einsetzenden Aufschwungs. Die weiterhin von der Bank von Japan verfolgte Politik des lockeren Geldes trug zu diesem Aufschwung aus eigener Kraft bei, führte aber gleichzeitig zu einer ungeheuren Ausweitung der Geldmenge. Anzeichen der Überschußliquidität — die Höhe des von den Unternehmen gehaltenen Kapitals, der leichte Kreditzugang sowie die zunehmende Kapitalanlage außerhalb der Banken — waren schon seit dem dritten Quartal des Jahres 1971 positiv (NGCG 1973:2:3,9). Die Bank von Japan stand vor einem Dilemma, denn neben sinkenden Exporten bei steigenden Importen wurde eine Zinssenkung auch notwendig, um sich dem internationalen Zinsniveau annähern und damit dem immer stärker werdenden Kapitalabfluß entgegenwirken zu können. Obwohl eine Senkung der direkt an den Leitzins gekoppelten Einlagenzinsen wegen der steigenden Preise unangebracht war, wurde im Juni 1972 der Leitzins gesenkt, um den Aufschwung anzutreiben und das externe Ungleichgewicht zu beseitigen (Miyabara 1972:40).

Das Problem aber war die Inflation. Die Regierung verabschiedete für das Fiskaljahr 1972 ein expansives Budget, sah auch für 1973 keinen Anlaß, von dieser Richtung abzuweichen und überließ die Preissteuerung der Zentralbank (OECD 1974:30).

Die Preisentwicklung von 1972 bis 1973 läßt sich in drei Phasen einteilen (vgl. Mori Shichiro 1982:30): zwischen Februar und Juli 1972 stieg das Preisniveau um 0,2% monatlich, dabei aber erweiterte sich die Geldmenge um 26% gegenüber dem Vorjahr (s. Schaubild 27) — die Basis für die Inflation war geschaffen. Zwischen August 1972 und April 1973 kletterten sowohl die Großhandels- als auch die Einzelhandelspreise um 5% monatlich. Verstärkt wurde diese Bewegung durch den expansiven Tanaka-Plan. Spekulative Landkäufe und Lagerbestände nahmen zu.

Schaubild 27: Großhandels- und Verbraucherpreise (Tōkyō) und die Zunahme der
Geldmenge M_2, 1966-1978
(in prozentualer Zunahme gegenüber dem jeweiligen Vorjahr, M_2 im Jahresdurchschnitt)
(Quelle: Ishikawa 1985:64-65,165)

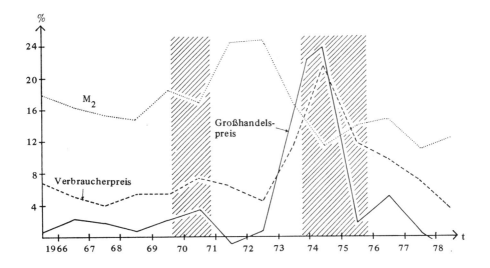

Weiterhin angetrieben wurde die Preissteigerung durch externe Ereignisse wie z.B. eine Mißernte in den Ostblockstaaten 1972, die das internationale Preisniveau in die Höhe trieb, oder den sog. *Tōfu-* (Sojabohnenquark-)Schock 1973, als die USA ihre Sojabohnenexporte einstellten (Nakamura 1985:239). Gleichzeitig wuchs die Geldmenge um 28% im Vergleich zum Vorjahr. Zwischen Mai und September 1973 nahm die Nachfrage-Druck-Inflation deutliche Züge an: Geld war da, aber Investitionen und Produktion hinkten hinterher.

In der Zwischenzeit war im Februar 1973 das System von Bretton Woods engültig aufgegeben worden — auch der Yen war zur floatenden Währung geworden, was wiederum die Inflationserwartung verstärkte. Jetzt reagierte die Bank von Japan mit einer Anhebung des Leitzinses und der Mindestreservesätze im Januar und März 1973 und konnte so zumindest die Kapitalzuflüsse absorbieren; auch beruhigten sich allmählich die europäischen Finanzmärkte. Im April wurden die

Schalterkontrolle, die schon seit geraumer Zeit gewirkt hatte, verschärft und die Zentralbank-Kreditlinie gesenkt (Ishikawa 1985:99). Zum Jahresende konnte der Preisanstieg auf 2% monatlich gedrückt werden. Und dann kam der Ölschock.

Die japanische Wirtschaft befand sich gerade im langersehnten Aufschwung, mit einer zweistelligen Wachstumsrate im dritten Quartal 1973, als mit dem Teilembargo der OPEC-Staaten im November 1973 die Preise für Rohöl ganz erheblich anstiegen. Die Energieversorgung Japans im Frühjahr 1973 war zu 77,4% abhängig von Öl, wovon 99,7% importiert wurde. Auch wenn andere Energiequellen mit einberechnet werden, machten die Energieimporte immer noch 89,9% des Gesamtverbrauchs aus (Suzuki 1978:234, Daly 1978:320). Die quantitative Beschränkung durch die OPEC zum einen und die Preiserhöhung zum anderen bremsten so das japanische Wachstum von zwei Seiten. Zudem zeigte sich weltweit ein Mangel nicht nur an Öl, sondern an allen mineralischen Rohstoffen. Das Ende des Hochwachstums war besiegelt.

Die Antwort der Finanzbehörden bestand aus umfassenden wirtschaftspolitischen Restriktionen. Am 22. Dezember 1973 kletterte der Leitzins auf eine Rekordhöhe von 9%, parallel dazu wurden viermal hintereinander die Mindestreservesätze angehoben (vgl. Schaubild 21, S.117). Regionalbanken, Spar- und Darlehenskassen sowie die Genossenschaftsbanken unterlagen von nun an auch dem Kreditgrenzsummen-System und der Schalterkontrolle. Anders als früher aber blieb diesmal die Wirkung gering. Obwohl das allgemeine Zinsniveau deutlich kontraktiv war, überwogen doch die durch Tanaka-Plan und Überschußliquidität geschürten Nachfragekomponenten (OECD 1974:33).

Eine Inflation von über 20% zum Jahreswechsel (s. Schaubild 27, S.143) und der Ölschock ließen das Land in einen traurigen Zustand verfallen. Die Rezession, die folgte, war die schwerste, die Japan in Friedenszeiten seit 1930 erfahren hatte. Die Krise wurde vor allem durch den Umstand verschärft, daß das künftige Ausmaß des Ölembargos nicht auszumachen war, so daß weder die Regierung eine definitive Linie einschlagen noch die Unternehmen entsprechende Entscheidungen fällen konnten.

Während Geschäftssektor und private Haushalte nur 9,3% des Öls konsumierten, verschlang der Unternehmenssektor 60% des Rohöls (OE 1974a:7). Die Schlüsselindustrien – Eisen und Stahl, Zement, Papier und Petrochemie – waren allesamt Öl-Großverbraucher. Eine Beschneidung des privaten Ölverbrauchs, wie er in den USA und der EG während der Ölkrise praktiziert wurde, hätte in Japan kaum zur Verringerung des Ölbedarfs beigetragen. So blieb als einzige Antwort eine starke Drosselung der Industrieproduktion. Die Regierung Tanaka fand diese Alternative zunächst wenig attraktiv. Trotz der starken Preiserhöhung durch die OPEC hielt sie deshalb die Preise für Ölprodukte durch starke Subventionierung auf einem künstlich niedrigen Stand. Im Februar 1974 aber wurde diese Politik unhaltbar, und die Regierung beschloß eine Preissteigerung von Ölprodukten um 68%. Die anderen

Preise folgten auf dem Fuße (OE 1974a:7).

Die Finanzbehörden sahen sich nun vor das Problem gestellt, daß die Geldpolitik offensichtlich ihre Grenzen erreicht hatte: der Leitzins war auf Rekordhöhe, ebenso die Mindestreservesätze, und die Schalterkontrolle umfaßte den Großteil des Bankensystems. Das Finanzministerium griff deshalb im Frühjahr 1974 selbst zu drastischen Maßnahmen, indem es den Banken auferlegte, Darlehen nur noch nach genauester Prüfung ihres Verwendungszweckes auszugeben. Wechsel durften erst nach strenger Kontrolle der Kundenbedürfnisse gezogen werden, auch konnten Kredite im Zweifelsfall mit sofortiger Wirkung annulliert werden (OE 1974b:6).

Es bedurfte jedoch der Hilfe von außen, um Japan aus der Misere herauszuziehen. Erst als sich mit der allmählichen Senkung der Rohölpreise im Sommer 1974 das internationale Preisgefüge neu gestaltete und auch die seit Jahreswechsel betriebene Geldmengeneindämmung wirken konnte, beruhigte sich die Preisentwicklung (s. Schaubild 27, S.143). Für das Fiskaljahr 1974 jedoch verzeichnete Japan eine negative Wachstumsrate von -1,4% (s. Schaubild 21, S.117) — die Zeit der zweistelligen Wachstumsraten war vorbei.

Die Talsohle der Rezession wurde im Mai 1975 durchschritten. Die zweimalige Leitzinssenkung in der ersten Jahreshälfte 1975 aber konnte noch nicht auf die Kreditzinsen der Banken einwirken, erst mit weiteren Senkungen im August und Oktober sowie anderen Verflüssigungsmaßnahmen der Bank von Japan stellte sich eine allgemeine Lockerung ein. Die Schalterkontrolle wurde großzügiger gestaltet, aber nicht ganz ausgesetzt. Trotzdem blieb die Kreditnachfrage des Privatsektors gering — die im Hinblick auf die Preisentwicklung immer noch vorsichtige Haltung der Zentralbank spiegelte sich in einer ebenso vorsichtigen Unternehmerhaltung wider (Tasker 1976:96).

Im Herbst 1975 ging deshalb die Regierung zu einer expansiven Fiskalpolitik über. Nachdem zu Jahresbeginn ein sehr zurückhaltendes Budget verabschiedet worden war, wurde nun doch das Kredit- und Investitionsprogramm erheblich ausgedehnt, die Steuern gesenkt und ein großangelegtes Importfinanzierungsprogramm initiiert. Dieses, insgesamt vierte, "Anti-Rezessionsprogramm" (OECD 1976:31) wurde im September durch massive Emissionen von Staatsanleihen in Höhe von 3,5 Milliarden Yen finanziert, einem in der Nachkriegszeit bisher unbekannten Ausmaß (EPA 1976:49). Die Staatsausgaben sollten nun zum Antriebsmotor der wirtschaftlichen Entwicklung werden. Schaubild 28 (S.146) zeigt den relativ starken Anstieg der staatlichen Investitionen in den Jahren 1973 (Tanaka-Plan) und 1976, während die Privatinvestitionen insgesamt einen Rückgang verzeichnen und auch geringere Ausschläge aufweisen. Die öffentlichen Investitionen stiegen somit anteilsmäßig am Sozialprodukt (Verwendungsseite) an.

Die Wirtschaft blieb jedoch zunächst unberührt träge. Selbst Großunternehmen waren vom Konkurs nicht verschont geblieben, und die Erkenntnis, daß das Hochwachstum endgültig beendet war, breitete sich schnell aus. Wegen der starken Verluste hatten die Unternehmen die Bonuszahlungen (halbjährliche Sonderver-

Schaubild 28: Die private und die staatliche Investitionstätigkeit 1950-1985
(in prozentualem Wachstum gegenüber dem jeweiligen Vorjahr)
(Quelle: KKC 1985:433)

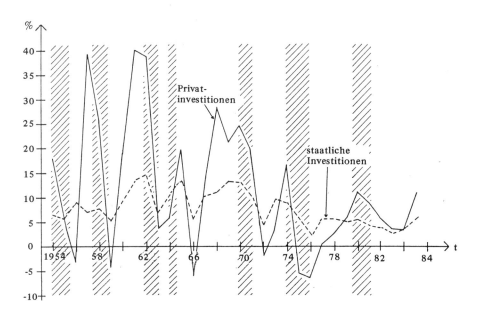

gütung entsprechend den Unternehmenserträgen) beschnitten oder sogar ganz eingestellt und die Teilzeitarbeitskräfte (*paato-taimaa*), die den Konjunkturpuffer des japanischen Arbeitsmarktes darstellen, entlassen. Wegen des in der Großindustrie üblichen Systems der lebenslangen Anstellung (*shūshin-koyō*) aber stieg die Arbeitslosenquote im Vergleich zu anderen Ländern in dieser Zeit nur wenig an. Selbst wenn ein Großteil der Unbeschäftigten (Teilzeitarbeitskräfte und Angestellte in Klein-, Kleinst- und Familienbetrieben) statistisch nicht erfaßt wurde, wurde die Bevölkerung von der Ölkrise nicht so hart getroffen wie in vielen anderen Industrieländern: aufgrund des Beschäftigungssystems konnten viele Angestellte tatsächlich nicht entlassen werden. Die Antwort der Unternehmensführungen war eine starke Arbeitszeitverkürzung (OECD 1976:15). Die Nachfrage auf dem Arbeitsmarkt war jedoch stark gedämpft, die Neueinstellungen gingen drastisch zurück, und ebenso war die Produktion rückläufig. All dies manifestierte sich in einer fühlbaren Schrumpfung des privaten Konsums. Die Preisentwicklung aber verbesserte sich im Jahresverlauf 1975 zusehends, und der Lohnanstieg, 1974 noch 27%, belief sich auf 12,4% (KKC 1979:3).

Das Fiskaljahr 1975 zeigte also zunächst einen Anstieg der makroökonomischen Indikatoren, hervorgerufen durch die Anti-Rezessionsmaßnahmen der Regierung. Zwischen Juli und Dezember führte die anhaltende Depression auf Unternehmerebene jedoch zu einem Rückfall, der Schwung verlor seinen Auftrieb. Die inländische Nachfrage erholte sich nicht, der Arbeitsmarkt blieb repressiv. Erst ab Januar 1976 stiegen die Exporte wieder, der Rückgang in den Anlageinvestitionen verlangsamte sich (s. Schaubild 28, S.146). Im Gegensatz zum Hochwachstum waren nicht die privaten Investitionen die Zugpferde der Erholung – sie fielen im Gegenteil im Aufschwung zunächst weiter –, und auch die öffentlichen Investitionen ersetzten sie nicht vollständig. Erst ein Jahr nach dem Tiefpunkt 1975 konnte die Kraft der Exporte mit Hilfe eines bereits wieder belebten Welthandels die Wirtschaft erneut in Gang setzen.

Die Entwicklungen der frühen 70er Jahre ließen die Bank von Japan in ausgesprochen schlechtem Lichte erscheinen. Die Herbeiführung der Restriktion, offiziell im April 1973, aber inoffiziell auch nicht viel früher, kam eindeutig zu spät. Die Geldmengenausweitung überhaupt erscheint aus heutiger Sicht nicht zulässig. Auch reagierte die Wirtschaft auf die restriktiven Maßnahmen nur wenig. Wie sind diese Fehlschritte zu erklären?

Die Bank von Japan agierte, wie bereits aufgezeigt, nur bedingt autonom, insbesondere aber zu Beginn der 70er Jahre. Da gegen die Aufwertung des Yen 1971 im Inland heftig opponiert wurde, versuchte die Regierung, diese Aufwertung so gering wie möglich zu halten und zwar dadurch, daß sie alle US-Dollar aufkaufte, die sie im Inland nur bekommen konnte – aufgrund der Handelsüberschüsse nicht wenige. Der Grundstein zur Ausweitung der Geldmenge war gelegt. Gleichzeitig erholte sich die Wirtschaft von der Izanagi-Rezession 1969/70; Konsum, Investitionen und Preise stiegen. Die Bank von Japan wollte als erste Dämpfung den Leitzins anheben, wurde aber von Premierminister Tanaka und seinem 'Archipel-Plan' daran gehindert (Senda 1985:23.25). Die stabilitätsorientierte Zentralbank verlor gegen die wachstumsorientierte Regierung – und mußte sich später auch noch die Schuld an der Inflation in die Schuhe schieben lassen.

Trotz alledem bleibt die Frage bestehen, wie es zu der starken Geldmengenausweitung 1971/72 kommen konnte, die als hauptsächlicher Inflationsauslöser anzusehen ist, der dann lediglich noch verstärkt wurde durch die Kapitalzuflüsse nach dem 'Nixon-Schock' und einer steigenden Emission von Staatsanleihen. Schaubild 18 (S.107) zeigt, daß sich die Wachstumsrate der Geldmenge bis 1974 stark prozyklisch verhielt. So wurde eine latente Inflation wachgerufen. Es gilt, daß einer der Impulse für eine Inflation die Inflationserwartung ist, die an sich schon preissteigernd wirken kann. In Japan war zum Ende der 60er Jahre die amerikanische Inflation importiert worden, die zwar schnell unterdrückt werden konnte, aber eine gewisse Befürchtung neuer Preissteigerungen zurückließ, die durch den 'Nixon-Schock' nur geschürt wurde (Toida 1982:111). Zur Kompensation der deflationären Auswirkungen der Yen-Aufwertung pumpte dann die Bank von Japan Geld in die Wirtschaft – der reale monetäre Impuls war gegeben. Heute stellt sich dieser Schritt als ein schwerer und nicht wiedergutzumachender Fehler dar, aus der Zeit heraus aber – die Ideen der Neo-Quantitätstheoretiker waren noch nicht verbreitet – wird er doch verständlich.

Andere Länder, die in dieser Zeit von einer Inflation betroffen waren, wußten damit zum Teil besser umzugehen, wie z.B. die Bundesrepublik. Die Deutsche Bundesbank kompensierte die weltweite Überschußliquidität 1972 sofort durch eine Aufwertung der D-Mark. Japan aber war bereits in einem Teufelskreis gefangen, da die schnelle Geldentwertung durch die ausgeprägte Erwartung einer solchen noch beschleunigt wurde. Die Liquidität war aber bereits zu hoch, um diesem Trend noch entgegenwirken zu können. Der Schluß, den die Bank von Japan im Jahre 1974, wie andere Zentralbanken zu dieser Zeit auch, daraus zog, lag nicht fern: die Inflation ist das schlimmste Übel, folglich muß die Preisstabilität erstes geldpolitisches Ziel sein. Um das zu erreichen, bedarf es einer strengen Geldmengenkontrolle, d.h. eines konkreten Geldmengenziels, nach dem das Geldvolumen über Eingriffe in die Geldmärkte gelenkt werden muß.

5.2.2. 1979/80: Zweite Ölkrise

Bereits im Juli 1974 hatte die Bank von Japan ihr erstes Geldmengenziel von 10-13% p.a. verkündet. Da wegen der Schwierigkeiten in der Ankurbelung der Wirtschaft eine strenge Verfolgung dieses Zieles noch nicht angebracht schien, wuchs im Fiskaljahr 1975 die Geldmenge um 15%. Auch hatte die Zentralbank noch wenig Aufhebens um diese neue Geldpolitik gemacht – das Land hatte andere Sorgen (AMM 1977:9/10:13). Ab 1976 aber wurden die Auswirkungen der neuen Geldpolitik bereits in zunehmendem Maße spürbar.

Die Wirtschaftspolitik bewegte sich 1976 weiterhin zwischen Kostendruck und Rezession. Neue geldpolitische Maßnahmen wurden nicht ergriffen. Die nach wie vor wirkende Schalterkontrolle ließ nur eine geringe Ausweitung des Kreditvolumens, auch im Sinne des neuen Geldmengenziels, zu, doch wurden diese Kredite gar nicht nachgefragt, die Kreditlinie blieb offen. Der geldpolitische Einfluß auf die volkswirtschaftlichen Wachstumsgrößen beschränkte sich darauf, das Preisniveau weiter zu beruhigen. Aktivierungsversuche aber kamen allein von der Fiskalpolitik. Im Oktober 1976 schlug das Finanzministerium alle geldpolitische Vorsicht erneut in den Wind und gab in großem Umfang Regierungsanleihen aus. Im November wurde ein sog. 7-Punkte-Paket vorgestellt, das vor allem Anreize für den privaten Wohnungsbau bieten sollte. Im Januar 1977 setzte die Regierung einen

Nachtragshaushalt zur Finanzierung weiterer öffentlicher Projekte durch, und ein Ergänzungsbudget im September ließ die Staatsverschuldung weiter anschwellen (OECD 1977:39).

Der fleißige Fernsehzuschauer wurde in dieser Zeit täglich in der Reklame von einem japanischen Großvater, freudig mit einer Staatsanleihe winkend, aufgefordert: "Für unser Land!" (*o-kuni no tame ni*), seine Enkelin aber belehrte ihn: "Auch für Opa" (*oopaa no tame ni mo*) – weil doch die Verzinsung so günstig sei. Große Wirkung aber scheint diese Regierungswerbung nicht gehabt zu haben, denn weiterhin mußte der Großteil der Staatsanleihen von den Banken aufgenommen werden (vgl. 4.1.1.2.).

Die Wirtschaft aber reagierte auf die fiskalischen Spritzen kaum, die privaten Anlageinvestitionen blieben gering. In der Hauptsache war dies der neuen Geldpolitik zuzuschreiben, die eine der Fiskalpolitik entgegengesetzte Richtung einschlug. Die Ausweitung der Geldmenge verringerte sich von Quartal zu Quartal und lag 1977 mit weniger als 12% weit unter den durchschnittlichen jährlichen 18,9%, die die Wirtschaft aus den 60er Jahren kannte; ein Umgewöhnungsprozeß war nötig (OECD 1977:37). Der fehlende monetäre Anreiz trug zwar zu einer Stabilisierung der Preise bei, zu einer schnellen Aufwärtsbewegung jedoch kaum.

Wieder einmal aber waren es die Exporte, die die Befreiung aus der Depression ermöglichten. Mit dem Anstieg der Ölpreise hatten sich die japanischen *Terms of Trade* (reales Austauschverhältnis zwischen im- und exportierten Gütern) sehr verschlechtert, d.h. es bedurfte eines wesentlich höheren Exportvolumens, um die notwendigen Importe zu bezahlen. Gleichzeitig aber kristallisierten sich nun neue Wachstumssektoren heraus: statt Schiffen und Werkzeugmaschinen waren es jetzt Präzisionsmaschinen und Elektrogeräte, die den Schlüsselbereich des Wachstums ausmachten (AMM 1979:1/2:19). Die energie- und materialintensiven Herstellungsbereiche mußten den Sektoren weichen, die einen geringeren Rohstoffbedarf pro hergestellter Einheit aufwiesen, und diese lagen vor allem in der Exportgüterindustrie. Daraus ergab sich eine gesteigerte Exportfähigkeit, und die Weltnachfrage nach japanischen Produkten, insbesondere nach Autos, stieg zusehends (s. auch Schaubild 29, S.150).

Die Veränderungen in der Industriestruktur erklären auch die Halbierung der Wachstumsrate nach der ersten Ölkrise, nämlich zum einen durch die verlangsamte Zunahme von Sach- und Humankapitalstock, zum anderen aber durch den Anstieg des Kapitalkoeffizienten (der angibt, wieviel Kapitaleinheiten zur Produktion einer Guteinheit erforderlich sind) als Resultat des Übergangs vom Ressourcen-intensiven alten Kapitalstock zum neuen energie- und rohstoffsparenden Sachkapital (Suzuki 1985:3).

Zu Beginn des Jahres 1977 stieg das Ausfuhrvolumen kurzfristig um 20%, stimuliert durch die wiederbelebten USA, der Importanstieg war dagegen nur mäßig (OECD 1977:29). Infolgedessen zeigte die Leistungsbilanz eine beeindruckend schnelle Stärkung nach der ersten Ölkrise auf. Als aber der Kurs des Yen im Herbst

150

Schaubild 29: Die jährliche Wachstumsrate von Import- und Exportwerten,
1977-1985 (in prozentualer Bewegung zum jeweiligen Vorjahr)
(Quelle: KKC 1985:4-5)

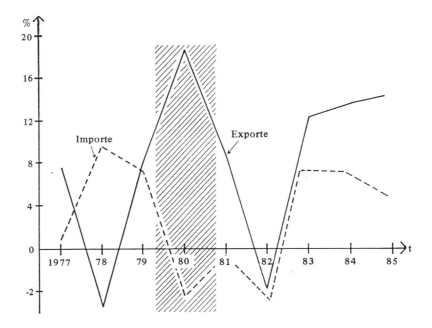

anstieg und sich auch die Ablehnung japanischer Handelsstrategien im Ausland zu konkretisieren begann, wurden die Unternehmer ängstlich. Die privaten Anlageinvestitionen waren rückläufig, Lagerbestandsangleichungen wurden notwendig. Die Zulassung einer Bildung von Rezessionskartellen sollte diesen Prozeß und seine Folgewirkungen erleichtern (NGCG 1978:5:2). Im März, April und September wurde der Leitzins gesenkt, insgesamt um 1,75%, und auch die monetären Rahmenbedingungen allgemein wurden gelockert.

Zum Ende des Jahres 1977 zeigten diese Maßnahmen eine erste Wirkung, ein allmählicher Aufschwung zeichnete sich endlich doch ab. Die Exporte erholten sich, der Yen stieg, die Preise waren beruhigt. Alles wartete nur noch auf die privaten Anlageinvestitionen, und ab Mitte 1978 setzte auch hier ein wirklicher Aufschwung ein — die Kapitalstockangleichung an ein mittelfristig langsames Wachstum und die Veränderung der Nachfragestruktur waren beendet (OECD 1981:42). So sah das Jahr 1978 einen Anstieg der privaten Nachfrage in Japan und auch einen Aufschwung in den USA. Starke Exporte (s. Schaubild 29, S.150) bei hohen Preisen in Dollar aufgrund des starken Yen erhöhten den Handelsbilanzüberschuß, die Zunahme der Einfuhren von Fertigprodukten wurde durch den Rückgang der Rohstoff- und Rohölimporte kompensiert. Dazu gesellte sich jedoch ein massiver Kapitalabfluß, teils als Anlage in ausländischen Wertpapieren oder in Form japanischer Kredite an das Ausland (s. Schaubild 30) (BoJ BR 1978:1:2).

Die Bank von Japan senkte im März 1978 ein weiteres Mal den Leitzins, der

Schaubild 30: Die Leistungs- und die Kapitalbilanz, 1970-1985
 (in Billionen US-Dollar, saisonal bereinigt)
 (Quelle: AMM 1983:5/6:15)

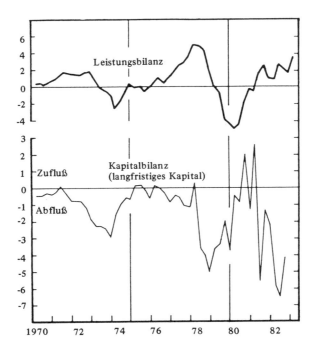

damit auf ein neues Rekordtief von 3,5% fiel. So konnte der private Konsum weiter belebt werden, auch stimulierte die Politik des lockeren Geldes die Unternehmen zusätzlich.

Ehe die Umstrukturierungen aber Früchte tragen konnten, erhöhte die OPEC im November 1978 ihre Preise, wenn auch zunächst nur wenig. Die Rohstoffversorgung wurde zusätzlich durch die Iran-Krise verunsichert, und prompt zeigten die Großhandelspreise einen ersten Aufwärtstrend (BoJ BR 1979:1:2). Die Bank von Japan war aufgrund der Erfahrungen bei der ersten Ölkrise vorsichtig geworden und erhöhte im April 1979 den Leitzins und reduzierte die Kreditzunahmegrenze. Diese präventiven Schritte wurden im Jahresverlauf sukzessive verschärft, der Leitzins zweimal angehoben und auch die Finanzinstitute, die bis dahin nicht unter die Schalterkontrolle gefallen waren, einer Kreditplafondierung unterzogen (NGCG 1980:8:10). Schnell berührte die Kontraktion den Geldmarkt, und die Liberalisierung der CD im Mai 1979 (s. 4.1.1.1.) machte die direkte Weiterleitung der Impulse möglich.

Dennoch waren diese Maßnahmen nicht mehr als ein erstes Warnzeichen. Die steigende Inlandsnachfrage, die sich ausdrückte in einem Anstieg von Privatkonsum, privatem Wohnungsbau, Anlage- und Lagerinvestitionen, wurde dadurch nicht eingedämmt (NGCG 1979:4:2). Auch der Anstieg der Großhandelspreise brachte den Aufschwung nicht ins Wanken, weckte jedoch erste Inflationserwartungen, die sich in zunehmenden Hortungskäufen niederschlugen.

Zur Jahreswende 1979/80 aber wirkte sich die zweite Ölkrise mit voller Wucht aus. Die Großhandelspreise stiegen 1979 um insgesamt 13% (wobei das Hauptgewicht des Anstiegs auf das letzte Quartal fiel), im ersten Quartal 1980 um 22,8% (s. Schaubild 31, S.153) (BoJ BR 1980:1:2). Alle Industrieländer – außer der Bundesrepublik Deutschland – wiesen jetzt zweistellige Inflationsraten auf, und weltweit stieg das Zinsniveau erheblich an. Wie bei der ersten Ölkrise auch, fiel die japanische Leistungsbilanz in ein großes Defizit (s. Schaubild 30, S.151), auch sackte jetzt der Yen-Kurs ab.

Im Februar 1980 kam es zum großen Auftritt der Bank von Japan. Erstmals in der Nachkriegsgeschichte des Nebeneinanders von Finanzministerium und Zentralbank setzte sich die Bank von Japan gegen eine Regierungsweisung durch: Gouverneur Maekawa Haruo bestand auf einer sofortigen Anhebung des Leitzinses – genau in der Phase der Verabschiedung des Budgets für das folgende Fiskaljahr. Aus Angst vor der Wiederholung der Fehler von 1973 und aufgrund der starken Haltung von Maekawa blieb Premierminister Ōhira Masayoshi nichts anderes übrig, als den Präzedenzfall anzuerkennen (Hamada/Suzuki 1982:37). Mit der durch das rechtzeitige Agieren ermöglichten durchschlagenden Wirkung ihrer Maßnahmen konnte die Bank von Japan das in der ersten Ölkrise verlorene Terrain wiedergutmachen und, mehr als das, eine eigene Position gegen die Regierung durchsetzen und so der Autonomie-Diskussion einen neuen Impetus geben.

Der Leitzins kletterte auf 9%, die gleiche Höhe wie sieben Jahre zuvor, auch wurden die Mindesreservesätze stark angehoben. Der gerade wiedererwachte Investi-

Schaubild 31: Großhandels- und Verbraucherpreise (Tōkyō), 1977-1985
(in prozentualer Bewegung gegenüber dem jeweiligen Vorjahr)
(Quelle: KKC 1985:4-5)

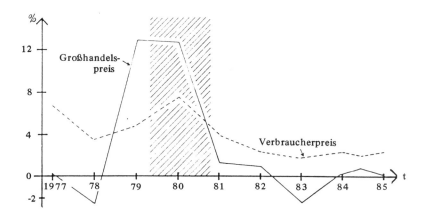

tionseifer aber blieb zunächst ungetrübt. Die volkswirtschaftlichen Grundlagen hatten nach der Depression von 1974 entscheidend konsolidiert werden können, die Beschäftigung war im Aufstieg begriffen, Löhne und Gehälter ebenso, so daß das verfügbare Einkommen der privaten Haushalte zunahm. Im Unterschied zur ersten Ölkrise aber stiegen diesmal die Verbraucherpreise nicht stärker als die Großhandelspreise, sondern verhielten sich mit einem Anstieg von 4,8% im Jahre 1979 und 7,8% 1980 unter den gegebenen Umständen ausgesprochen ruhig (s. Schaubild 31) (KKC 1985:4).

Trotzdem machte die Ölkrise auch vor der Unternehmerebene nicht halt. Wenn sich auch die Investitionen das Jahr 1980 hindurch weiter ausdehnten und die Exporte hoch und der Konsum stabil blieben, kam es doch zu einer psychologischen Unsicherheit, vor allem hervorgerufen durch ein großes Gefälle zum amerikanischen Zinsniveau, das noch höher lag als das japanische. Eingriffe auf dem Devisenmarkt zur Stützung des Yen zu Jahresbeginn zeigten nur geringen Erfolg (NGCG 1980:3:3). Schon im Mai 1980 aber wurde mit nachlassendem Rohöl-Preisanstieg die Klettertour der Großhandelspreise gebremst, und bis zum Herbst beruhigte sich bei stabilen Löhnen die Preisentwicklung schnell. Die Leistungsbilanz zeigte sich stark verbessert, die Handelsbilanz kehrte bereits im Sommer in den schwarzen Bereich zurück.

Mit einem im Frühjahr 1980 einsetzenden Lagerangleichungsprozeß stagnierten jedoch bald die Importe, und auch die Eisen- und Stahl-Produktion wurde rückläufig. Obwohl die privaten Anlageinvestitionen auf hohem Niveau blieben, breiteten sich Stagnationstendenzen aus (NGCG 1985:5:2,6). Die Bank von Japan läutete deshalb mit einer ersten Leitzinssenkung im August und einer weiteren im November eine neue Phase der monetären Lockerung ein und reduzierte im vierten Quartal auch die Schalterkontrolle. Im März 1981 wurden die Mindestreservesätze gesenkt und gleichzeitig neue Maßnahmen zur Zinsliberalisierung ergriffen.

Mit 4,2% war die Wachstumsrate des Bruttosozialproduktes 1980 eine der höchsten im internationalen Vergleich, auch blieb das Preisniveau deutlich unter dem anderer Industrieländer (OECD 1981:5). Dennoch war das Jahr 1980 ein Jahr der Stagnation und Angleichung. Geld- und Fiskalpolitik agierten aus der Angst vor einer mittel- oder langfristigen Inflation heraus vorsichtig, die Geldmengenausweitung erreichte mit 9,7% im Jahresdurchschnitt 1981 einen neuen Tiefstand. Das hohe Zinsniveau im Ausland schränkte den Aktionsradius der Bank von Japan zusätzlich ein, da eine weitere Zinssenkung zur Ankurbelung der inländischen Nachfrage nicht in Betracht kam. Gleichzeitig wurde die Staatsverschuldung jetzt zum Strukturelement, der Versuch ihres Abbaus limitierte die Wirkungsweise der Fiskalpolitik. Das interne Ungleichgewicht, hervorgerufen durch anhaltende Veränderungen in der Industriestruktur, die einsetzende "Technologie-Innovation" (*gijutsu-kakushin*) sowie eine schwache aggregierte Nachfrage bei einer positiven Entwicklung von Beschäftigung und Gewinnstruktur der Unternehmen, wurden begleitet von einem Absinken des Welthandels (KKC 1983:86). Die Negativeffekte der verschlechterten *Terms of Trade* nach der zweiten Ölkrise konnten erst mit einem weiteren starken Fall der Rohölpreise, d.h. stabilisierten Importpreisen, zum Jahreswechsel hin eliminiert werden. Die Auswirkungen des "Rezessions-Schattens" (JIIA 1982:62) aber schlugen sich mit zeitlicher Verzögerung auf dem Arbeitsmarkt nieder und sollten das ganze Jahr 1981 hindurch die wirtschaftliche Entwicklung beeinflussen.

Insgesamt gesehen war die zweite Ölkrise wesentlich schmerzloser als die vorangegangene, weil sie Japan weniger überraschend und weniger unvorbereitet traf. Zwar war die Produktion rückläufig, doch wurden die privaten Anlageinvestitionen nur wenig beschnitten. Die Gründe hierfür sind vor allem darin zu sehen, daß der Kapitalstock nach der ersten Ölkrise den mittelfristigen Wachstumserwartungen angepaßt worden war, und daß die Investitionen, die nicht auf eine Kapazitätserweiterung abzielten, wie etwa Rationalisierungs- und Energiesparmaßnahmen oder Forschung und Entwicklung, hoch blieben (OECD 1981:9-10).

Die Fiskalpolitik wirkte 1979/80 wenig restriktiv. Zu umfangreich und expansiv waren die Ankurbelungsprogramme gewesen, als daß sie mit einem Schlag in die entgegengesetzte Richtung hätten gelenkt werden können.

Dauerte die monetäre Kontraktion nach dem ersten Ölschock noch 22 Monate, so konnte nun bereits nach 10 Monaten der Leitzins wieder gesenkt werden. Diese rapide Wirkung erklärt sich in erster Linie daher, daß die Kontraktion präventiv eingeleitet worden war, so daß sich unter Berücksichtigung der zeitlichen Verzögerung der Effekt genau dann einstellte, als er nötig war.

5.2.3. Vergleichende Analyse: Wie meistert man eine Ölkrise?

Während der ersten Ölkrise ging die japanische Wirtschaft in einem Strudel in- und ausländischer Mißstände unter, wurde nur von einem Rückgang der Rohölpreise gerettet und erlag nach dem Kampf ermattet einer zweijährigen Stagflation, gegen die auch die Erste-Hilfe-Pakete der Fiskalpolitik machtlos waren. Die finanziellen Bedingungen bei der zweiten Ölkrise waren ganz ähnlich – 1973 stieg der Preis für Rohöl von 3 US-Dollar auf 12 US-Dollar pro Barrel, von Ende 1978 bis 1980 stieg er von 13 US-Dollar auf 28 US-Dollar pro Barrel. 1979 kletterten die Preise für Importgüter um 28,6%, 1980 um 43%, und das ist durchaus vergleichbar mit den 21,8% im Jahre 1973 und 66,3% im Jahre 1974. Die Verbraucherpreise aber erhöhten sich 1974 um 24,4%, 1980 nur um 8% (Suzuki 1981:6). Auch der längerfristige Schaden, den die zweite Ölkrise anrichtete, war wesentlich geringer als die Auswirkungen von 1973/74. Es folgte zwar eine Rezession, aber keine Stagflation, und die Negativindikatoren ließen sich binnen relativ kurzer Zeit, einer nach dem anderen, ins Positive umkehren. Was sind die Gründe für diesen krassen Gegensatz?

Als die erste Ölkrise über das Land hereinbrach, befand sich Japan gerade in Boom-Stimmung. Während der vorangegangenen zwei Jahre war die Geldmenge mit einer Rate von über 20% gestiegen, der private Konsum war ausgesprochen aktiv. Diese Ausweitung resultierte aus großen Leistungsbilanzüberschüssen sowie der Tatsache, daß einerseits die Bank von Japan nach dem 'Nixon-Schock' und dem sog. *Smithsonian Agreement* versuchte, die deflationären Auswirkungen durch eine monetäre Verflüssigung aufzufangen. Darüber hinaus stellte die Regierung nach dem Übergang zum floatenden Wechselkurs umfangreiche Kredite zur Verfügung und intervenierte auf dem Devisenmarkt. Der starke Anstieg der Geldmenge aber hatte zur Folge, daß die Lagerbestände zunahmen, und bei Einsetzen der Ölkrisen-Stimmung nicht nur mit ihnen, sondern auch auf dem Immobilienmarkt spekuliert wurde – die Erträge aus diesen Geschäften waren aufgrund der Inflation höher als die Kapitalerträge. Aus diesem Grunde blieben die Lagerbestände auch mit der Politik des knappen Geldes seit 1974 hoch.

Die Geldmengenausweitung führte außerdem zu einem Anstieg der gesamtwirtschaftlichen Nachfragefunktion, der wiederum die Preise in die Höhe trieb. Bei der ersten Ölkrise stiegen nicht nur die Preise für Rohstoffe, sondern auch die für Zwischen- und Endprodukte. Wegen der herrschenden Überschußliquidität war es den Unternehmen zusätzlich möglich, die Preise derjenigen Güter mit zu erhöhen, die gar nicht an den Rohstoff Öl gebunden waren, um so die veranschlagten Gewinne erzielen zu können. Daraufhin forderten die Arbeitnehmer höhere Löhne und bekamen bei der sog. Frühjahrsoffensive (*shuntō*, jährliche Lohnrunde) 1974 auch einen Lohnzuwachs von 30% zugesprochen (Nomura 1983:17,29). Infolgedessen stiegen die Verbraucherpreise bald schneller als die Großhandelspreise (s. Schaubild 27, S.143).

Das traurige Bild, das die Bank von Japan bei dieser Problembewältigung bot, wurde sechs Jahre später durch eines mit frischen Farben ersetzt. Sie hatte nämlich drei Dinge aus dem ersten Ölschock gelernt: Ein möglichst früher Eingriff war nötig, um den *time-lag*, mit dem monetäre Impulse wirken, zu kompensieren, die Geldmenge mußte genauestens beachtet werden, und die inländische Inflation war durch eine Kontrolle der inländischen Nachfrage zu bekämpfen (Bronte 1980:66).

Die Bank von Japan gab 1974 ihre alten geldpolitischen Ziele auf und konzentrierte sich nur noch darauf, die Ausweitung der Geldmenge konstant zu halten. Die lineare Korrelation, die in der Theorie zwischen Geldmenge und Wirtschaftswachstum angenommen wird, bewahrheitete sich sofort: seit 1976 stieg das reale Bruttosozialprodukt, parallel zu den geringeren Fluktuationen der Geldmenge, stetig zwischen 4,7 und 7% p.a. (vgl. Schaubild 18, S.107). Als sich im Jahre 1979 erste Anzeichen einer erneuten massiven Preissteigerung für Rohöl anmeldeten, erhöhte die Bank von Japan sofort dreimal präventiv den Leitzins, und zwar jeweils um 1%. Ihre neue Position unterstrich sie dann im Februar 1980, als sie entgegen dem langgepflegten Tabu den Leitzins erhöhte, obwohl die Regierung gerade um die Durchsetzung ihres neuen Budgets kämpfte.

Durch die frühe und prompte Reaktion auf die Entwicklungen im Ausland sowie den nächsten Schritt, die Geldmengenausweitung schrittweise zu senken, konnte die inländische Inflationserwartung beruhigt werden. Im Gegensatz zur ersten Ölkrise stiegen jetzt nur die Preise für petrochemische Produkte, die strenge Geldmengenkontrolle ließ eine Übertragung des Preisanstiegs auf alle Produkte nicht zu (Nomura 1983:17). Die Preise für Endprodukte und somit der Verbraucherpreisindex blieben stabil (s. Schaubild 31, S.153). Außerdem wurde eine starke Lohnerhöhung nicht zugelassen, sondern der Lohnanstieg blieb hinter der Preissteigerungsrate zurück. Damit sank das reale Einkommen und infolgedessen auch der private Konsum. Auf diese Weise konnte die inländische Nachfrage kontrolliert und die Inflation erfolgreich bekämpft werden. Eine Preiskontrolle wie 1974 war nicht nötig, Konsum und Produktion konnten sich frei an die neue Situation anpassen. Die Lagerinvestitionen wurden auf niedrigem Niveau stabilisiert, während die Anlageinvestitionen aktiv blieben. Bereits 1981 war der Kostendruck überstanden, die Wachstumsrate verzeichnete keinen absoluten Rückgang (s. Schaubild 21, S.117).

Schaubild 32 zeigt im direkten Vergleich der beiden Phasen, daß einer prozyklischen Geldmengenausweitung zwischen 1971 und 1975 eine stabilisierte Geldbasis in den Jahren 1976 bis 1980 gegenüberstand. Zudem paßte sich Japan bei der

Schaubild 32: Die zwei Ölkrisen im Vergleich: die Geldmenge M_2 und das Wirtschaftswachstum, 1971-1980
(saisonal bereinigt, in prozentualer Bewegung gegenüber dem gleichen Quartal des Vorjahrs)
(Quelle: AMM 1980-9/10:19)

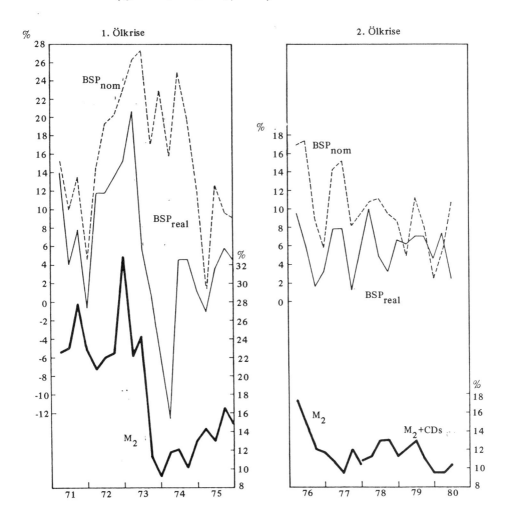

ersten Ölkrise instinktiv der Preisstruktur auf dem Geldmarkt an. Der Außenhandel stagnierte, die Konjunktur flaute ab. Die Regierung stand alledem rat- und tatenlos gegenüber (AMM 1980:9/10:25), auch konnte die Geldpolitik nicht so wirken wie beabsichtigt. Wegen der Inflation stieg das gesamte Zinsniveau stark an, der

Gensaki-Zins zeigte mit 17,3% einen übermäßigen Ausschlag. Der Zinsanstieg bei der zweiten Ölkrise war gemäßigter. Da die Liquidität der Volkswirtschaft absorbiert werden konnte – nicht zuletzt dank des sich entwickelnden Offenmarktes – blieb das Zinsniveau insgesamt auf, im internationalen Vergleich gesehen, durchaus normalem Stand, der *Gensaki*-Zins kletterte nicht über 12% (s. Schaubild 14, S.95).

Die effizientere Gestaltung der Geldpolitik ist auch auf strukturelle Faktoren zurückzuführen. Zum einen war die Ölproduktivität seit der ersten Ölkrise erheblich gesteigert worden (d.h. Steigerung der Einheiten Output, die pro Einheit Öl produziert werden können). Die volkswirtschaftliche Grundlage wurde deshalb nicht so schwer getroffen wie im Jahre 1974. Zum zweiten waren in der Zwischenzeit die starren Finanzstrukturen aufgebrochen und die Zinsliberalisierung stark vorangeschritten. Die Wirtschaft begann allmählich, sich an den – jetzt aussagekräftigen – Zinsen zu orientieren, wodurch die Wirkung der monetären Impulse sehr gesteigert wurde.

Das Erfolgsgeheimnis der zweiten Ölkrise lag also nicht darin, daß die externen Bedingungen weniger hart und die Aufgabenstellung entsprechend leichter waren. Bei gleichen Anforderungen an Güter- und Finanzmärkte aber reagierte die Bank von Japan nicht wie 1973/74, sondern agierte in gezielter und durchdachter Weise, schon bevor die Krise voll einsetzte. Die Betonung der internen Preisstabilität durch die Geldmengenkontrolle erlaubte eine schnelle Bewältigung der externen Preisschwankungen, unterstützt durch eine flexible Zinsstruktur und auch den effizienteren Einsatz des flexiblen Wechselkurses.

5.2.4. 1981-1985: Stabiles Wachstum und Liberalisierung

Trotz der positiven Entwicklung während der zweiten Ölkrise dauerte die wirtschaftliche Angleichung 1981 länger als erwartet. Ende August 1980 wurden mit einer ersten Leitzinsenkung und einer Lockerung der Kreditbeschränkungen die Finanzmärkte verflüssigt. Die zunehmend freundliche Geldpolitik sollte durch eine expansive Fiskalpolitik ergänzt werden. In der zweiten Jahreshälfte 1981 stiegen die Staatsausgaben für öffentliche Projekte, doch erwiesen sie sich bald eher als Hemmschuh denn als Stimulus. Die Zunahme der Staatsverschuldung führte zu einem *Crowding-out* der Privatunternehmen, die Sickereffekte der öffentlichen Investitionen versiegten (vgl. 4.1.3., S.99) (EPA 1982:129). Der Schwung lief aus, die inländische Nachfrage, die in der ersten Jahreshälfte noch einen leichten Anstieg gezeigt hatte, fiel im dritten Quartal erneut. Die Lagerangleichung verzögerte sich, neue Lagerinvestitionen wurden nicht vorgenommen. Die Anlageinvestitionen stagnierten, besonders bei Klein- und Mittelbetrieben, wenn auch auf hohem Niveau. Der private Konsum konnte erst zum Jahresende mit vollständig stabilisierten Verbraucherpreisen wieder Aufwärtstendenzen aufweisen. Da die Produktion stagnierte, nahmen auch die Importe nicht zu. Die Exporte dagegen konnten mit auflebendem Welthandel und einem schwachen Yen langsam ansteigen, so daß die Leistungsbilanz bald Überschüsse aufwies, obwohl ein starker Abfluß langfristigen Kapitals die Devisenbilanz defizitär gestaltete (s. Schaubild 33) (BoJ BR 1981:2:1).

Der Grund für diese letzten Entwicklungen lag einerseits in der Aufhebung der Kapitalverkehrskontrollen im Jahre 1980, andererseits aber in der Preisstabilisierungspolitik der USA, die zu einem hohen amerikanischen Zinsniveau führte, das die ganze Welt berührte. Die japanischen Investitionen in ausländische Wertpapiere hielten den Rufzins im Vergleich zu früheren Phasen der monetären Lockerung hoch (s. Schaubild 21, S.117). Gleichzeitig stiegen nun zum ersten Mal bei einer Senkung des Leitzinses die Sollzinsen auf langfristige Kredite an, die Effektivzinsen blieben hoch. Die kurzfristigen nominalen Zinssätze dagegen fielen stetig. Vor diesem Hintergrund zögerte die Bank von Japan lange, bevor sie im Dezember 1981 in Reaktion auf den anhaltenden Abschwung den Leitzins auf 5,5% senkte (NGCG 1981:12:1).

Schaubild 33: Die Handels- und die Kapitalbilanz, 1977-1985
             (in Trillionen Yen)
             (Quelle: Lee 1986:13)

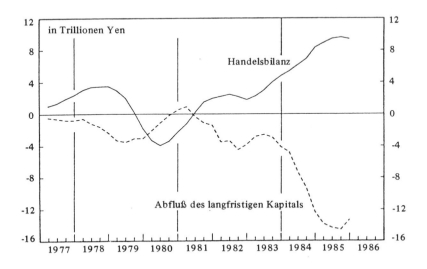

Durch diese erneute Zinssenkung aber wurde die Differenz im Zinsniveau zu den USA größer. Der hohe Kapitalabfluß aus Japan führte zu einer starken Überbewertung des Dollar bei einem parallelen Absinken des Yen. Zur Abwehr eines weiteren Wertverlustes wurden nun von der Bank von Japan Eingriffe auf den Devisenmarkt erwartet, die den Anstieg der kurzfristigen Zinssätze bewirkt hätten. Aus rein psychologischem Grund stiegen deshalb nun die langfristigen Zinsen, in der Hauptsache die der Staatsanleihen, auf dem Sekundärmarkt, ohne daß wirkliche Eingriffe erfolgt wären (Ishikawa 1985:174). Tatsächlich ging die Bank von Japan kurz darauf, im März 1982, auf die sog. Hochzinspolitik (*takame-yūdō,* wörtl. "Herbeiführung eines hohen Niveaus") über, die bis zum Ende des Jahres 1985 beibehalten wurde. Durch entsprechende Eingriffe auf dem Geldmarkt (d.h. Verkauf von Wechseln etc.) hielt sie den Geldmarktzins und damit über die Arbitrage das gesamte Zinsniveau hoch und konnte so zunächst einer weiteren Zunahme des Kapitalabflusses entgegenwirken (s. Schaubild 33, S.159) (NGCG 1986:5:31, NGCG 1983:5:21). Zu den künstlich hohen Zinsen aber gesellte sich eine quantitative Lockerung, bei der Schalterkontrolle wurden alle Kreditvorhaben der Banken akzeptiert. Zwar wurde so ein weiterer Abschwung verhindert, einen Beitrag zur Wirtschaftsankurbelung aber muß man dem Hochzinssystem sicherlich absprechen. Gleichzeitig beschleunigte sich der Zinsliberalisierungsprozeß auf den Geldmärkten (s. 4.1.1.1.). Die Bank von Japan konnte sich jetzt bereits des Zinses als lenkbarer Größe bedienen, denn Sickereffekte auf die anderen Märkte waren garantiert.

Erst mit einem weiteren Absinken der Ölpreise ab März 1983 konnte schließlich der Weg des Aufschwungs eingeschlagen werden. Der Hauptmotor dabei waren die USA: durch den starken Dollar erhöhte sich die amerikanische Importkraft. Dazu kamen ein Europa im Aufwärtstrend und eine durch den Ölpreisverfall bewirkte Senkung der japanischen Importkosten. Die Inlandspreise stabilisierten sich ebenso wie der Yen gegenüber dem Dollar (KKC 1984:109). Einziges Problem waren nun der seit 1982 anwachsende Protektionismus und die Diskussionen um den Abbau der tarifären und nicht-tarifären Handelshemmnisse, die nicht zuletzt dadurch hervorgerufen wurden, daß sich die japanische Handelsbilanz nach dem Defizit im Zuge der zweiten Ölkrise rasch wieder erholen konnte und nun beständig anwuchs (s. Schaubild 33, S.159).

Neben den kurzfristigen Gründen für diese Überschüsse, wie z.B. der amerikanische Aufschwung oder der sinkende Ölpreis, erklären sich die starken Handelsüberschüsse Japans im Vergleich zu anderen Industrieländern in erster Linie daher, daß die Einkommenselastizität der Exporte höher ist als die der Importe, d.h. eine Veränderung des Volkseinkommens schlägt sich schneller in den Export- als in den Importwerten nieder. So ist eine Ausweitung der Leistungsbilanz eher möglich — in den USA und Europa gilt genau das umgekehrte Verhältnis (KKC 1984:112).

Außer den Exporten stiegen 1983 auch die Anlageinvestitionen wieder. Der kombinierte Effekt aus sinkenden Kosten (durch fallende Rohstoffpreise) und gesteigertem Umsatz (durch einen wiedererwachenden Privatkonsum) erhöhte allmählich auch die Unternehmensgewinne, die Produktion stieg (BoJ 1984:1).

Die Beiträge der Fiskalpolitik zum Aufschwung blieben gering. Zu Beginn der 80er Jahre war die Staatsquote (Anteil der Staatsausgaben am Bruttosozialprodukt) von den 20-25% der 70er Jahre auf 42,7% gestiegen (JIIA 1984:76). Das dadurch nötig werdende große Volumen an Finanzierungspapieren hielt die Zinsen hoch und dämpfte die private Investitionstätigkeit. 1983 kam es deshalb zu einem ersten Anlauf der Fiskalreform, die den Wirkungsradius der Fiskalpolitik erheblich einengte und dennoch — wie sich im Nachhinein herausstellte — ohne Erfolg blieb. Die Fiskalpolitik befand sich also im Zielkonflikt zwischen der langfristigen Notwendigkeit einer Eliminierung struktureller Defizite und der kurzfristigen Aufgabe der Konjunkturankurbelung. Die Geldpolitik rückte nun erneut in den Vordergrund, auch bei der Steuerung der aggregierten Nachfrage (JIIA 1984:64).

Doch auch die Geldpolitik sah sich im Jahre 1983 vor verschiedene Probleme gestellt. Nach der Revision des Devisen- und Außenhandelskontrollgesetzes von 1980 hatte sich ein reger Kapitalverkehr zwischen In- und Ausland entwickelt, den die Bank von Japan bei ihren täglichen Schritten beachten mußte (Maekawa 1983: 3). Das zweite Problem war das des Ungleichgewichtes der Zinsen: neben einer anhaltend großen Lücke zwischen amerikanischem und japanischem Zinsniveau vergrößerte sich auch die Differenz zwischen niedrigen kurzfristigen und hohen langfristigen Zinsen im Inland — vor dem Hintergrund der Dualstruktur von kontrollierten und freien Zinssätzen (vgl. 4.1.2.). Zwar wurde durch die Zinsliberalisierung die Rolle der Zinssätze für die Geldmengenkontrolle von zunehmender Wichtigkeit, doch behinderten diese Einschränkungen eine flexible Geldpolitik. Gleichzeitig weitete sich der Offenmarkt durch die Diversifizierung seiner Komponenten zunehmend aus. Dies stellte die Bank von Japan vor die Schwierigkeit, daß sie bei ihren Eingriffen nun nicht mehr den größten Markt direkt berührte, sondern über den Interbankenmarkt den Offenmarkt nur indirekt über die Zinsarbitrage beeinflussen konnte (BoJ 1984:18). Deshalb wurde als neues Mittel der Geldmengensteuerung der Handel mit Schatzbriefen auf dem Offenmarkt eingeführt, doch blieben diese Operationen zunächst zu reguliert, als daß sie eine aktive Teilnahme der Zentralbank auf diesem Markt hätten ermöglichen können (s. 4.1.1.1.). Es war das Jahr 1983, in dem die Veränderungen in der Finanzstruktur, die unter Punkt 4.1. erläutert wurden, die Bank von Japan vor die Aufgabe stellten, ihre monetären Eingriffe auf neuen Wegen umzusetzen.

Das Jahr 1984 sah eine anhaltende Expansion bei stabilen Preisen. Jene Bereiche, die im heterogenen Aufschwung von 1983 zurückgeblieben waren, zogen jetzt nach. Die Exporte stiegen, da sich sowohl die USA als auch Europa im Aufschwung befanden, und der Yen-Kurs fiel. Damit wuchs auch die Produktion, die

Lagerinvestitionen waren rückläufig, die Anlageinvestitionen aber stiegen, zunächst zögernd, in der zweiten Jahreshälfte dann stark, an. Die Eigenfinanzierung der Unternehmen erreichte 80%, und die noch verbleibende Fremdfinanzierung hatte sich erheblich diversifiziert (s. 4.1.1.2.), so daß die Kreditbeschaffung für die Unternehmen günstiger wurde (KKC 1985:55). Auch der Privatkonsum ließ sich nun von dem allgemeinen Aufschwungtrend anstecken, wodurch die Importe wuchsen. Da jedoch die Steigerung der Ausfuhren noch höher lag, weitete sich der Handelsbilanzüberschuß immer mehr aus (s. Schaubild 33, S.159) (BoJ BR 1984:1:2). Wegen des weiterhin ausgeprägten Zinsgefälles zu den USA aber entwickelte sich Japan nun zum klassischen Kapitalexporteur.

Der Protektionismus weitete sich sowohl sektoral, wie z.B. auf den High-Tech-Bereich, als auch regional, auf die ASEAN-Staaten aus. Verhandlungen mit den USA brachten die Einführung des MOSS-Verfahrens (*market-oriented sector selective*), das zunächst Handelserleichterungen für die Bereiche Elektrotechnik und Kommunikationswesen, Pharmazeutika, medizinische Instrumente und Holzprodukte festlegte (KKC 1985:32) und 1986 weiter ausgedehnt wurde.

Die Internationalisierung des Yen und die Nicht-Internationalisierung eines Teils der japanischen Finanzmärkte führten im November 1983 zur Einrichtung des Japanisch-Amerikanischen Yen-Dollar-Komitees (vgl. 4.1.1.1.). Im Mai 1984 legte dieser Ausschuß einen Bericht vor, der viele japanische Zugeständnisse beinhaltete und auch zu wirklichen Veränderungen führte, sicherlich aber auch das Beharren der japanischen Seite auf dem eigenen Zeitplan für die schrittweise Liberalisierung unterstrich (Hanson 1984:79).

In der zweiten Jahreshälfte 1984 verlangsamte sich der Aufschwung in den USA. Der Leitzins wurde zweimal gesenkt, der Dollar stieg. In direkter Reaktion auf die amerikanische Flaute fielen die japanischen Exporte, doch zeigten sich Investitionen und Konsum unbeeindruckt und die Unternehmer optimistisch. Die Preise blieben stabil, der Yen schwach und die Leistungsbilanz unverändert stark (BoJ BR 1985:1:2).

Das Jahr 1985 stellte in zweierlei Hinsicht eine Übergangsphase dar: Die Exporte, die Träger des Aufschwungs, fielen und deuteten somit auf eine neue Phase im kurzfristigen Zyklusverlauf hin. Grundlegender aber zeichnete sich eine erneute Verschiebung in der Wirtschaftsstruktur ab, hervorgerufen durch die seit der zweiten Ölkrise anschwellenden Leistungsbilanzüberschüsse, die nicht nur eine Frage des internen Gleichgewichtes waren, sondern immer mehr zu einem weltwirtschaftlichen, politischen Problem wurden (NGCG 1986:5:1).

Für den allgemeinen wirtschaftlichen Zustand des Landes wurde ein neues Wort geprägt: das Tiefwachstum (*soko-katasa*, wörtl. "auf dem Tiefstand stagnierend") (NGCG 1986:1:4). Die aggregierte Nachfrage hielt sich gleichmäßig auf niedrigem Stand, doch nahmen mit fallenden Exporten die Lagerbestände zu und die Produktion ab. Die Gründe für das Absinken der Exporte sind außer in der amerikanischen Flaute vor allem auch in den chinesischen Importbeschränkungen zu sehen. Außerdem rief der Anstieg des Yen seit der Jahresmitte eine Verteuerung der Exportpreise hervor, die die Konjunktur insgesamt abflauen ließ (NGCG 1986: 1:2:).

Grundsätzlich bedeutet ein Anstieg des Yen für die japanische Wirtschaft, daß die Importe, nach denen eine relativ preisunelastische Nachfrage besteht (d.h. die bei fast jedem Preis nachgefragt werden), in Yen billiger werden. Die Einnahmen aus den Exporten aber fallen zunächst nicht in gleicher Weise, so daß sich durch die Yen-Aufwertung die *Terms of Trade* verbessern. Folglich steigt die Handelsbilanz (kurzfristig) nominal an, aber nicht real (d.h. nicht volumensmäßig), und Japan erfreut sich einer kurzfristigen Anhebung des nominalen Volkseinkommens (Lee 1986:14, NGCG 1986:5:2).

Im September 1985 wurde das Kommunique des sog. G-5-Treffens der Außenminister und Notenbankpräsidenten aus den USA, Japan, der Bundesrepublik Deutschland, Großbritannien und Frankreich in New York veröffentlicht, das eine starke Aufwertung des Yen vorsah. Im Oktober schnellte der Yen tatsächlich in die Höhe – und somit, prompt und für viele überraschend, auch die Wachstumsrate des nominalen Bruttosozialproduktes, die jedoch nicht der realwirtschaftlichen Situation entsprach – von 0,6% im dritten Quartal des Kalenderjahres 1985 auf 1,8% im letzten Quartal (KKC 1986:4). Auch erklärt sich der starke Kapitalabfluß zu Jahresende (s. Schaubild 33, S.159) allein aus diesem politischen Eingriff zur Yen-Aufwertung (Lee 1986:16).

Zum Jahreswechsel stiegen die kurz- und langfristigen Sollzinsen vorübergehend an, so daß sich der Yen auf seinem neuen Niveau einpendeln konnte, fielen aber mit der Leitzinssenkung im Januar 1986 wieder auf ihren alten Satz zurück. Im Dezember bereits hatte sich der Yen so stabilisiert, daß eine Steuerung der Geldmarktbewegungen durch die Bank von Japan zur Anhebung des Yen nicht mehr nötig war (NGCG 1986:5:4).

Nach der Veröffentlichung des Kommuniques stieg als erste Reaktion der Rufzins an, während Großhandels- sowie Außenhandelspreise fielen. Einen zusätzlichen Schub erhielt die Handelsbilanz neben dem kurzfristigen Transmissionsmechanismus der Yen-Aufwertung durch einen Fall der Rohölpreise von 60% im September 1985, der allein für sich schon für einen Anstieg der japanischen Wachstumsrate sorgte (Lee 1986:16).

Am letzten Arbeitstag des Jahres 1985 wurde das Budget für das Fiskaljahr 1986 verabschiedet, das einen "genialen Kompromiß" (Smith 1986:71) zwischen fiskalischer Strenge im Sinne eines Abbaus der Staatsverschuldung und der wachsenden Auffassung innerhalb der Regierungspartei darstellt, daß nämlich die Wirtschaft dringend eines Stimulus bedürfe. Die Posten Rüstung und Entwicklungshilfe stiegen an, ebenso das Kredit- und Investitionsprogramm, während Sozialausgaben und Finanzierungshilfen für Klein- und Mittelbetriebe gestrichen wurden (NGCG 1986:3:80). Eine Reduzierung der staatlichen Finanzierungsemissionen scheint mit diesem Haushalt nicht möglich. Insgesamt ist das Budget expansiv; ob jedoch das Ziel einer 4%igen Wachstumsrate für das Fiskaljahr 1986 erreicht werden kann, hängt sicherlich auch von anderen, exogenen Faktoren ab.

Die Tatsache, daß die verschiedenen makroökonomischen Kurven in den 80er Jahren keine spektakulären Sprünge aufweisen, sondern sich eher stabil verhalten, darf nicht über die großen Veränderungen hinwegtäuschen, die sich nach der zweiten Ölkrise in der japanischen Finanzwelt vollzogen. Das Aufbrechen der starren Hochwachstumsstrukturen von innen heraus, bald begleitet von einem Liberalisierungsdruck von außen, verursachte tiefe Einschnitte, die in Kurven nicht auszudrücken sind. Die Möglichkeit einer vermehrten Teilnahme ausländischer Investoren an den japanischen Kreditmärkten, die aber in keinem Verhältnis steht zu der Expansion der japanischen Banken und des japanischen Kapitals über die ganze Welt, legt ein sehr viel besseres Zeugnis ab von dem, was sich in den letzten Jahren verändert hat. Für die Geldpolitik sind die Konsequenzen weitreichend. Der Kontrollverlust über die sich stetig erweiternden Geldmärkte wird kompensiert durch einen funktionstüchtigen Zinsmechanismus, der monetäre Impulse prompt und zuverlässig über das gesamte Finanzsystem streut, sowie eine nun möglich gewordene effiziente Offenmarktpolitik.

Weitere Deregulierungen und Lockerungen werden in naher Zukunft folgen, die auch die Wirkungsweisen der Geldpolitik nicht unberührt lassen werden. Die hohe Staatsverschuldung und die politische Trägheit der Fiskalpolitik jedoch überlassen es auch weiterhin der Bank von Japan, als erste auf konjunkturelle Schwankungen zu reagieren. Im Gegensatz zum Hochwachstum aber hat die Bank von Japan heute eine Palette von Maßnahmen in ihren Händen. Auch sind die konjunkturellen Ausschläge nicht mehr so heftig wie früher, so daß drastische, ja spektakuläre Aktionen der Zentralbank wie in früheren Zeiten von innen heraus wohl kaum noch einmal notwendig werden.

6. ZUSAMMENFASSUNG

Gegenstand dieser Arbeit war die Untersuchung der japanischen Geldpolitik zwischen 1950 und 1985 unter der Fragestellung, welche Rolle der Geldpolitik im Konjunkturverlauf zuzuschreiben ist, was sie zu leisten vermochte und inwieweit sie heute dem Anspruch, der Theorie der Neo-Quantitätstheoretiker zu folgen, gerecht werden kann.

Die zwei großen Phasen, in die sich der hier untersuchte Zeitraum aufteilt — die Periode des Hochwachstums bis 1973 und die des Niedrigwachstums — legen eine getrennte Bewertung nahe.

Die beeindruckende Expansion der japanischen Wirtschaft mit einer Wachstumsrate von ca. 10% jährlich über einen Zeitraum von über 20 Jahren hinweg ging mit heftigen zyklischen Ausschlägen einher, hervorgerufen durch die privaten Investitionen, die neben den Exporten den Stützpfeiler des Hochwachstums darstellten. Die Leistungsbilanz unterlag auf dem wirtschaftlichen Wachstumspfad immer wieder Verirrungen in die defizitäre Richtung, die die Bank von Japan jedoch erfolgreich ausgleichen konnte.

Dabei agierte die japanische Zentralbank jedoch nicht in dem Maße autonom, wie man dies von Zentralbanken aus anderen hochindustrialisierten Ländern kennt. Ihre Abhängigkeit von der Regierung beruht (nach wie vor) allerdings weniger auf — zwar vorhandenen — gesetzlichen Vorschriften, als vielmehr auf einer Reihe von Verhaltensmustern und eher informellen und wohl meist stillschweigenden Vereinbarungen, denen im Sinne des größtmöglichen volkswirtschaftlichen Nutzens und dem beiderseitigen Wissen um dieses Abhängigkeitsverhältnis nachgekommen wird.

War die Geldpolitik vor 1949 nur ein Handlanger der Fiskalpolitik, so entwickelte sie sich mit der sog. Dodge-Linie, dem umfassenden Deflationsprogramm der amerikanischen Besatzungsmacht, wie ein Phönix aus der Asche zum Träger der Konjunkturpolitik. Der Spielraum der Fiskalpolitik aber blieb durch die Unterbindung der Emission von Staatsanleihen zur Schuldenfinanzierung bis in die 70er Jahre hinein stark eingeschränkt.

In der Phase des Hochwachstums durchlief die japanische Wirtschaft fünf große Phasen der monetären Kontraktion. Die durch die hohen privaten Anlageinvestitionen induzierten Boomphasen wurden wegen der gleichzeitig ansteigenden hohen Importrate immer von einem Leistungsbilanzdefizit begleitet. Dadurch notwendig werdende Restriktionen wurden insbesondere durch Leitzinserhöhungen, als erster erkennbarer Maßnahme, eingeleitet. Der Kosteneffekt kreditpolitischer Schritte ergänzte den so hervorgerufenen Ankündigungseffekt. Die Unternehmen, denen auf diese Weise der Kreditzugang verwehrt wurde, mußten ihre Investitionen beschneiden. Die anhaltende Geldverknappung beeinflußte bald auch Produktion und Importe negativ. Da gleichzeitig auch die Inlandsnachfrage sank, so daß die Unternehmen ihre finanziellen Nöte auf dem Inlandsmarkt nicht lösen konnten, stiegen die Exporte an, und die Leistungsbilanz zeigte sich schnell wieder in zufriedenstellendem Lichte.

Diese Wirkungskette setzte bei den Restriktionen zwischen 1950 und 1971 bereits ein bis zwei Quartale nach den geldpolitischen Impulsen ein. Obwohl die Maßnahmen nicht präventiv ergriffen wurden, konnte also schon nach ungefähr einem Jahr durch eine Leitzinssenkung eine neue Phase der monetären Entspannung eingeleitet werden.

In der japanischen Geldpolitik finden sich keinerlei Institutionen oder Instrumente, die in anderen Ländern gänzlich unbekannt wären. Japanspezifische Unterschiede ergeben sich im Hochwachstum lediglich aus der Finanzorganisation und deren extremen Ausformungen, die eine Gewichtsverlagerung innerhalb des Instrumentenkoffers der Bank von Japan hervorriefen.

Zur Stützung eines rapiden Wirtschaftswachstums hatte die Regierung der Bank von Japan eine Niedrigzinspolitik auferlegt, die sich von Keynes' 'Politik des billigen Geldes' dahingehend unterscheidet, daß gleichzeitig die Kreditmenge rationiert wurde. Des weiteren waren die Firmen in der Finanzierung ihrer Investitionsmaßnahmen in hohem Maße von Fremdkapital abhängig, das sie aber nicht in Form von Anleihen oder Aktien beschafften, sondern zu niedrigem Zins bei den Banken. Der Kapitalmarkt blieb unterentwickelt. Die Hauptrolle im Kreditgeschehen spielten die 13 Großbanken, die die direkte Verbindung sowohl zur Bank von Japan als auch zu den großen und somit wichtigen Unternehmen hatten. Die hohe Verschuldung der Unternehmen jedoch setzte sich fort in einer durchgängig hohen Verschuldung der Großbanken bei der Zentralbank, dem sog. *Overloan*. In umgekehrter Wirkungsrichtung ermöglichte diese sich fortsetzende Schuldner-Gläubiger-Beziehung eine beinahe direkte Kontrolle der Bank von Japan über die Unternehmertätigkeiten. Gleichzeitig waren die Großbanken einer direkten Überwachung ausgesetzt.

Die Niedrigzinspolitik — gedacht als staatliche Hilfeleistung zur Senkung der Produktionskosten — aber verwies den automatischen Stabilisierungsmechanismus eines den Marktkräften folgenden Zinsmechanismus vom Spielfeld und stellte gleichzeitig Mindestreserve- und Offenmarktpolitik ins Abseits. Auch das *Overloan* wirkte einem effizienten Einsatz der Mindestreservepolitik entgegen: Bei einer stark überschuldeten Bank kann eine Reservehaltung über minimale Kosteneffekte hinaus kaum wirken, da sie die Mindestreserven ja doch mit Zentralbankkrediten finanziert. Eine wirkliche Offenmarktpolitik dagegen wurde durch den geringen Umfang an emittierten Staatsanleihen und mangels eines Sekundärmarktes für Wertpapiere behindert. Auch eine erste massive Begebung von Regierungsanleihen 1966 konnte dieses Instrument nicht bedeutend aktivieren.

Andererseits aber verstärkte die ausgeprägte Überschuldung der Banken bei der Zentralbank, im Zusammenspiel mit dem nicht funktionierenden Zins, die Relevanz von Kreditrationierung und -plafondierung. Letztere, in Japan Schalterkontrolle genannt, ist eine Spezifizierung des aus anderen monetären Systemen auch bekannten *Moral Suasion*. Die Schalterkontrolle muß von den Grundlagen, auf denen sie steht, sowie von ihrer allmählichen Entwicklung und Formung her und nicht zuletzt auch ihrer durchschlagenden Wirkungskraft wegen als der japanspezifische Kulminationspunkt eines ansonsten konventionellen geldpolitischen Instrumentariums angesehen werden.

In der Entwicklung zeigten sich oft gegenläufige Ausrichtungen von Geld- und Fiskalpolitik, d.h. restriktive Maßnahmen, die mit einem expansiven Budget einhergingen und umgekehrt. Dies ist z.T. auf den zeitlichen Faktor zurückzuführen, wie etwa einem im März verabschiedeten restriktiven Haushaltsplan und einer im Mai einsetzenden Überhitzung, wie es 1957 der Fall war. Da aber grundsätzlich von einer Koordination zwischen dem Finanzministerium und der Bank von Japan ausgegangen werden kann, müssen die Gegensätzlichkeiten, wenn nicht als bewußt herbeigeführt, so doch als bewußt nicht aufgehoben angesehen werden. In diesem Sinne dienten fiskalpolitische Instrumente dann zur Korrektur einer übersteuerten Geldpolitik, die, allein auf sich gestellt, oft drastischer wirken konnte und mußte, als es im Endeffekt wünschenswert erschien.

Die Wirtschaftspolitik zeigte drei grundlegende Charakteristika, nämlich die Hochwachstumspolitik, die Niedrigzinspolitik und die Politik des ausgeglichenen Budgets. Wie die japanische Erfahrung zeigt, ist es doch möglich – selbst mit diesem oder gerade innerhalb dieses Dreiecks – den gemeinhin als unvereinbar geltenden Zielen der langfristigen Wachstumsförderung bei stabilem Preisniveau sowie der kurzfristigen Beseitigung externer Ungleichgewichte gleichzeitig nachzukommen.

Das "Wunder" vom japanischen Hochwachstum aber hält einer realwirtschaftlichen Analyse nicht stand. Die Untersuchung grundlegender volkswirtschaftlicher Elemente zeigt, daß die japanische Wirtschaftspolitik auf ganz normalen, handfesten politischen und ökonomischen Zusammenhängen basiert, so wie sie in jedem anderen Land zu finden sind, so daß der Wachstumsvorgang makroökonomisch in jeder Hinsicht plausibel ist. Innerhalb dieser Wirtschaftspolitik aber hat die Geldpolitik auf der Fahrt in das Land des Hochwachstums gleichzeitig als Lokführer, Bremser und Heizer eine gewichtige Rolle gespielt und, mit dem Rückenwind einer ausgeprägten Spareignung und dadurch möglichen Investitionsfreudigkeit, das Tempo des Wachtumszuges bestimmt.

Die Verfolgung einer monetaristischen Geldpolitik aber kann der Bank von Japan im Hochwachstum nicht bescheinigt werden. Zwar werden einige Forderungen der Neo-Quantitätstheorie in starkem Maße erfüllt, wie das Abschwören fiskalischer Eingriffe und die starke Konzentration auf die Geldpolitik. Die Umsetzung der monetären Impulse aber erfolgte mit höchst diskretionären Methoden, die Friedmans "Herrschaft des Gesetzes" diametral entgegengesetzt waren. Auch wurde nicht das alleinige Ziel der Preisstabilität verfolgt, sondern mehrere Zielsetzungen gleichzeitig, die dann bei der ersten Ölkrise auch alle gleichzeitig zusammenbrachen.

Mit dem Übergang ins Niedrigwachstum veränderten sich sämtliche Faktoren, auf denen die Geldpolitik zuvor so effizient hatte wirken können, grundlegend. Die Trennung von dem System der fixen Wechselkurse wirkte schockierend, war aber nur ein erster Anfang. Die Analyse zeigte auf, daß die schweren Nachwirkungen der ersten Ölkrise — manifestiert in der Halbierung der jährlichen Wachstumsraten — neben den exogenen Einflüssen in erster Linie auf einen großen Fehler der Bank von Japan zurückzuführen sind. Da die Entwicklungen der Zeit die Neo-Quantitätstheorie bestätigten, ging die Bank von Japan auf das Geldmengenziel über, gab vierteljährlich einen Zielkorridor vor, der auch eingehalten wurde, und meisterte die zweite Ölkrise mit Bravour.

Der Übergang zu einem weniger dynamischen privaten Investitionswachstum führte dazu, daß die nach dem ersten Ölschock einsetzende Begebung von Staatsanleihen zur Finanzierung stimulierender Regierungsbeiträge zum Wirtschaftsverlauf immer mehr zunahm. Die starre Regulierung der Verzinsung der Staatsanleihen wurde deshalb unmöglich, und die Zinsliberalisierung setzte zuerst auf den sich jezt rasch entwickelnden Kapitalmärkten ein. Ebenso war nun die Bevölkerung in zunehmendem Maße bestrebt, ihre niedrigen Einkommenszuwächse durch höhere Erträge in der Geldanlage zu kompensieren. Der Wettbewerb unter den Banken um die Einleger verstärkte sich, neue Anlageformen wurden eingeführt, die Zahl der Postsparer nahm rapide zu. Die ehedem so scharf gezogenen Grenzen zwischen den einzelnen Finanzierungsinstituten verschwammen mehr und mehr. Die Ende der 70er Jahre einsetzende technologische Innovation im Bankwesen stützte diesen Trend nicht minder, und die Effizienz des Regulierungssystems bröckelte.

Die erste Runde der Liberalisierung läutete die Bank von Japan 1978 ein, als sie die Herausbildung von Anlageformen mit freien Zinssätzen förderte. Es lag in ihrem Interesse, das Zinsgefüge zu liberalisieren, um so die Effekte ihrer geldpolitischen Eingriffe zu beschleunigen und zu intensivieren. Die schnell folgenden Deregulierungen und die Einführung zahlreicher neuer Anlagetitel, allerdings nur für Großinvestoren geeignet, stellten eine Bewegung dar, die ihren Anstoß in den Umstrukturierungen des Finanzsystems durch die Halbierung der Wachstumsrate hatte. Die zweite Runde der Liberalisierung begann 1984, als die USA starken politischen Druck ausübten, mit dem Ziel der Internationalisierung der japanischen Finanzmärkte. Das Finanzministerium tat sich mit den Zugeständnissen an die Forderungen der ausländischen Finanzwelt weniger schwer als in Fragen der inländischen Liberalisierung — die Zinsen auf die Spareinlagen des kleinen Mannes werden bis auf weiteres reguliert bleiben und somit auch das Nebeneinander von Anlageformen mit regulierten und solchen mit freien Zinsen Bestand haben. Das niedrige Zinsniveau, auf das sich Japan seit Mitte der 80er Jahre hinbewegt, wirft jedoch die Frage auf, ob die Liberalisierung nicht einzuschlafen droht — es besteht kaum noch ein Anlaß, um die Deregulierung der Einlagenzinsen zu kämpfen, wenn sie liberalisiert ohnehin auf gleichem Niedrigniveau bleiben.

Die Aktionen der Geldpolitik im Niedrigwachstum waren weniger spektakulär als in den 20 Jahren zuvor. Die Diskontpolitik behielt ihren starken Ankündigungscharakter, die Kreditrationierung blieb weiterhin für den Kosteneffekt zuständig. Die Mindestreservepolitik konnte seit der ersten Ölkrise an Bedeutung gewinnen, als die Sätze erstmals in wirklich relevante Höhen kletterten. Der Offenmarkt aber entwickelte sich zum Ausgangspunkt monetärer Impulse. Durch die Einführung freiverzinslicher Titel und den unbeschränkten Marktzugang wurde er bald zur attraktiven Alternative für den Großinvestor. Die verstärkte Emission von Staatsanleihen, auch mittelfristiger, die zudem seit 1979 von den Banken gehandelt werden durften, eröffnete der Bank von Japan ein neues Wirkungsfeld. Die Schalterkontrolle aber verlor zum Ende der 70er Jahre zunehmend an Bedeutung. Die Großbanken befanden sich nicht mehr in einem direkten Abhängigkeitsverhältnis zur Bank von Japan, und auch die Unternehmen waren seit 1978 zum Überschußsektor geworden. Anstelle dieser direkten Wirkungsachse bediente sich die Bank von Japan nun eines funktionsfähigen Zinsmechanismus, der einen monetären Impuls der Zentralbank auf den Interbankenmarkt unmittelbar auf die anderen Geldmärkte übertrug.

Die Effizienz der Geldpolitik im Niedrigwachstum nahm eine neue Form an. Neben die monetäre Konjunktursteuerung war die Fiskalpolitik getreten, die die Ankurbelung der Konjunktur nach einem Abschwung zu übernehmen versuchte. Der Bank von Japan konnten nun also nicht mehr unzureichende stimulierende Impulse vorgeworfen werden. Der neue Maßstab für ihre Wirkungsweise war ihr neues Endziel, die Preisstabilität. Seit dem folgenschweren Fehlgriff zur Zeit der ersten Ölkrise ist eine wirkliche Inflation in Japan nicht mehr aufgetreten. Die Geldpolitik war also effizient.

Für die Bewertung des Monetarismus in Japan seien hier noch einmal kurz die vier unter Punkt 1.3. aufgeführten Grundregeln der Geldpolitik in Erinnerung gerufen:
1) das eine Endziel der Geldpolitik ist die Preisstabilität,
2) die Geldmenge ist zentraler Gegenstand der Geldpolitik,
3) es muß ein konstantes Geldmengenziel festgelegt werden, das den Wirtschaftssubjekten bekannt ist,
4) die Zentralbank muß auf die Geldmärkte einwirken, um die Einhaltung des Geldmengenziels zu gewährleisten.

Mit dem Übergang zu der Verfolgung des Geldmengenzieles 1974/75 machte die Bank von Japan ein stabiles Preisniveau zu ihrem Endziel. Als Zwischenziel, also jene Größe, die zum Erreichen dieses Endzieles beachtet und auf die eingewirkt werden muß, wurde die Geldmenge M_2 gewählt. Zur Hauptvariablen, über die dieses Zwischenziel erreicht werden sollte, wurde der Rufzins. Vierteljährlich gab und gibt die Bank von Japan ihr Geldmengenziel in Form einer Vorhersage an, die aber in ihrer Aussagekraft einer Zielerklärung gleichkommt. Zum Ausgleich saisonaler

Schwankungen oder von Unregelmäßigkeiten greift die Bank von Japan in den Geldmarkt ein und reguliert durch entsprechende Offenmarktoperationen die Geldbasis. Zudem bedient sie sich neben der Diskont- und der Mindestreservepolitik zur Zinslenkung auch der Kreditrationierung bei ihrer Kreditvergabe an die Banken, über die Schalterkontrolle greift sie normalerweise nicht mehr entscheidend in das Geldgeschehen ein.

Aus dieser Geldpolitik ergibt sich folgender Transmissionsmechanismus: über die Rationierung der Zentralbankkredite werden die Konditionen auf dem Geldmarkt berührt, die sich wiederum auf die Geldmengenaggregate wie M_2, die Gesamtreserven oder die Geldbasis auswirken. Diese Kausalkette aber entspricht nicht der rein monetaristischen Argumentationsführung, da die Geldbasis nicht wie gefordert der Startblock, sondern die Ziellinie ist. Außerdem sind nicht alle Manöver der Bank von Japan zur Lenkung des Geldmengenwachstums im Rahmen des gesteckten Zielkorridors in Einklang zu bringen mit Friedmans Forderungen nach ökonomischer Freiheit und den Gesetzen der Marktkräfte. Die japanische Geldpolitik verfolgt nicht eine keynesianische Steuerung über arbiträre Eingriffe, sie entspricht jedoch auch nicht vollständig dem Friedman'schen Regelmechanismus, da sie diskretionäre Eingriffe im Sinne einer graduellen Feinabstimmung der Geldmengenwachstumsrate zuläßt. Einer Regel aber entspricht sie insofern, als sie die Geldmengenausweitung stabil zu halten sucht und die Öffentlichkeit von ihren Zielen unterrichtet. Die Taktiken sind also nicht einwandfrei monetaristisch, sie weisen verschiedene Schwachpunkte auf. Der Erfolg der Geldpolitik zwischen 1975 und 1985 gibt der Gesamtstrategie jedoch recht: mit der allmählichen Senkung der Wachstumsrate der Geldmenge sank auch die Inflation, das insgesamt stabile Geldmengenwachstum verringerte die Konjunkturausschläge.

Die japanische Fiskalpolitik aber übertraf in den 70er Jahren in der Relevanz, die ihr beigemessen wurde, die Anforderungen, die der Monetarismus an sie stellt, bei weitem. Zu Beginn der 80er Jahre zeichnete sich ein Trend in die entgegengesetzte Richtung ab, als angesichts der anschwellenden Haushaltsdefizite ein Programm zum Abbau der Staatsquote entworfen wurde. Da die 'Diät-Budgets' aber regelmäßig durch Zusatz- und Nachtragshaushalte aufgestockt wurden und außerdem das durch die anwachsenden Postspareinlagen finanzierte staatliche Kredit- und Investitionsprogramm unaufhaltsam zunahm, blieb die 'sichtbare Hand' in alter Stärke im Spiel.

Die geldpolitische Entwicklung Japans in den letzten 35 Jahren erscheint wie ein Plädoyer für den Monetarismus. Während des Hochwachstums wurde die Geldmenge nicht als ausschlaggebende Variable angesehen und fluktuierte stark. Entsprechend wies auch das Wirtschaftswachstum hohe Sprünge auf. Die Phase der Überschußliquidität und die daraufhin prompt einsetzende Inflation wirken wie aus dem Lehrbuch der Neo-Quantitätstheorie. Die Hingabe, mit der die Bank von Japan sich in den 70er Jahren an die Verfolgung des Geldmengenziels machte, unterstreicht, wie sehr die Theorie Friedmans auf die damaligen Umstände paßte. Die Art und Weise, wie die zweite Ölkrise gemeistert wurde, gibt Milton Friedman auf der ganzen Linie recht. Das ruhige Wachstum der 80er Jahre paßt ebenso ins steuerung, wie die Bank von Japan sie betreibt, der einzig praktikable Weg, der Element in Japan nicht unterschätzt werden darf. Nach Friedman (1983:13) aber macht die Tatsache, daß Japans Geldpolitik weniger monetaristisch in der Rhetorik, aber viel konsequenter monetaristisch in der Praxis ist als z.B. die der USA oder Großbritanniens, das Land auch für die Zukunft weit weniger anfällig für weltwirtschaftliche Schwankungen. So bleibt nur die Frage, ob der reine Lehrbuch-Monetarismus überhaupt in reale Politik umsetzbar ist. Ist nicht die Art der Geldmengensteuerung, wie die Bank von Japan sie betreibt, der (einzig) praktikable Weg, der sich die Vorzüge des Gedankenguts Friedmans zunutze macht, gleichzeitig aber die realwirtschaftlichen Notwendigkeiten im geldpolitischen Alltag nicht aus den Augen verliert?

Die Aufteilung der Jahre 1950-1985 unter monetaristischen Gesichtspunkten entspricht den Phasen der gesamtwirtschaftlichen Entwicklung. In der Phase des Hochwachstums wurde eine sehr effiziente Geldpolitik betrieben, jedoch nicht nach den Regeln der Neo-Quantitätstheorie. Es wurde kein Geldmengenziel verfolgt, die Bank von Japan wirkte vielmehr über direkte diskretionäre Eingriffe auf den Wirtschaftsverlauf ein. So entwickelte sich im Hochwachstum ein japanspezifisches monetäres Kontrollgefüge, das in Theorie und Lehrbuch bisher nicht vorkommt.

Seit 1975 befolgt die Bank von Japan streng die Regeln der Neo-Quantitätstheorie. Die japanischen Erfolge bei der Umsetzung des Gedankenguts Friedmans verifizieren den Neuen Monetarismus. Spielt auch die Fiskalpolitik eine wichtige Rolle im Wirtschaftsleben, so sind die Impulse nach Keynes für die Bank von Japan allein flankierend. Die Einflüsse von Liberalisierung und Internationalisierung untergraben zwar das alte Kontrollgefüge der Bank von Japan, nicht aber ihre Effizienz oder die von ihr verfolgte monetaristische Linie.

Die Geldpolitik hat seit der Freigabe der Wechselkurse im Jahre 1973 in zunehmendem Maße auch weltwirtschaftliche Relevanz bekommen. Ihr Einfluß auf Größen wie Preise, Wachstum und Beschäftigung und somit auf die gesamtwirtschaftliche Entwicklung mag subtiler sein als der der Fiskalpolitik, sollte jedoch nicht gering geschätzt werden.

Liste japanischer Schriftzeichen

a) Personennamen

Ichimada Hisato	一万田尚登
Ikeda Hayato	池田勇人
Maekawa Haruo	前川大夫
Morinaga Teiichirō	森永貞一郎
Ōhira Masayoshi	大平正芳
Sumita Satoshi	澄田俊
Tanaka Kakuei	田中角栄

b) Banken, Institutionen, Ämter und Ausschüsse

Chiba Ginkō	千葉銀行
chihō-ginkō	地方銀行
chōki-shinyō ginkō	長期信用銀行
Chūshō-kigyō kinyū-kinko	中小企業金融金庫
Chūshō-kigyo shinyō-hoken kinko	中小企業信用保険金庫
Gukkō-kinyū kinko	住宅金融金庫
Ginkō-kyoku	銀行局
Hokkaidō Takushoku Ginkō	北海道拓殖銀行
Hokkaidō-Tōhoku kaihatsu kinyū-kinko	北海道東北開発金融
Hokuriku Ginkō	北陸銀行
Iryō kinyū-kinko	医療金融金庫
jūtaku kinyū-gaisha	住宅金融会社
Jūtaku kinyū-kinko	復興金融金庫
Kaigai-keizai kyōryoku-kikin	海外経済協力基金
Kankyō-eisei kinyū-kinko	環境衛生金融金庫
Keizai kikaku-chō	経済企画庁
Kinri-chōsei shingi-kai	金利調整審議会
Kinyū-seido chōsa-kai	金融制度調査会
Kōei-kigyō kinyū-kinko	公営企業金融金庫
Kokumin kinyū-kinko	国民金融金庫
Nichi-Bei en-doru iinkai	日米円ドル委員会
Nihon chōki-shinyō ginkō	日本長期信用銀行
Nihon Ginkō	日本銀行
Nihon Ginkō chōsa-kyoku	日本銀行調査局
Nihon Ginkō Seisaku-iinkai	日本銀行政策委員会
Nihon kaihatsu ginkō	日本開発銀行

Nihon Kangyō Ginkō	日本勧業銀行
Nihon kōgyō ginkō	日本工業銀行
Nihon yushutsunyū ginkō	日本輸出入銀行
Nōrin chūō-kinko	農林中央金庫
(Nōrin Chūkin)	農林中金
Nōringyo-gyō kinyū-kinko	農林魚業金融金庫
Okinawa shinkō-kaihatsu kinyū-kinko	沖縄振興開発金融金庫
Ōkurashō	大蔵省
Rōdō-kinko	労働金庫
Rōdō-kinko rengōkai	労働金庫連合会
Saitama Ginkō	埼玉銀行
seimei-hoken-gaisha	生命保険会社
shikin-unyōbu	資金運用部
shintaku-ginkō	信託銀行
Shinyō gyogyō-kyōdō-kumiai rengōkai	信用漁業共同組合連合会
shinyō-kinko	信用金庫
shinyō-kumiai	信用組合
Shinyō nōgyō-kyōdō-kumiai rengōkai	信用農業共同組合連合会
shōken-gaisha	証券会社
shōken kinyū gaisha	証券金融会社
shōken-kyoku	証券局
Shōkō-kumiai chūō-kinko	商工組合中央金庫
(Shōkō Chukin)	商工中金
Shukei-kyoku	主計局
sōgō-ginkō	相互銀行
songai-hoken-gaisha	損害保険会社
tanshi-gaisha	短資会社
Tōkyō Ginkō	東京銀行
Tsūsanshō	通産省
Tsūshō-sangyō-shō	通商産業省
Yokohama Ginkō	横浜銀行
Yūbin-chokin kyoku	郵便貯金局
Yūbin-kyoku	郵便局
Yūseisho	郵政省
Yūshi tokubetsu kaikei	融資特別会計
Zainichi gaikoku ginkō	在日外国銀行
Zenkoku ginkō-kyōkai rengōkai	全国銀行協会連合会
Zenkoku kyōzai nōgyō-kyōdō-kumiai rengōkai	全国共済農業共同組合連合会
Zenkoku shinyō kyōdō-kumiai rengōkai	全国信用共同組合連合会
Zenkoku shinyō-kinko rengōkai	全国信用金庫連合会

c) Sonstige

antei-teki teido-seichō	安定的底度成長
buzumi-yokin	歩積み預金
chihō-sai	地方債
chūki-kokusai	中期国債
chōki-kokusai	長期国債
chōki puraimu-reeto	長期プライムレート
Chōki-shinyō ginkō-hō	長期信用銀行法
Chōsen-sensō būmu	朝鮮戦争ブーム
dendensai	電電債
depaato-ka	デパート化
disuintaamidieeshon	ディスインターミディエーション
disukurōja	ディスクロージャー
Dokusen-kinshi-hō	独占禁止法
fukumi-kasidashi	含み貸出し
fuku-sōsai	副総裁
Gaikoku-kawase oyobi gaikoku-bōeki-hō	外国為替及び外国貿易法
gijutsu kakushin	技術革新
ginkō hiki-uke tegata	銀行引受け手形
Ginkō-hō	銀行法
hyōjun-kinri	標準金利
ichi-oku en yosan	一億円予算
inpakutu-rōn	インパクトローン
jigyō-sai	事業債
jin-i-teki tei-kinri seisaku	人為的底金利政策
jōto-sei teiki-yokin sōsho	譲渡性定期預金証書
Junbi-yokin seido ni kan suru hō	準備預金制度に関する法
kanji	監事
kashidashi-gendogaku seido	貸出し限度額制度
kashidashi-satei	貸出し査定
kashidashi-zōkagaku kisei	貸出し増加額規制
keiretsu	系列
kenzensei	健全性
kijitsu-shitei teiki-yokin	期日指定定期預金
kinri-jiyūka ron	金利自由化論
kinri-taikei no nijū-kōzō	金利体系の二重構造
kinyū-kakumei	金融革命
kinyū kōshin-koku	金融行進国
kinyū-sai	金融債

kinyū-tōkyoku	金融当局
kisetsu-opereeshon	季節オペレーション
kōdan-sai	公団債
kōdo jōhō-tsushin shisutemu	高度情報通信システム
kōdo-seichō	高度成長
koguchi-yokin	小口預金
kōko-sai	公庫債
kokusai-ka	国際化
kokusai-ka	国債化
koomasharu-peepaa	コーマシャル ペーパー
kome-daikin	米代金
komon	顧問
konpūta-ka	コンプータ化
kōritsu-tekiyō seido	高率適当制度
kooru-reeto	コール レート
kōsha-sai	公社債
kōkyō-sai	公共性
kyoku	局
madoguchi-shidō	窓口指導
Nihon Ginkō-hō	日本銀行法
Nihon-rettō kaizō-ron	日本列島改造論
oobaa-boroingu	オーバー ボロイング
oobaa-roon	オーバー ローン
paato-taima	パートタイマ
pojishon-shidō	ポジション指導
puraimu-reeto	プライムレーと
puraisu-riida	プライス リーダー
riji	理事
rin	厘
Rinji kinri-chōsei hō	臨時金利調整法
saikō hakkōgaku-seigen seido	最高発行額制限制度
san-wari hikishime	産割り引締め
seichō-tsūka	成長通貨
seifu tanki-shōken	政府短期証券
shidō-reeto	指導レート
shijō-kinri rendō-yokin	市場金利連動預金
shikkō-kikan	執行機関
Shin kinyū-chōsetsu hōshiki	新金融調節方式
Shokuryō-kanri tokubetsu kaikei	食料管理特別会計
Shōken torihiki-hō	証券取引法
Shotoku-baizō keikaku	所得倍増計画

Shuntō	春闘
shūshin-koyō	終身雇用
shuyō-ginkō	主要銀行
sōgō-kōza	総合口座
sōgō-shōsha	総合商社
sōgō-taisaku	総合対策
soko-katasa	底固さ
sōsai	総裁
supureddo-hōshiki	スプレッド方式
suryō-keiki	数量景気
takame-yūdō	高目誘導
tanki kinyū-shisan tōshi-shintaku	短期金融資産投資信託
tanki no korogashi	短期の転がし
tatene-seido	建値制度
teikaku yūbin-chōkin	定額郵便貯金
tokuju	特需
tokushu-hōjin	特殊法人
tokuyū	特融
tsukureba ureru	作れば売れる
Zaibatsu	財閥
Zaisei-hō	財政法
zaisei tōyūshi keikaku	財政投融資計画

Literaturverzeichnis

Der Erscheinungsort der Werke ist, sofern nicht anders angegeben, Tōkyō.

ADAMS, T.F.M. / HOSHII Iwao
    1972   *A Financial History of the New Japan*, Kōdansha.

ALLEN, Deborah L.
    1983   "Japan: Banking, Money, and Bond Markets", in: George, Abraham and Ian H. Giddy (Ed.), *International Financial Handbook*, Vol.1, Section 4.7; New York.

ALLEN, G.C.
    1965   *Japan's Economic Expansion*; London.

AMM (Asian Monetary Monitor)
    1977,9/10   "Money, Liquidity and Stock Prices" in: *Asian Monetary Monitor*, Vol.1, No.1, S.13-19; Hongkong.
    1978,9/10   "Japan – Financial Indicators of Recovery", in: *Asian Monetary Monitor*, Vol.2, No.5, S.8-12; Hongkong.
    1979,1/2   "The Economics of Restructuring", in: *Asian Monetary Monitor*, Vol.3, No.1, S.19-23; Hongkong.
    1980,9/10   "How to Cope with an Oil Crisis - a Textbook Case", in: *Asian Monitary Monitor*, Vol.4, No.5, S.15-29; Hongkong.
    1983,5/6   "A Growing Role for Long-Term Capital Flows", in: *Asian Monitary Monitor*, Vol.7, No.3, S.14-20; Hongkong.
    1983,7/8   "Monetary Base Control in Action", in: *Asian Monetary Monitor*, Vol.7, No.4, S.13-24; Hongkong.

ARAKAWA Shigeru / SAITŌ Nobuhiro
    1979   *Kinyūkai* (Finanzwelt); Sangyō-kai shiriizu No.101, Kyōiku-sha.

ASAKURA Kokichi / NISHIYAMA Chiaki (Hg.)
    1974   *Nihon keizai no kahei-teki bunseki 1868-1970* (Monetäre Analyse der japanischen Wirtschaft von 1868-1970); Sōbunsha.

BoJ (Bank of Japan, Economic Research Department, seit 1983: Research and Statistics Department) (Hg.)
    1964   *The Bank of Japan. Its function and organization.*
    1971   *The Bank of Japan. Its organization and monetary policies.*
    1978   *The Japanese Financial System.*
    1983   "Interest-Rate Movements in the Current Phase of Monetary Relaxation", *Special Paper No.107*, July.
    1984   *Annual Review of Monetary and Economic Developments in 1983.*
    1985   "Characteristics of Interest Rate Fluctuations admidst Deregulation and Internationalization of Financing", *Special Paper No.126*, October.

BoJ BR (Bank of Japan Business Report)
1977-1986   (halbjährlich)
BIEDA, Ken
  1970   *The Structure and Operation of the Japanese Economy*; Sydney.
BRONTE, Stephen
  1980   "The Bank of Japan Strikes Back", in: *Euromoney*, Nov. 1980, S.65-75.
  1982   *Japanese Finance: Markets and Institutions*; London, Euromoney Publications.
CARGILL, Thomas F.
  1985   "A U.S. Perspective on Japanese Financial Liberalization", in: Bank of Japan, Institute for Monetary and Economic Studies (Hg.), *Monetary and Economic Studies*. Vol.3, No.1, May, S.115-161.
DALY, D.J.
  1978   "Japanese Economic Developments 1970-1976", in: Tsuru Shigeto (Hg.), *Growth and Resources Problems Related to Japan*, Proceedings of Session VI of the Fifth Congress of the International Economic Association held in Tōkyō, Japan, S.315-338; London.
DUWENDAG, Dieter u.a.
  1985   *Geldtheorie und Geldpolitik*; Köln, 3. Auflage.
EGUCHI Hidekazu / HAMADA Kōichi
  1978   "Banking Behavior under Constraints: Credit Rationing and Monetary Mechanism in Japan", in: *Japanese Economic Studies*, Winter 77/78, Vol. VI, No.2, S.3-41; New York.
EPA (Economic Planing Agency) (Hg.)
  1950-1982   *Economic Survey of Japan*.
              (bis 1952 als "Economic Stabilization Board", bis 1954 als "Economic Counsel Board", bis 1957 als "Economic Planing Board")
EZEKIEL, Hannan
  1966   "The call money market in Japan", in: IMF (Hg.), Staff Papers 13. 1966.1, S.26-51; Washington D.C.
FBA (Federation of Bankers Associations of Japan) (Hg.)
  1984   *Banking System in Japan*, 9. Auflage.
FÖRTERER, Jürgen
  1979   *Die stabilitätspolitischen Vorschläge Milton Friedmanns*, Veröffentlichungen des Instituts für Empirische Wirtschaftsforschung, Bd.19; Berlin.
FRIEDMAN, Milton
  1962   "Should there be an Independent Monetary Authority?", in: Yeager, Leland B. (Hg.), *In Search of a Monetary Constitution*, S.224-252; Cambridge, Mass.

1973 "Die Gegenrevolution der Geldtheorie", in: Kalmbach, Peter (Hg.), *Der neue Monetarismus*, S.47-69; München.
1974 "Die Rolle der Geldpolitik", in: Brunner, Karl, Hans G. Monissen, Manfred J.M. Neumann (Hg.), *Geldtheorie*, S.314-331; Köln.
1976 *Die optimale Geldmenge und andere Essays*; München, 2. Auflage.
1979 "Die Quantitätstheorie", in: Badura, Jürgen & Ottmar Issing (Hg.), *Geldtheorie*, S.12-35; Stuttgart.
1983 Monetarism in Rhetoric and in Practice", in: Bank of Japan, Institute for Monetary and Economic Studies (Hg.), *Monetary and Economic Studies*, Vol.1, No.2, October, S.1-14.

FUJINO Shōzaburō
1978 "Nichigin wa manee-sapurai o seigyo dekiru ka" (Kann die Bank von Japan die Geldversorgung steuern?", in: *Ekonomisto*, 10.6.1978, S.182-188.

FUJITA Masahiro
1970 "Japan's Growing Exports and Overseas Investments", in: Yao Jiro (Hg.), *Monetary Factors in Japanese Economic Growth*, S.151-170; Kobe.

FUKUI Toshihiko
1986 "Recent Developments of the Short-term Money Market in Japan and Changes in Monetary Control Techniques and Procedures by the Bank of Japan", in: Bank of Japan, Research and Statistics Department (Hg.), *Special Paper No.130*, January.

GIBNEY, Frank
1981 *Japan: The Fragile Superpower*, Tuttle, Erstauflage 1979.

GOTŌ Shinichi
1971 "Kinyū-kanwa kichō wa doko made tsuzuku ka" (Bis wohin soll die monetäre Verflüssigung noch reichen?), in: *Ekonomisto*, 7.12.1971, S.25-29.

HAMADA Kōichi / IWATA Kazumasa / ISHIYAMA Yukitada
1976(a) "Kōru-shijō to kahei no kyōkyū-katei" (Der Geldmarkt und die Mechanismen des Geldangebotes), in: *Keizai Bunseki* 61 (1976,3), S.1-19.
1976(b) "Waga-kuni no kashidashi-shijō-kōzō" (Die Struktur der japanischen Kreditmärkte), in: *Keizai Bunseki* 61 (1976,3), S.20-65.

HAMADA Kōichi / SUZUKI Yoshio
   1982   "Sengo no kinyū-seisaku o ginmi suru" (Eine Überprüfung der Geldpolitik der Nachkriegszeit), in: *Ekonomisto*, 12.10.1982, S.28-38.

HANSON, Richard
   1984   "Now everyone wants to have a say in liberalization", in: *Far Eastern Economic Review*, 26.4.1984, S.78-80; Hongkong.
   1986   "In the midst of a long, hard, forced evolution", in: *Far Eastern Economic Review*, 8.5.1986, S.54-57; Hongkong.

HARA Shiro
   1972   *Nihon no ginkō* (Die japanischen Banken), Tōeidō.

HENRY, Gordon M.
   1986   "Money Masters from the East – Japan's banks are the World's richest and most aggressive", in: *Time Magazine*, 11.8.1986, S.31-32.

HERNADI, Andras
   1986   "New and Retained Characteristics of the Japanese Economy in the 1980s", in: Pauer, Erich (Hg.), *Silkworms, Oil, and Chips...*, Bonner Zeitschrift für Japanologie Bd.8, S.147-156; Bonn.

HORIUCHI Akiyoshi
   1978   "Effectiveness of 'Lending Window Operations' as a Restrictive Monetary Policy Measure", in: *Japanese Economic Studies*, Winter 77/78, Vol.VI, No.2, S.71-92; New York.
   1984   *Nihon no kinyū-seisaku – kinyū-mekanizumu no jisshō-bunseki* (Die japanische Geldpolitik – analytische Belege ihrer Wirkungsmechnismen, Tōyō-keizai shinpō-sha.

HOSOYA Sadaaki
   1980   "Der japanische Kapitalmarkt", in: Bruns, Georg und Karl Häuser (Hg.), *Kapitalmärkte des Auslands*, Schriftenreihe des Instituts für Kapitalmarktforschung der J.W.Goethe-Universität, Frankfurt/M., Bd.21, S.93-109; Frankfurt.

ICEPS (International Center for Economic Policy Studies)
   1984   "The Japanese Experiment in Monetarism, 1974 to 1984", in: *Asian Monetary Monitor*, Vol.8, No.2, S.2-8; Hongkong.

ISEI (International Society for Educational Information) (Hg.)
   1976   *Understanding Japan*, No.36: Japan's Postwar Industry.

ISHII Ryūichirō
   1963   " "Overloan" of commercial banks in Japan", in: *The Annals of the School of Business Administration, Kobe University*, S.75-80; Kobe.

ISHIKAWA Tsuneo
   1985   *Gendai no kinyū-seisaku* (Die japanische Geldpolitik heute), Tōyō-keizai shinpō-sha.

JIJI TSŪSHISHA (Hg.)
   1957   *Jiji Nenkan*, Showa 33 Nenpan ("Jiji Almanac 1958").
JIIA (The Japan Institute of International Affairs) (Hg.)
   1982, 1984   *White Papers of Japan.*
JOHNSON, Harry G.
   1973   "Die Keynesianische Revolution und die monetaristische Konterrevolution", in: Kalmbach, Peter (Hg.), *Der neue Monetarismus*, S.196-216; München.
KAIZUKA Keimei
   1967   "Antei-seisaku no mokuhyō to kinyū-seisaku" (Die Ziele der Stabilitätspolitik und die Geldpolitik), in: Kinoshita Kazuo (Hg.), *Keizai-antei to zaisei-kinyū-seisaku* (Wirtschaftliche Stabilität und die Fiskal- und Geldpolitik), Nihon-keizai-shinbun-sha.
KAIZUKA Keimei / ONODERA Hiroo
   1974   "Shinyō wariate ni tsuite" (Über die Kreditrationierung), in: *Keizai-kenkyū*, Vol.25, No.1, S.3-23.
KAIZUKA Keimei / RŌYAMA Shōichi,
   1978   "Kinyū-seido-kaikaku no pointo o saguru" (Auf der Suche nach dem Wesentlichen in der Reform des Finanzsystems), in: *Ekonomisto*, 10.6.1978, S.190-200.
KAHN, Herman
   1970   *The Emerging Superstate, Challenge and Response*; Eaglewood Cliffs, N.J.
KALMBACH, Peter
   1973   "Einleitung: Der neue Monetarismus", S.9-46, in: ders. (Hg.), *Der neue Monetarismus*; München.
KAMIYA Mitsuo
   1971   "Atarashii toshi-kei sangyō no tokuchō" (Die Merkmale der neuen urbanen Industrie), in: *Ekonomisto*, 5.8.1971, S.38-42.
KAWAGUCHI Hiroshi
   1967   "The "dual structure" of finance in postwar Japan", in: Institute for Asian Economic Affairs (Hg.), *The Developing Economies*, 5.1967, 2, S.301-328.
KKC (Keizai kikaku-chō) (Hg.)
   1971   "Shōwa 45-nendo no Nihon-keizai" (Die japanische Wirtschaft 1970), in: *Ekonomisto*, 5.8.1971, S.81-88.
   1979-1986   *Keizai-hakusho* (Das Wirtschafts-Weißbuch), Ōkurashō-insatsu-kyoku.
KERAN, Michael W.
   1970   "Monetary Policy and the Business Cycle in Postwar Japan", in: Meisel-

man, David (Hg.), *Varieties of Monetary Experience*, S.163-148; Chicago, London.

KEYNES, John Maynard
    1973   "The General Theory of Employment, Interest, and Money (1936), in: *The Collected Writings of John Maynard Keynes*, Vol.VII; Cambridge.

KOMIYA Ryūtarō u.a.
    1978   "Kore kara no ginkō o kangaeru -- fukakujitsu no jidai o dō norikiru ka" (Die Zukunft der Banken – wie soll man der Ungewißheit begegnen?), in: *Ekonomisto*, 10.6.1978, S.34-48.

KURE Bunji
    1973   *Kinyū-seisaku* (Geldpolitik), Tōyō-keizai shinpō-sha.
    1978   "Window Guidance of the Bank of Japan", in: *Japanese Economic Studies*, Winter 77/78, Vol.VI, No.2, S.42-70; New York.
    1980   "Kinyū-seisaku to kinyū-kōzō" (Geldpolitik und Finanzstruktur).
    (a)   "Keizai-seichō o sokushin shita tei-kinri-seisaku" (Die Niedrigzinspolitik und ihr Beitrag zum Wirtschaftswachstum), in: *Ekonomisto*, 11.11.1980, S.78-86.
    (b)   "Dai-kigyō henchō no toshi-ginkō-kasidashi" (Die Übergewichtung der Großbankkredite bei den Großunternehmen), in: *Ekonomisto*, 18.11.1980, S.82.90.
    1982   "Henka suru kinyū-seisaku no kadai – Nichigin wa umaku kajitori ga dekiru ka" (Die Aufgaben einer Geldpolitik im Wandel – ist die Bank von Japan ein guter Steuermann?), in: *Ekonomisto*, 15.3.1982, S.126-131.

LEE, Tim J.
    1986   "The Makings of a Resurgence in the Domestic Economy", in: *Asian Monetary Monitor*, Vol.10, No.2, S.12-18; Hongkong.

MAEKAWA Haruo
    1983   "Address to the Thirty-Seventh National Convention of Bankers, June 7, 1983", in: Bank of Japan, Research and Statistics Department (Hg.), *Special Paper No.109*, September.

MIYABARA Fusanobu
    1972   "Towareru kinyū-seisaku no hōkō" (Die Richtung der unter Anklage stehenden Geldpolitik), in: *Ekonomisto*, 11.4.1972, S.38-41.

MIKITANI Ryoichi
    1973   "Monetary Policy in Japan", in: Holbik, Karel, *Monetary Policy in Twelve Industrial Countries*, S.246-281; Boston.

MITSUI GINKŌ (Hg.)
    1975   *The Mitsui Bank. A History of the first 100 years.*

MOHILE, J.D.
    1984   "Banking Business in Japan", in: State Bank of India (Hg.), *Monthly Review*, Vol.XXIII, No.10, S.439-450; Bombay.

MORI Shichiro
    1982   "1981-nen Ginkō-hō kaisei no sho-mondai" (Die Probleme mit der Revision des Bankengesetzes im Jahre 1981), in: *Kinyū-keizai*, No.193, April, S.1-33.

MORI Shizuro
    1982   "Shin-kyū Ginkō-hō no hikaku ni tsuite" (Ein Vergleich des alten und des neuen Bankengesetzes), in: *Kinyū-keizai*, No.193, April, S.35-68.

MURAKAMI Yasusuke
    1984   *Shin chūkan-taishū no jidai* (Das Zeitalter der neuen mittelständischen Massengesellschaft), Chūō-kōron-sha.

NAKAMURA Saichi
    1952   "The role of money and banking in the construction of the Japanese Economy", in: *The Waseda Journal of Political Science and Economics*, Waseda University, No.116.

NAKAMURA Takafusa
    1985   *Nihon keizai – sono seichō to kōzō* (Die japanische Wirtschaft – Wachstum und Struktur), Tōkyō Daigaku Shuppan-sha, 2. Auflage.
    1986   schriftliche Auskunft über das Verhältnis zwischen Finanzministerium und der Bank von Japan, 13.1.1986.
    1986   *Shōwa-keizai-shi* (Wirtschaftsgeschichte seit 1926), Iwanami Seminā-bukkusu 17.

NAKATANI Iwao
    1983   "Kigyō-shūdan no keizai-teki imi to ginkō no yakuwari" (Die wirtschaftliche Bedeutung von Unternehmensgruppen und die Rolle der Banken), in: *Kinyū-keizai*, No.202, October, S.51-75.

NGCG (=Nihon Ginkō Chōsa Geppō) (Nihon Ginkō Chōsa Kyoku, seit 1983: Nihon Ginkō Chōsa-Tōkei Kyoku) (Hg).
    1972-1986   *Chōsa Geppō* (Monatsbericht der Bank von Japan).

NGTG (=Nihon Ginkō Tōkei Geppō) (Nihon Ginkō Chōsa Kyoku, seit 1983: Nihon Ginkō Chōsa-Tōkei Kyoku) (Hg.)
    1970-1986   *Keizai Tōkei Geppō* (Monatliche Wirtschaftsstatistiken der Bank von Japan)

NIHON GINKŌ (Chōsa Kyoku) (ab 1983: Kinyū-kenkyū-jo) (Hg.)
    1976   *Waga-kuni no kinyū-seido* (Das japanische Finanzsystem).
    1980   "Keizai-jōsei – sengo ni okeru waga-kuni-keizai no hatten-katei to sono mondaiten" (Die wirtschaftliche Situation – Der Neubeginn nach dem Krieg und die Problempunkte), veröffentlicht: 20.12.1958, in:

Nihon Ginkō Chōsa Kyoku (Hg.), *Kinyūshi-shiryō*, Bd.7, S.1-36.
- 1981(a) "Shōwa 28-29 nen no kinyū-hikishime to sono kōka no shintō-katei" (Die monetäre Restriktion von 1953/54 und deren Wirkungsmechanismen), veröffentlicht: August 1957, in: Nihon Ginkō Chōsa Kyoku (Hg.), *Kinyūshi-shiryō*, Bd.9, S.83-93.
- 1981(b) "Kinri-seisaku no arikata" (Die Vorgehensweisen der Zinspolitik), veröffentlicht: 13.8.1953, in: Nihon Ginkō Chōsa-kyoku (Hg.), *Kinyūshi-shiryō*, Bd.9, S.588-597.
- 1986 *Waga-kuni no kinyū-seido* (Das japanische Finanzsystem), (Neuauflage).

NOMURA Shigeharu
- 1983 "Zwei Ölkrisen und makroökonomische Politik in Japan", in: Dams, Theodor und Jojima Kunihiro (Hg.), Wirtschaftliche Anpassungsprobleme bei steigenden Energiepreisen in Japan und der Bundesrepublik Deutschland; Schriften zu Regional- und Verkehrsproblemen in Industrie- und Entwicklungsländern, Bd.37, S.8-31; Berlin.

OE
- 1974(a) "Japanese Economy in 1974", in: *Oriental Economist*, Vol.41, No.759 (January), S.6-12.
- 1974(b) "Tight Money Policy Limits Approached", in: *Oriental Economist*, Vol.42, No.762 (April), S.6-9.
- 1985 "Debut of MMCs Accelerates Liberaliziation", in: *Oriental Economist*, Vol.53, No.892 (February), S.5.

OECD (Hg.)
- 1972 *Monetary Policy in Japan*; Paris.
- 1971 *Economic Surveys – Japan*; Paris.
- 1974 *Economic Surveys – Japan*; Paris.
- 1976 *Economic Surveys – Japan*; Paris.
- 1977 *Economic Surveys – Japan*; Paris.
- 1981 *Economic Surveys – Japan*; Paris.

OHNO Kikunosuke
- 1970 "Economic Growth, Instability and Monetary and Fiscal Sectors", in: Yao Jiro (Hg.), *Monetary Factors in Japanese Economic Growth*, S.171-190; Kobe.

OKAMOTO Iwao
- 1982 "Shin-Ginkō-hō no seiritsu to waga-kuni kinyū-kōzō" (Das neue Bankengesetz und die japanische Finanzstruktur), in: *Kinyū-keizai* Nr.193, April, S.69-84.

ŌSUGI Hachirō
- 1982 "Nichigin-shinyō-wariate to madoguchi-shidō" (Kreditrationierung und Schalterkontrolle der Bank von Japan), in: Kikuura Shigeo (Hg.),

Tōyō-daigaku keizai-kenkyū-jo, Kenkyū-hōkoku, Bd.7, S.273-304.

ŌSUMI Kenichirō (Hg.)
    1984   *Mohon Roppō* (Kommentierter Gesetzestext), Sanseidō.

PATRICK, Hugh Talbot
    1962   *Monetary Policy and Central Banking in Contemporary Japan*; Bombay.
    1965   "Cyclical Instability and Fiscal Monetary Policy in Postwar Japan", in: Lockwood, William W. (Hg.), *The State and Economic Enterprise in Japan*, S.555-618; Princeton.
    1973   "Finance, Capital Markets and Economic Growth in Japan", in: Economic Growth Center (Hg.), *Center Paper No.186*; Yale.
    1976   "Some speculations on the present and future Japanese economy", in: Kanamori Hisao (Hg.), *Recent Developments of Japanese Economy and Its Differences from Western Advanced Economies*, The Japan Economic Research Center, Tōkyō, Center Paper No.29, S.82-86.

PEAT, MARWICK, MITCHELL & Co (Hg.)
    1984   *Banking in Japan.*

PRESNELL, L.S. (Hg.)
    1973   *Money and Banking in Japan*; London.

RŌYAMA Shōichi
    1983   "The Japanese Financial System: Past, Present and Future", in: *Japanese Economic Studies*, Vol.12, No.2, S.3-32; New York.
    1986(a)   " "TB-shijō" no jūjitsu – kokusaiteki shiya de no kinyū-kaikaku no teigen" (Ein offener Markt für Schatzbriefe – ein Vorschlag zur Finanzreform aus internationaler Sicht), in: *Ekonomisto* 11.2.1986; S.28-34.
    1986(b)   *Nihon no kinyū-shisutemu* (Das japanische Finanzsystem), Tōyō-keizai shinpō-sha.

SAITO Kuranosuke
    1972   "Recent developments in Japan's monetary conditions", in: *Fuji Bank Bulletin* 23,1972, 1, S.1-9.

SAKAKIBARA Eisuke / NOGUCHI Yukio
    1977   "Dissecting the Finance ministry – Bank of Japan Dynasty', in: *Japan Echo*, Vol.IX, No.4, S.95-123.

SAKAKIBARA Eisuke / FELDMAN, Robert / HARADA Yuzu
    1982   *The Japanese Financial System in Comparative Perspective*, A Study prepared for the use of the Joint Economic Committee, Congress of the U.S., March 12 1982; Washington, U.S. Government Printing Office.

SENDA Junichi
    1985   "Der geldpolitische Entscheidungsbildungsprozeß in Japan – am Beispiel der Diskontpolitik", in: Dams, Theodor und Mizuno Masaichi

(Hg.); *Entscheidungsprozesse auf mikro- und makroökonomischer Ebene*, Schriften zu Regional- und Verkehrsproblemen in Industrie- und Entwicklungsländern, Bd.44, S.19-34; Berlin.

SHIMAO Takuji
- 1979 *Nihon-keizai o miru me* (Einblicke in die japanische Wirtschaft), Kōdan-sha.

SHINJO Hiroshi
- 1970 "General History of the Economic and Monetary Policy in Postwar Japan", in: Yao Jiro (Hg.), *Monetary Factors in Japanese Economic Growth*, S.1-26; Kobe.

SHISHIDO Shuntaro
- 1968 "The Role of the Government in the Postwar Economic Development of Japan", in: Klein, Lawrence und Ohkawa Kazushi (Hg.), *Economic Growth, The Japanese Experience since the Meiji Era*, S.356-381; Homewood, Illinois.

SMITH, Charles
- 1986 "The long and short of it – Japan shifts emphasis in future spending and funding", in: *Far Eastern Economic Review* 9.1.1986, S.71; Hongkong.

STONE, P.B.
- 1969 *Japan Surges Ahead – Japan's Economic Rebirth*; London.

SUEKAWA Hiroshi (Hg.)
- 1962 *Roppō zensho* (Gesamtausgabe der Gesetze), Iwanami.

SUZUKI Yoshio
- 1978 *Gendai Nihon-kinyū ron* (Das Finanzwesen in Japan heute), Tōyō-keizai shinpō-sha (Erstauflage 1974).
- 1980 *Money and Banking in Contemporary Japan*; New Haven, London. (=Dritte, erweiterte Auflage von Suzuki 1978).
- 1981 "Monetary Control and Anti-Inflation Policy – The Japanese Experience since 1975", in: The Bank of Japan (Hg.), *Discussion Paper Series, No.8*.
- 1983 "Changes in Financial Asset Selection and the Development of Financial Markets in Japan", in: Bank of Japan, Institute for Monetary and Economic Studies (Hg.), *Monetary and Economic Studies*, Vol.1, No.2, S.29-53.
- 1985 "Japan's Monetary Policy over the Past 10 Years", in: Bank of Japan, Institute for Monetary and Economic Studies (Hg.), *Monetary and Economic Studies*, Vol.3, No.2, S.1-9.

TACHI Ryūichirō / KOMIYA Ryūtarō
- 1960 "Nihon no kinyū-seisaku wa ika-ni arubeki ka" (Was sind die Aufgaben

der japanischen Geldpolitik?), in: *Keizai-Hyōron*, April 1960, S.177-228.

TACHI Ryūichirō
1962 "Keiki hendō to kinyū" (Das Finanzwesen im Konjunkturverlauf), in: *Shisō*, November 1962, S.85-94.
1964 "Zaisei-kinyū-seisaku" (Fiskal- und Geldpolitik), in: Komiya Ryūtarō (Hg.), *Sengo Nihon no keizai-seichō*, S.11-31, Iwanami.

TAKASE Kyōsuke
1985 "Nihon ni okeru kinyū-kakumei – sono dainamizumu to hatten-hōkō" (Die Reformen im japanischen Finanzwesen – ihre Dynamik und Entwicklungsrichtung), in: *Keizai Hyōron* 34,7, S.76-87.

TAKEDA Masahiko
1985 "A Theory of Loan Rate Determination in Japan", in: Bank of Japan, Institute for Monetary and Economic Studies (Hg.), *Monetary and Economic Studies*, Vol.3, No.1; S.71-113.

TANAKA Ikuo
1980 *Nihon ginkō-kinyū-seisaku-shi* (Geschichte der Banken und der Geldpolitik Japans).

TANITA Shozo
1982 "Ginkō-hō kaisei no sho-mondai" (Verschiedene Probleme im Zusammenhang mit der Revision des Bankengesetzes), in: *Kinyū-keizai* Nr.193, April, S.95-125.

TASKER, Rodney (Hg.)
1976 Asia 1976 Yearbook, *Far Eastern Economic Review*; Hongkong.

TATSUMI Kenichi
1983 "Kigyō-shūdan to ginkō" (Unternehmensgruppen und ihre Banken), in: *Kinyū-keizai* Nr.202, Oktober, S.77-104.

TERANISHI Jūrō
1974 "Sengo kashidashi-shijō no seikaku ni tsuite" (Über die Merkmale der Kreditmärkte in der Nachkriegszeit), in: *Keizai-kenkyū*, Vol.25, No.3, Juli, S.216-228.
1982 *Nihon no keizai-hatten to kinyū* (Die wirtschaftliche Entwicklung und das Finanzsystem Japans), Hitotsubashi-Daigaku Keizai-kenkyūjo Soshō-bessatsu.

TOIDA Mitsuru
1982 *An Evaluation of Monetary Policy in a Monetarist Model of Japan, 1963-1980*, University Microfilms International; Ann Arbor, Michigan.

TKSS (Tōyō-keizai shinpō-sha) (Hg.)
1957 *Nihon-keizai nenpō* (Japan – Wirtschaftsjahresbericht), Bd.96.

UCHINO Tatsurō
- 1983 *Japan's Postwar Economy*, Kōdansha.

USHIODA Michio
- 1986 "Kaerazaru kinyū-jiyū-ka no chōryū" (Die unaufhaltsamen Wogen der Finanzliberalisierung), in: *Ekonomisto* 14.4.1986, S.82.

VOGEL, Ezra
- 1980 *Japan as Number One*; Cambridge, Massachusetts (Erstauflage 1979).

WALLICH, Henry C. / WALLICH, Mable T.
- 1976 "Banking and Finance", in: Patrick, Hugh / Rosovsky, Henry (Hg.), *Asia's New Giant, How the Japanese Economy Works*, S.249-317; Washington, D.C.

YAO Jiro
- 1970 "Supply of Funds and Currency for Economic Growth – Characteristics of the Japanese Financial Structure", in: ders. (Hg.), *Monetary Factors in Japanese Economic Growth*, S.27-61; Kobe.

YOKOTA Shunya
- 1978 "Shōhi-sha kinyū ni chikara o ireru ginkō" (Die Banken – mehr Ehrgeiz bei Konsumentenkrediten), in: *Ekonomisto* 10.6.1978, S.100-104.

YOSHINO Toshihiko
- 1978 *Nihon Ginkō* (Die Bank von Japan), Iwanami, 15. Auflage.

Beachten Sie bitte die Anzeigen auf den folgenden Seiten:

Unternehmerisches Finanzmanagement und private Vermögensplanung lassen sich heute flexibler denn je steuern. Aber: Die Vielfalt der verfügbaren Instrumente macht Entscheidungen zunehmend schwieriger.

IHRE BANKVERBINDUNG IST NUR SO GUT WIE DIE VERBINDUNGEN IHRER BANK.

Finanzplanung heute braucht zum Erfolg die „Daten-Bank" – den Bankpartner mit weltweiter Informationsbasis und universellem Know-how. Hier hilft die BHF-BANK: mit modernster Technik und eigenen Niederlassungen in den internationalen Finanzzentren.

Aber Know-how und weltweite Verbindungen allein machen eine Bank noch nicht zum Partner für den anspruchsvollen Kunden. Persönliche Betreuung, Service-orientierung und Problemlösungen nach Maß gehören dazu – der Stil eines Privatbankhauses also, wie ihn die BHF-BANK seit über 100 Jahren pflegt.

IHR TOR ZUR WELT.

In einer Zeit tagtäglich zunehmender globaler Marktverflechtung bedarf es Banken mit globaler Perspektive.

Die Bayerische Landesbank mit Sitz in München ist eine solche Bank. Als eines der führenden Finanzinstitute Europas mit einer konsolidierten Bilanzsumme von DM 142 Milliarden bietet sie ihren Firmenkunden eine breite Palette an Bank- und Finanzdienstleistungen:

- Außenhandelsfinanzierungen
- Eurogeldmarktgeschäfte in allen wichtigen Währungen
- Anlageberatung und Vermögensverwaltung
- Plazierung von und Handel mit in- und ausländischen Wertpapieren
- Wertpapieremissionen in großem Umfang. Die Bank gehört zu den großen deutschen Emissionshäusern. (Ihre eigenen Schuldverschreibungen rangieren unter den AAA- und Aaa-Papieren.)
- Präsenz an den wichtigsten internationalen Finanzplätzen mit Niederlassungen in London, Singapur und New York (einschließlich unserer IBF für Offshore-Geschäfte in New York und einer Filiale in Grand Cayman) sowie einer hundertprozentigen Tochtergesellschaft in Luxemburg.

Wenn Sie eine Bank mit globaler Perspektive brauchen, sprechen Sie mit der Bayerischen Landesbank – Ihrer Triple A-Bank in Deutschland.

Hauptsitz: Brienner Str. 20, 8000 München 2, Tel.: (89) 2171-01, Tx: 5 286 270, Fax: (89) 2171-35 79. Niederlassungen: London, Tel.: 247 0056; New York, Tel.: 310-9800; Singapur, Tel.: 2 22 69 25. Tochtergesellschaft: Bayerische Landesbank International S.A., Luxemburg, Tel.: 47 59 11-1. Repräsentanzen: Tokio, Tel.: 287-0135; Toronto, Tel.: 862-8840; Wien, Tel.: 5 35 31 41, 5 35 31 61; Johannesburg, Tel.: 8 38 16 13.

Bayerische Landesbank
Advanced Banking – Bavarian Style

marburger japan=reihe

Aus unserer kommenden Produktion:

Pit Heltmann: Die Entwicklung der Agrarstruktur von Hokkaidō in der Nachkriegszeit - Konvergenzen und Divergenzen im nationalen Vergleich -

Bettina Post: Zur Situation der Teilzeitbeschäftigten in Japan

Gerd Anhalt: Okinawa zwischen Washington und Tōkyō - Betrachtungen zur politischen und sozialen Entwicklung 1945 - 1972

Matthias Koch: Zur Geschichte der japanischen Kernenergiepolitik

Erich Pauer (Ed.): Papers on the History of Industry and Technology in Japan (2 Vols.)

Erich Pauer & Sakata Hironobu (Eds.): The Development of the Glass Industry in Japan